金融期货与期权丛书 | 张慎峰 主编

股指期权与资本市场

● 中国金融期货交易所期权开发小组 著

中国财经出版传媒集团
中国财政经济出版社

图书在版编目（CIP）数据

股指期权与资本市场／中国金融期货交易所期权开发小组著．—北京：中国财政经济出版社，2016.7

ISBN 978-7-5095-6351-9

Ⅰ.①股… Ⅱ.①中… Ⅲ.①股票指数期货-期货交易 Ⅳ.①F830.91

中国版本图书馆 CIP 数据核字（2015）第 196969 号

责任编辑：马　真　　　　　　　责任校对：刘　靖
封面设计：田　晗　　　　　　　版式设计：董生平

中国财政经济出版社 出版

URL：http：//www.cfeph.cn
E-mail：cfeph@cfeph.cn

（版权所有　翻印必究）

社址：北京市海淀区阜成路甲 28 号　邮政编码：100142
发行处电话：010-88191537　北京财经书店电话：010-64033436
北京时捷印刷有限公司印刷　各地新华书店经销
787×1092 毫米　16 开　19.25 印张　309 000 字
2016 年 7 月第 1 版　2019 年 12 月北京第 2 次印刷
定价：45.00 元
ISBN 978-7-5095-6351-9/F・5118
（图书出现印装问题，本社负责调换）
本社质量投诉电话：010-88190744
打击盗版举报热线：010-88191661、QQ：2242791300

总　序

《金融期货与期权丛书》

20世纪70年代初，欧美国家金融市场发生了深刻变化。1971年，布雷顿森林体系正式解体，浮动汇率制逐渐取代固定汇率制，汇率波动幅度明显加大。同期，各国也在不断推进利率市场化进程。随着欧美国家利率、汇率市场化程度的提升，利率、汇率风险逐渐成为市场风险的主要来源，经济主体对利率、汇率风险管理的需求大幅增加。金融期货期权就是在这样的背景下产生的。1972年，芝加哥商业交易所推出了全球第一个外汇期货交易品种；1973年，芝加哥期权交易所推出了全球第一个场内标准化股票期权；1975年，伴随美国利率市场化进程，芝加哥期货交易所推出了全球第一个利率期货品种——国民抵押协会债券期货；1982年，堪萨斯交易所又推出全球第一个股指期货——价值线指数期货合约。金融期货期权市场自诞生以来，发展一直十分迅猛。近年来，金融期货期权成交量已经占到整个期货期权市场成交量的90%左右，成为金融市场的重要组成部分。

金融期货期权市场是金融市场发展到一定阶段的必然产物，发达的金融期货期权市场是金融市场成熟的重要标志。金融期货期权能够高效率地实现金融风险在市场参与主体之间的转移，满足经济主体金融风险管理需求。1990年，诺贝尔经济学奖获得者莫顿·米勒对其有过经典的评价："金融衍生工具使企业和机构有效且经济地处理困扰其多年的风险成为了可能，世界也因之变得更加安全，而不是变得更加危险"。

金融期货期权诞生以来，对全球经济发展起到了积极的促进作用。在宏观层面，金融期货期权显著提升了金融市场的深度和流动性，提高了金融市场的资源配置效率，有效改善了宏观经济的整体绩效；在微观层面，金融期货期权为金融机构提供了有效的风险管理工具，使金融机构在为企业和消费者提供产品和服务的同时，能够及时对冲掉因经营活动而产生的利率、汇率等风险敞口，使他们能够在利率、汇率市场化的环境下实现稳健经营。

党的十八大明确提出，要在更大程度、更广范围发挥市场在资源配置中的基础性作用，要继续深化金融体制改革，健全促进宏观经济稳定、支持实体经济发展的现代金融体系，加快发展多层次资本市场，稳步推进利率和汇率市场化改革。李克强总理在《2015年政府工作报告》中首次明确提出，加强多层次资本市场体系建设，发展金融衍生品市场。可以预见，我国将进入一个经济金融市场化程度更高的新时代，利率、汇率等金融风险将成为市场主体日常经营中必须面对和处理的主要风险。在这样的时代背景下，加快发展我国金融期货期权等衍生品市场具有格外重要的意义。

一是有利于进一步提升我国金融市场的资源配置效率。期货期权市场的发展，有利于提升基础资产市场的流动性和深度，从而为基础资产市场的投资者进行资产配置、资产转换、风险管理提供便利，促进金融市场资源配置功能的发挥。

二是助推我国利率和汇率市场化改革进程。随着我国利率、汇率市场化程度不断提高，机构面临的利率、汇率风险在不断增加。如果缺乏有效的风险管理工具，包括商业银行在内的各类市场主体就无法有效地管理风险敞口。这不仅对金融机构稳健经营构成挑战，也会牵制利率和汇率市场化改革的进程。只有在利率和汇率市场化改革过程中，适时推出相应的期货期权衍生产品，才能保证利率和汇率市场化目标的实现。

三是有利于推动我国经济创新驱动、转型发展。实体经济以创新为驱动，必然要求金融领域以创新相配合，才能不断满足实体经济日益多样化、个性化的需求。金融期货期权是各类金融创新的重要催化剂和基础构件，发展金融期货期权等衍生品，有利于推动整个金融行业开展有效创新，拓展和释放金融服务实体经济的空间和能量，促进我国实现创新驱动的国家发展战略。

当前，我国金融期货期权市场还处在发展的初期，远远不能满足市场参与者日益增加的风险管理需求，也远远不能适应我国实体经济发展和金融改革创新的新形势和新要求，加快发展我国金融期货期权市场已经刻不容缓。

2010年4月16日，中国金融期货交易所推出的沪深300股指期货，标志着我国资本市场改革发展又迈出了一大步，对于完善我国资本市场体系具有重要而深远的意义。中国金融期货交易所肩负着发展我国金融期货期权等衍生品市场的重大历史使命，致力于打造"社会责任至上、市场功能完备、治理保障科学、运行安全高效"的世界一流交易所，建设全球人民币资产的风险管理中心。加强研究和交流是推动我国金融期货期权市场发展的重要手段，中国金融期货交易所组织出版的这套金融期货与期权丛书，旨在进一步推动各方关注我国金融期货期权市场的发展，明确金融期货期权市场发展路径；帮助大家认识和理解金融期货期权市场的内在功能和独特魅力，凝聚发展我国金融期货期权的共识；培育金融期货期权文化，培养我国金融期货期权市场的后备人才。这套金融期货与期权丛书涵盖了理论分析、实务探讨、翻译引进和通俗普及等四大板块，可以适应不同读者的需求。相信这套丛书的出版必将对我国金融期货期权市场发展事业起到积极的推动作用。

中国金融期货交易所董事长 张晓峰

2015 年 8 月

前　言

　　期权有着悠久的发展历史。早在 17 世纪的荷兰，郁金香种植者就利用期权合约与交易商约定郁金香球茎的出售价格，以规避价格波动的风险。1983 年，CBOE 推出全球第一只股指期权合约，拉开了场内期权市场飞速发展的序幕，目前期权已占全球场内衍生品市场的半壁江山。随着我国资本市场的不断发展，投资者利用期权进行风险管理的需求日趋强烈。2015 年 2 月 9 日，上证 50 ETF 期权的成功上市与平稳运行，为资本市场后续期权产品的推出奠定了坚实的基础。股指期权在中国境内市场的脚步越来越近。

　　我国资本市场在短短 20 多年的时间里，取得了巨大成就，目前已成为全球第二大资本市场，有着全球最大的投资者群体，国际影响力也大大增强。积极稳妥地推出股指期权，对于优化我国金融期货产品体系，丰富市场交易品种，完善市场风险管理机制，促进市场功能发挥，推动资本市场健康稳定发展，具有重要意义。正所谓"工欲善其事，必先利其器"。与期货相比，期权在我国市场还属于比较新的产品，市场各方对期权的基本概念、交易制度和功能作用等方面的了解与认识还有待加强。为了深化期权功能研究，为股指期权的上市创造良好的社会环境和研究氛围，中国金融期货交易所期权开发小组撰写了《股指期权与资本市场》一书。本书分别从专业文献、理论探索、实证检验等角度出发，对股指期权提升市场效率、满足投资需求、降低市场波动等功能进行了深入剖析；对期权做市商制度、期权保证金制度、期权风险管理等核心和关键问题进行了全面深入的分析介绍。希望本书的出版，能够抛砖引玉，起到促进交流、提高认识的作用。

目 录

第一章 期权市场的发展历史 / 1

　　第一节 期权的起源 / 1
　　第二节 近代期权的雏形 / 3
　　第三节 现代的期权 / 5
　　第四节 股指期权的发展与普及 / 20

第二章 全球期权市场发展现状 / 32

　　第一节 场内期权市场的发展趋势 / 32
　　第二节 场外期权市场的发展趋势 / 46

第三章 股指期权的功能与作用 / 56

　　第一节 期权的经济功能 / 56
　　第二节 美国经验 / 90
　　第三节 新兴市场经验 / 102

第四章　股指期权在资产管理中的应用　/　**112**

第一节　股指期权在公募基金中的应用　/　112
第二节　期权在保险业中的应用　/　121
第三节　境外养老基金使用衍生品的情况　/　126

第五章　股指期权与机构业务创新　/　**133**

第一节　股指期权与机构风险管理的自由度　/　133
第二节　股指期权与结构化产品　/　139
第三节　股指期权与投资策略创新　/　154

第六章　波动率指数的发展与运用　/　**159**

第一节　波动率指数的含义　/　159
第二节　波动率指数境外市场的发展历史　/　164
第三节　境外波动率指数的运用情况　/　171
第四节　波动率指数与宏观审慎监管指标体系　/　184

第七章　股指期权做市商制度　/　**194**

第一节　做市商制度的必要性　/　194
第二节　境外做市商制度的实践经验　/　196
第三节　境内市场引入做市商制度的认识误区　/　215

第八章　股指期权组合保证金制度　/　**223**

第一节　股指期权的保证金制度概述　/　223

第二节 股指期权保证金制度的演变及现状 / 228
第三节 我国境内股指期权产品保证金模式探索 / 231

第九章 境内期权市场的发展 / 241

第一节 境内场外期权的发展概况 / 241
第二节 场外期权产品的案例分析 / 247
第三节 场外期权市场带来的积极影响 / 254
第四节 境内期权市场发展存在的问题与建议 / 256

第十章 股指期权风险管理与市场监管 / 259

第一节 股指期权业务的风险与管理 / 260
第二节 境外股指期权市场监管体系 / 273
第三节 股指期权风险案例分析 / 285

后记 / 293

第一章

期权市场的发展历史

衍生品市场历史悠久，是人类社会商业活动的产物，用于管理标的风险。其涵盖范畴广泛，从当前人们广为熟悉的各类金融期货、期权产品，回溯至人类社会早期商业活动时出现的商品类远期合约和资产类的组合与抵押，均可纳入其中，至今已有近4000年的发展历史。在绝大部分历史时期里，衍生品市场仅是一个小众市场，不为人所知，直到20世纪70年代，随着布雷顿森林体系的瓦解和金融自由化浪潮席卷全球，衍生品市场迎来了空前的发展，并使得风险管理理念深入人心。

期权是当今衍生品市场的成熟品种，场内期权更是被越来越多的投资者熟知并运用。相对于其他产品，其发展历程更为漫长而曲折。由于期权在不同时代的运作方式存在差异，因此，本章将借助充满浪漫气息和神话色彩的古老故事，从社会经济基础变化和法律以及人们观念的变迁的角度，按照古代期权、近代期权和现代期权三个部分进行讲述。

第一节 期权的起源

期权是指买方向卖方支付期权费后拥有的在未来一段时间内或未来某

一特定日期以事先规定好的价格向卖方购买或出售一定数量的特定标的物的权利,但没有必须买进或卖出的义务。大约公元前 4000 年,古代中东地区先后诞生了人类历史上最早的文字、文明、帝国和成文法典,商业贸易也在这里发展到空前的高度,这为期权市场的产生及发展创造了沃土。

一、汉谟拉比法典记载的风险转移工具

古巴比伦王国汉谟拉比(在位期间:公元前 1792 – 公元前 1750)法典是现存最早的成文法典,距今已有 3800 年。法典的第 48 条/282 条记载道:"借贷的债务人,如果由于暴风雨或洪水冲毁了田园,或是由于干旱天没有长出大麦,则当年他无需向债权人交粮,债务人可涂改他的泥板,不付该年的利息"。法典中将"刚性"的债务变为"或有"债务,将自然灾害风险由农民转移给了债权人,实质上就形成了期权。

二、圣经故事:婚姻的诺言

在《圣经·创世纪》中的一个合同制的协议,里面记录了这样一个故事。公元前 1700 年,雅克布非常爱慕拉班的小女儿拉结,为此而签订了一个类似期权的结婚契约,即雅克布在同意为拉班工作七年的条件下,得到同拉结结婚的许可。从期权的定义来看,雅克布以七年劳工为"权利金",获得了同拉结结婚的"权利而非义务"。然而拉班违约了,他强迫雅克布娶了大女儿利亚,但是雅克布依旧深爱拉结,于是,他"购买"了另一份"期权",再劳动七年换取与拉结结婚的权利,这次拉班没有食言。

三、橄榄压榨机的使用权

除此之外,亚里士多德的《政治学》一书中记载了古希腊著名哲学家和天文学家塔尔斯的故事。一些诽谤者取笑这位思想家,声称他之所以成为哲学家是因为他没有办法在现实世界中实现自己的想法。塔尔斯决定为自己正名。这位聪明人士利用天文知识,预测到来年春季的橄榄将迎来丰收。那个时候,想榨取橄榄油必须要使用橄榄压榨机。在收获之前的那个冬天,塔尔斯找到压榨机的拥有者,支付一小笔"权利金",以极低的价格取得了西奥斯和米拉特斯地区所有橄榄压榨机的使用权,锁定了第二年

压榨机使用费。塔尔斯当时储蓄很少，为此他几乎用尽了自己的积蓄。来年春天，橄榄果然获得大丰收，所有压榨机都处于这位哲学家的控制之下，那些取笑他的人也不得不向这位哲学家支付高价以便加工他们的橄榄。塔尔斯行使他的权利，并将压榨机以高价出租，获得了极为丰厚的回报。这种"使用权"即已隐含了期权的概念，可以看作是期权的萌芽阶段。

第二节 近代期权的雏形

一、荷兰郁金香，从疯狂到落寞

在期权发展史上，我们不能不提到17世纪荷兰的郁金香炒作事件。16-18世纪，欧洲主宰着衍生品发展的主要趋势。17世纪的大部分时间里，阿姆斯特丹一直是国际贸易中心，这主要得益于当地法律对衍生品宽容的态度。

当时，来自西班牙、葡萄牙、英格兰和荷兰的商人满世界寻找能带回欧洲的奢侈品，其中之一就是一种在波斯和土耳其发现的非常特别的花卉，它就是郁金香。郁金香很快在欧洲上流社会流行起来，特别是在荷兰。人们被它变化多端的颜色和美丽所倾倒，很快成为财富的象征。

1636年，人们对于郁金香的喜好已经超出了它的美丽外表，郁金香球茎逐渐成为一种投机工具，最早在行业内人士间流行，后来逐渐蔓延到普通大众。由于大家都在收集郁金香，郁金香球茎的价格被炒到了非常荒谬的地步。一位叫查尔斯·麦凯（Charles Mackay）的记者在其1841年出版的《非同寻常的大众幻想与群众性癫狂》一书中提到"一个哈勒姆的交易者愿意为一个单独的球茎支付其一半的家产"。

在郁金香热陷入疯狂后，许多大城市的股票交易所都成立了郁金香交易市场，以便于交易稀有的郁金香。在没有股票交易所的小城镇，酒馆则成为这些郁金香狂热者的聚集地。"贵族、市民、农民、技工、海员、男仆、女佣，甚至烟囱清扫工和年迈的洗衣工都在涉足郁金香"，麦凯的书中这样提到。

人们为了获利而交易球茎，这导致球茎的价格以螺旋式上涨的方式不断创出新高。在1637年早期，一些品种的单个郁金香球茎价格已超过了一个经验丰富的手工艺人年收入的10倍。最终清醒的交易者开始意识到这些花仅仅是花而已。在1637年2月，郁金香泡沫破灭了，交易者只剩下了大量一文不值的球茎。

当郁金香球茎泡沫破灭后，买家拒绝为获得这个毫无用途的商品支付费用，违约事件层出不穷。最终，在1637年2月24日，荷兰花商协会发布了一项法令。首先，在1636年11月30日之前达成的郁金香合约都宣告无效；其次，在1636年11月30日至1637年春季之间的买家在向卖家支付协议价格的3.5%-10%的罚金之后，可以免除其购买球茎的义务。这一罚金比例显然高于传统商业活动。最初，买家有义务按合同购买球茎，现在他们有另外一个选择。如果球茎价格在交割日低于合同价格，买家可以退出交易，只需在向卖家支付一笔金额相对小的权利金。这正是期权合约的雏形。最后，在1637年2月底，荷兰当局叫停了所有交易。

二、荷兰东印度公司股票期权始末

郁金香狂热落幕不久，以荷兰东印度公司股票为标的的期权产生了。香料贸易在人类历史上有举足轻重的作用，尤其是中世纪的欧洲，对香料的渴望直接催生了地理大发现。香料作为当时最贵重的商品之一，其价值几乎与黄金相当，只有那些富有和有权势的人才能获得香料。16世纪，葡萄牙和西班牙等航海国家垄断了与东方的香料贸易，荷兰商人被排除在竞争之外，这导致荷兰奢侈品的短缺和香料价格的上涨。

1602年，17个商人组建了荷兰联合东印度公司（VOC），简称荷兰东印度公司。荷兰东印度公司规定，对公司经营并无贡献的普通市民也可购买这个公司的股票并承担资金亏损和获取分红，投资人还可以直接将股份还给公司要回初始资金。1609年，董事们决议不再返还本金，股票持有人必须始终持有股票。这导致个人资金被锁定，即使股东对公司业绩不满或急需用钱，也无法将股票变现。在这样的背景下，一个供股东出售其所持股票的二级市场（即股票交易所）被建立起来，阿姆斯特丹的荷兰东印度公司成为第一家股票可自由交易的公司。

由于其股票可以在交易所方便地出售变现且公司信誉良好，荷兰东印度公司股票成为很好的债券抵押品。但贷款人仍存在一个顾虑：假设借款人抵押股票并借入股票价值的 90% 的资金，在该年中股票价格下跌超过 10%，那么借款人就很可能违约。这一担忧使得期权市场在郁金香泡沫破灭后不久再次成立了。由于担心印度公司股票价格会下跌，贷款人（"悲观先生"）会寻找一个认为股票价格不会跌的人（"乐观先生"）达成一笔新的交易。用现代语言说，这种交易被称为看跌期权。

这一交易过程如下：悲观先生向乐观先生支付 3 荷兰盾，作为交换，乐观先生需要一年之后以 100 荷兰盾的价格向悲观先生买 1 股荷兰东印度公司的股票，悲观先生也可以取消这一交易，而乐观先生只能被动接受悲观先生的决定。一种情况是，一年后股票下跌至 90 荷兰盾，若借款人未违约，悲观先生放弃 100 荷兰盾卖出股票的权利，同时将股票还给借款人。尽管损失了 3 荷兰盾权利金，却收获了借贷利息（假设为 8 荷兰盾），净赚 5 荷兰盾。若借款人违约，则悲观先生获得价值 90 荷兰盾的抵押股票，乐观先生有义务支付 100 荷兰盾购买悲观先生手中的股票。悲观先生收到他期初就希望的 100 荷兰盾，所需付出的费用也就 3 荷兰盾而已，净赚 7 荷兰盾。而乐观先生共损失 7 荷兰盾——最初收到 3 荷兰盾，但后来买股票损失了 10 荷兰盾。另一种情况是，一年后股票上涨为 110 荷兰盾，到期时借款人不会违约，悲观先生会选择放弃 100 荷兰盾卖出股票的权利，净损失 3 荷兰盾。乐观先生也很高兴，因为他赚了 3 荷兰盾。

第三节　现代的期权

18 世纪末和 19 世纪，英国对许多商品实现了全球性的控制，伦敦成为欧洲金融中心，英国拥有全球领先的股票和商品市场，对衍生品市场的监管基本上是以参与者的自律为主。白纳特法案在 1860 年被彻底废止，期权等衍生品被广泛使用。随着北美殖民地的开辟，英国衍生品的发展延伸到了美国，1848 年，美国成立芝加哥期货交易所（CBOT），标志着美国向未来世界衍生品发展中心迈出了重要的一步。在美国，金融期权与商品期权的发展历史是两种不同的路径。理论基础和市场法律监管的完善，对推进现代期权的发展起到重要作用。

一、美国商品期权的发展

随着1865年南北战争的结束，西部移民和经济扩张重新迈开了其快速的步伐。美国的期权是由农产品期权发展起来的，与期货市场类似，期权的发展始终存在很多曲折，这里不能不提到的是商品期权的三次禁令和四次试点。

（一）三次禁令

1. 第一次禁令：特惠权交易被禁，期权概念反获推进。

19世纪后期，主要是针对农产品期货的"特惠权"期权交易在芝加哥兴起并盛行起来。由于没有专门的期权监管机构，当时市场非常混乱。1874年，伊利诺伊州的立法院禁止了所谓的特惠权交易。但是，法律并没有从实际上禁止特惠权交易。伊利诺伊州禁止期权交易，交易者就跑到密尔沃基（美国威斯康星州东南部港市）电报下单交易。期权交易从一种形式变换成另一种形式，从一个地方转换到另一个地方。最后，CBOT禁止其会员在市场外任何地方交易期权。实际上，这种期权叫作"交易保险"期权，出现的准确时间应该是20世纪早期。例如，如果执行合约的话，买方同意与卖方进行期货交易，支付保险价格与期货价格的差额。

1874年，伊利诺伊州的立法院禁止特惠权交易后，期权的概念反而获得了推进。而这个推进的意义是，期权概念得到进一步发展。例如，期权的结算导致现货谷物或期货合约的交割，进而发生实际交割或商品销售。在这一规定的指引下，期权就具有了套期保值的功能，一直到1921年，特惠权交易都很繁盛，其交易量达到芝加哥期货交易所总交易量的10%。

2. 第二次禁令：众多农产品期权位列交易"黑名单"。

第二次禁令主要源于1932年CBOT发生的小麦大崩溃事件。当时一小伙投机交易者企图通过大量买入小麦买权（特惠权）和期货操纵小麦市场，期权交易量达到交易所小麦期货交易量的10%以上。许多商业企业利用期权获得过夜保护，他们在前一天闭市前买入，第二天上午到期，一个5000蒲式耳的购买权，大概0.25美分/蒲式耳。当操纵失败的时候，投机者恐慌地平掉了他们所有持仓部位，卖出买权和期货，迫使小麦价格跳水30%，玉米、燕麦、黑麦价格也被拉了下来。

鉴于当时多个品种存在投机过度、利用期权操控农产品价格等问题，国会于1936年宣布禁止以任何形式，就商品交易法内特定类别的农产品发售期权。这一法令不仅针对交易所上市交易的农产品期权，也适用于场外交易的农产品期权。其中1936年的"黑名单"包括：小麦、棉花、大米、玉米、燕麦、大麦、黑麦、亚麻籽、高粱、麸皮、黄油、鸡蛋和爱尔兰土豆。这份名单随后又加入羊毛（1938年），脂肪、棉籽粕、棉籽、花生、大豆和豆粕（1940年），牲畜、牲畜产品和橙汁（1968年）。"黑名单"之外的商品和非商品只有咖啡、白糖和外汇依然可以进行期权交易。

3. 第三次禁令：期权交易的全面禁止。

（1）劳埃德·卡尔公司诈骗案，CFTC禁令拉开冰山一角。

商品交易委员会（Commodity Futures Trading Commission，CFTC）成立于1974年，作为独立的政府机构专门负责管理美国的商品期货交易和期权交易市场，其前身是商品交易管理局（Commodity Exchange Administration，CEA）。关于CFTC在1977年的期权之战，我们着重介绍伦敦最大期权公司——劳埃德·卡尔公司的案件。1977年1月，劳埃德·卡尔公司申请注册成为期货经纪公司（此前它已经注册为商品交易顾问）。但因为之前CFTC稽查部认定其为无证经营，早已经驳回了他们的申请，因而这次申请无疑是一种挑衅行为。同时这家公司通知CFTC，以后他们将不会允许稽查部对其进行稽查，他们也将不会遵守任何规则。

1977年2月，CFTC启动了正式的行政程序拒绝该公司的注册请求，同时要求该公司停止与CFTC的对抗行为，否则将责令其强制停业。随后地区法庭否决了该公司的豁免申请，但对CFTC不准许其注册的决定未作裁决。一个月之后，CFTC的一位行政法官在简要听取了该公司的申诉后，于同年4月作出裁决，驳回该公司的申请，并对其处以12万美元的罚款。此后，劳埃德·卡尔公司仍然徒劳地寻求阻止裁决执行的途径，甚至上诉宣称法官的判决偏向CFTC。

1977年8月，CFTC再次确认拒绝该公司的注册。劳埃德·卡尔公司第二次向法庭提出了上诉，并对CFTC的新期权规定提出了质疑，这一轮上诉一直上诉到了最高法院（然而，劳埃德·卡尔本人实际上是一个在逃的重刑犯）。

1977年8月，CFTC向波士顿地区法院请求更新禁令，但该请求被驳回。1977年9月，在上诉法庭对英美商品期权公司进行判决后，CFTC请求对这个未进行注册的商品期权公司发布禁令，波士顿地区法院第三次驳回了该请求。因而，CFTC转而请求第一次上诉的法庭要求波士顿法官履行禁令救济程序。1977年11月，第一次上诉法庭驳回了CFTC的请求。接着，由罗伯特·波偌克斯领导的CFTC稽查部联合密歇根州证券管理当局，请求对劳埃德·卡尔公司实施反欺诈禁止令，密歇根州联邦法官诺埃尔·福克斯（Noel Fox）很快批准了这一请求，并且允许CFTC调查劳埃德·卡尔公司的资料。事实上，事情发展到这个阶段还远远没有结束。

1977年12月，马萨诸塞州证券管理当局突击检查了劳埃德·卡尔公司的总部，并且宣布该公司触犯了该州证券法律。不过，上诉法庭并没有支持CFTC对劳埃德·卡尔公司注册申请的驳回，反而重新审理这一案件并举行了一次听证会。新听证会上，CFTC行政法官以迟到了3分钟为由，拒绝劳埃德·卡尔的证人作证。同时，由于卡尔和其他违规者的欺诈行为仍在继续，CFTC进而寻求以藐视密歇根联邦地区法院的名义控告他们。随后，卡尔被逮捕了。在做了指纹留存，并以一张10万美元债券作担保后，他被释放。几天之后，指纹鉴定的检测结果出来了，劳埃德·卡尔的确是阿兰·亚伯拉罕——一个从新泽西州监狱越狱的重刑犯。他的犯罪记录令人瞠目，因伪造支票、违反联邦假释规定并在加拿大伪造护照而被通缉。此外，他还曾经在百慕大因逃避担保而被逮捕，后来他请求美国驻当地领事为其担保。被发现后，亚伯拉罕放弃了担保的债券，仓皇出逃。在后来一段时期，他曾被CFTC逮捕，但成功逃脱。当了解到他将300万美元转移到国外，并拥有包括国外银行账户在内的约50个银行账户后，一场铺天盖地的大搜捕开始了。

通过FBI的努力，亚伯拉罕在不到一个月的时间里又一次被抓并囚禁起来。他是在佛罗里达塔蓬泉城的一家豪华宾馆被抓到的，在那里他染了头发，改变了身份，已经找到了一个避难所。虽然其律师尽了最大努力，但亚伯拉罕仍然被再次投进监狱。

亚伯拉罕的被捕引起了极大轰动。波士顿法院发布了对劳埃德·卡尔公司的禁令，并且宣布该公司破产，该公司顾客的损失大约为5000万美元。劳埃德·卡尔案消耗了CFTC稽查部大量的精力和财力。但这仅仅是冰山一角。在1977这一年当中，CFTC稽查部成功取得了针对大约60家期权公司的禁止令，并且将14家公司驱逐出这个行业。

（2）美国期权交易的全面禁止。

1936年禁令实施之后，大量"黑名单"之外的品种在场外期权交易所产生的欺诈和不轨行为，催化了1974年《商品期货交易委员会条例》的出台。该条例强化了《商品交易条例》，首次把全部商品纳入其管辖范围。根据1974年的修正案，商品期货交易委员会（CFTC）对"黑名单"之外的商品期权交易具有全权监管权力。该条例对"黑名单"列举的农产品商品的期权交易的禁令仍然有效，且将监管权限扩大到所有的商品期货和期权范围，包括对非农产品期权交易的全权监管，批准在交易所上市交易非农产品商品的期权交易。

1978年6月1日，由于在商品期权市场出现了"欺诈、欺骗销售策略"，特别是在与所谓的伦敦期权市场衔接方面，商品期货交易委员会暂停了美国所有的期权交易。随后，1978年出台的期货交易法案禁止多数商品的期权交易。商品期货交易委员会也同样在1978年修改了期货行业范围内的客户保护条款。

（3）伦敦期权，冗长的交易链条。

"伦敦期权"是伦敦交易所的商品期货期权。尽管其在交易程序上并不困难，但这类期权在1978年禁止交易之前的营销方式却使它们的形象大打折扣。由于伦敦交易所会员在美国并没有开展期权销售业务的办事处，迫使美国期权的购买方与美国的经纪公司打交道。美国公司收到客户订单后，就与伦敦交易所的会员联系，买进期权。而该伦敦交易所会员就与该所的其他会员交易。多数情况下，交易所要让卖方抵押保证金，并收取买方的权利金。在这些交易中，美国客户的问题在于如何获得清算保障以及保证金和权利金的分户管理，因为这类保障只是覆盖到伦敦交易所的会员，并未涉及美国客户。当期权合约发生问题时，客户只能对美国公司追偿。更有甚者，美国客户支付的权利金比购买伦敦期权所需要的资金多。此外，他们还要直接或间接地向美国经纪公司和伦敦经纪人支付佣金。而且，在多数情况下，在美国公司与伦敦交易所会员之间还可能有更多的中间人。准确地说，美国客户从其经纪人那里购买的并不是伦敦期权，而是作为客户与美国公司的一种合约义务。当美国公司出现问题的时候，客户并不能从伦敦的保证金抵押或权利金隔离账户获取保障利益。

（二）四次试点

1. 第一次试点："黑名单"之外的商品期权交易试点。

虽然商品期权历史上发生了不少问题，但期权所特有的商业价值依然吸引着人们的注意力。1981年，CFTC修改了法规，允许部分期权在期货交易所上市交易，同时CFTC开始要求交易所规定投机商与投机机构在期货合约上的持仓限制。1981年12月，CFTC发起了第一次期权试验项目，该项目为期三年，允许"列举商品"以外的商品在交易所场内进行期权交易，这里的列举商品指1936年"黑名单"中禁止的商品。1982年10月，每个期货交易所准许上市1个"列举商品"以外的期货期权合约。这一时期批准的期权包括：股票指数期货期权（标准普尔500、纽约股票交易所综合指数、价值线指数）、中期国债券期货期权、德国马克期货期权、黄金期货期权和白糖期货期权。1983年1月，芝加哥商业交易所推出第一个标准普尔500指数期货合约的期权。1983年8月，芝加哥期货交易所开始交易长期国库券期货期权；纽约咖啡、糖及可可交易所交易糖期货期权；纽约商品交易所交易黄金期货期权。

2. 第二次试点："黑名单"期权交易试点。

基于第一次试点的成功经验，1982年的《期货交易法案》终止了1936年《商品交易法案》关于对国内农产品期权交易的禁令。1984年3月，CFTC批准了第二次期权试验项目。该试验项目范围扩大到农产品期权的场内上市交易，试验期为三年，允许每个交易所申请上市两个农产品期权。这一时期上市的期货期权包括：玉米、大豆、活猪、活牛、小麦和棉花（1984年下半年至1985年上半年上市交易）。此外，白银期货期权也开始交易。

前两次试点的目的是允许CFTC密切监管，使期权交易按照CFTC制定的规则运行。

3. 第三次试点："政府补贴期权"试点的尝试。

1993年的"政府补贴期权"交易试点覆盖1993、1994、1995三个生产年度。依据美国1990年农业法案，美国农业部从1993生产年度开始，鼓励伊利诺伊州、爱荷华州、印第安纳州的部分农场主购买芝加哥交易所的玉米、小麦和大豆合约的卖权，掌握使用期货期权的方法，管理经营风险，保护上述商品的价格和农场主收入。参加这项试验的农民，可自愿选择以最低保护价水平或目标价格水平出售谷物的权利，以保护农民不因市场谷物价格下降而受到损害。政府补贴期权试验项目有三个主要目的：一是要确定期权合约是否有助于农场主降低价格风险；二是生产商是否接受期权交易，是否把期权用于上述目的以及他们需要哪方面的培训；三是生产商广泛使用此类政府补贴期权对商品价格将产生什么影响。

对于美国政府，这一项目的试验实际是对美国农业支持政策的改革。从利用行政手段，由政府机构出面，对农产品以保护价形式收购，政府储备或直接对农户实行财政补贴，转变为利用市场承担和分散农产品价格风险，以维持农产品价格和农民收入的稳定。农民通过购买卖权确定一个最低卖价，因此不会因市场价格下跌而遭受损失，这对保护农民利益，刺激农业生产是极其有利的。

4. 第四次试点："农产品贸易期权"交易试点。

对农产品期权的禁令一直持续到 1982 年商品期货交易委员会再次授权。该授权允许商品期货交易委员会批准在交易所上市农产品期权，但依然禁止交易所外的农产品贸易期权。农产品贸易期权实质上是一种实物期权，是在现货商品的基础上进行的一种现货期权。农产品贸易期权为场外交易，期权卖方有充足的理由相信，与他们达成交易的买方是商业实体，且这一商业实体参与期权交易的目的与其经营业务有关。农产品贸易期权的特点是：如果执行，就必须实物交割，不得转让、炒作；参与的商业企业都要登记注册，谷物现货商、投资银行商、各种农产品加工商、商业用户都可以登记注册成为农产品贸易期权商。

实际运作中，直到 1997 年，商品期货交易委员会才最终解除了禁令，允许农产品贸易期权上市交易，并于 1998 年 4 月 9 日公布了农产品贸易期权的法规，包括登记制度、公开制度、交易记录制度、报告制度和其他规定。这些规定出台后，实际上并没有人参与农产品交易期权项目。1998 年 6 月，商品期货交易委员会发起了三年期期权开发项目，但登记的期权经纪商寥寥无几，其中重要的一个原因是监管太严。1999 年 12 月，农产品贸易期权的规定得到进一步修订，允许现金结算且简化了登记注册制度，但仍只有一家公司登记注册成为农产品贸易期权的经纪商。

（三）芝加哥交易所集团概况及其产品

从美国商品期货期权的发展历史来看，尽管场外期权交易中存在较多欺诈和操纵，但是 CFTC 成立后，其监管下的场内商品期货期权是非常成功的。芝加哥期货交易所（CBOT）是当今世界上最具代表性的农产品交易所，于 1848 年由 83 位谷物交易商发起组建，除了玉米、大豆、小麦等农产品期货品种，还为中、长期美国政府债券、股票指数、市政债券指数、黄金和白银等商品期货提供交易服务，另外推出了农产品、金融及金属的期权产品。2006年10月17日美国芝加哥商业交易所（CME）和芝加哥期货交易所（CBOT）宣布就合并事宜达成最终协议，两家交易所合并成全球最大的衍生品交易所——芝加哥交易所集团（CME Group），总部设在芝加哥。合并后公司的资产总额达到250亿美元，CME占其中的180亿美元，CBOT约占其中的70亿美元。图1-1列举了CME Group产品。

二、美国金融期权的发展

美国金融期权始于股票现货期权。以1973年芝加哥期权交易所成立为分界点，前期主要以订单驱动报价的方式交易，1973年后以标准化的场内交易为主。

（一）19世纪80年代的"特惠权交易"

在美国证券发行之初，并没有集中交易的证券交易所，证券交易大多在咖啡馆和拍卖行里进行。街边的咖啡屋是经纪人的办公室，他们经常会在这里一边聊天，一边等待生意上门。如果有公司要通过发行股票的方式得到资金，就会到咖啡馆找到这些经纪人让其帮助他们发行股票，经纪人提取佣金。这样一种自由组合的方式很快就显现出了弊端。经纪人为了拉到生意竞相压低佣金，甚至有的经纪人在咖啡馆得到股票消息后，立即通过咖啡馆外的黑市进行股票交易。无序的竞争让经纪人互相指责，场内的经纪人指责场外的黑市胡作非为，而场外的人指责场内的经纪人垄断市场。1792年5月17日，24个证券经纪人在纽约华尔街68号外一棵梧桐树下签署了梧桐树协议，纽约证券交易所成立。与商品期权类似，19世纪80年代，特惠权交易的期权在纽约也非常活跃，股票期权伴随着纽约证券交易所的产生而成长，这时的股票期权多数是以订单驱动的方式进行场外股票期权交易，由于不存在中心交易市场，买权和卖权都在场外市场，市场依靠那些为期权的买家和卖家寻找对手方的经纪商而得以运行。

（二）1929年股灾引发的股票期权辩论

进入20世纪以后，股票市场仍然不受监管，期权的声誉因为投机者的滥用而受到影响。在20年代，一些证券经纪商从上市公司那里得到股票期

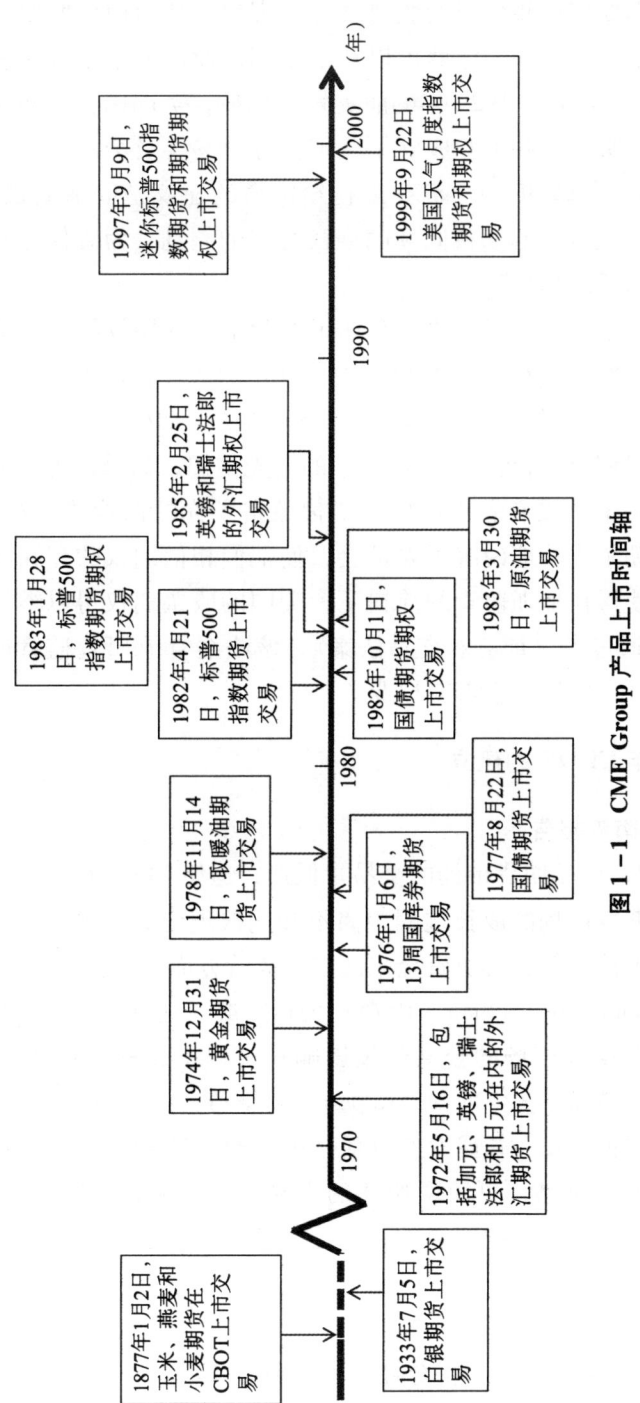

图1-1 CME Group产品上市时间轴

权，作为交换他们要将这些公司的股票推荐给客户，从而使该股票的市场需求迅速上升，上市公司和经纪商可以从中获利，而许多中小投资者却成为这种私下交易的牺牲品。1929年的股灾发生以后，美国国会为防止市场的再次崩溃，举行听证会并由此成立了美国证券交易委员会（Security and Exchange Commission，即 SEC）。SEC 最初给国会的建议是取缔期权交易，原因是"由于无法区分好的期权同坏的期权之间的差别，为方便起见，我们只能把它们全部予以禁止"。

当时，期权经纪商与自营商协会邀请了经验丰富的期权经纪人荷尔伯特·菲勒尔到国会作证。在激烈的辩论中，SEC 的成员们问菲勒尔："如果只有 12.5% 的期权履约，那么，其他 87.5% 购买了期权的人不就扔掉了他们的钱吗？"菲勒尔回答说："不是这样的，先生们，如果你为你的房子买了火灾保险而房子并没有着火，你会说你浪费了你的保险费吗？"通过激烈的辩论，菲勒尔成功地说服了委员会，使他们相信期权的存在的确有其经济价值。这使得在加强监管的前提下，美国的股票期权得以继续存在和发展。1934年通过了《证券和交易法案》，该法案给予 SEC 监管期权业的权力。今天，SEC 依然监管着期权业。

（三）1973年 CBOE 的建立

1. 第一份《南森报告》。

从1968年起，商品期货市场的交易量低迷，迫使 CBOT 讨论扩展其他业务的可能性。期权市场的成长过程中离不开期权理论的验证，还需要从经济上证明其合理性，并且解决资金来源以及监管方面的问题。1969年11月，CBOT 邀请 Robert R. Nathan（南森）公司完成《建立一个以期货交易形式为蓝本的股票期权市场的公共政策影响》（以下简称《南森报告》）报告。第一份《南森报告》（Nathan Report）总结道：

"提议要建立的市场的主要优点包括：更全面的监管；完整迅速地向公众传输报价及成交价格；更简便快捷的交易过程，大大降低交易成本；交易达成机会的提高致使期权交易的流动性及灵活性明显提高。"

"提议要建立的期权交易市场将提高金融市场的效率，并服务于国家经济。"

"建立这样一个期权交易所符合社会公共利益。"

然而，对新交易所而言，监管依然是个问题。CBOT 当时是由 CFTC 的前身 CEA 监管，而 CBOT 显然不愿意再向第二个政府监管部门 SEC 报告。可是筹建新交易所会不断增加财务开销，这使得 CBOT 面临较大的财务压力。最终，CBOT 决定将芝加哥期权交易所（CBOE）建成独立于 CBOT 的交易所。

2. 第一家期权交易所 CBOE 的成立。

在投入大量研发费用并历经 5 年之后，全世界第一个期权交易所——芝加哥期权交易所（CBOE）终于在 1973 年 4 月 26 日成立，标志着真正有组织的期权交易时代的开始。新交易所通过出售席位来自筹资金，400 个席位每个售价 1 万美元。在最初的阶段，芝加哥期权交易所的规模非常小，只有 16 只标的股票的买权。交易的第一天，成交合约 911 手。然而到了第一个月底，CBOE 的日交易量已经超过了场外交易市场。

CBOE 的第一任总裁约瑟夫·W. 索利凡（Joseph W. Sullivan）认为，与传统的店头（场外）交易市场相比，期货交易的公开喊价方式更具效率性。其中期权合约的标准化为投资者进行期权交易提供了最大的方便，也极大地促进了二级市场的发展。同时期权清算公司的成立也为期权的交易和执行提供了更为便利和可靠的履约保障。

场内期权交易采用了 CBOT 场内期货交易的两个重要特质：即标准化与集中清算。标准化的期权合约提供了标准化的期权合约规模、执行价格、到期日等重要参数。而集中清算为所有交易者提供了可靠的财务保障与运营保障，清算由芝加哥期权交易所清算公司（CBOE Clearing Corporation）完成。以上机制保证了场内交易的效率远远超过场外交易。1975 年美国股票交易所（American Stock Exchange）开始交易期权后，CBOE 与之联手组建了共同的清算机构，即期权清算公司（Options Clearing Corporation，OCC）。OCC 现在为美国所有从事股票期权交易的交易所提供清算，它是交易所场内期权的每个参与者在财务上绝对安全的交易对手。事实上，对于每个会员而言，OCC 是各卖家的买家，同时也是各买家的卖家。期权合约的标准化以及期权清算公司的形成，为场内期权市场的活跃奠定了可靠基础。

3. 期权定价公式的诞生。

1973 年，芝加哥大学的两位教授费舍尔·布莱克（Fisher Black）和迈伦·斯科尔斯（Myron Scholes）发表了《期权定价与公司负债》的论文，该论文推算出了任何已知期限的金融工具的理论价格，使期权定价难题迎刃而解。他们提出的 BS 期权定价模型的时间与芝加哥期权交易所正式挂牌交易标准化期权合约几乎相同。不久，德克萨斯仪器公司就推出了装有根据这一模型计算期权价值程序的计算器，大多从事期权交易的经纪人都持有各家公司出品的此类计算器。与此同时，莫顿也发现了同样的公式及许多其他有关期权的有用结论，两篇论文几乎同时在不同刊物上发表，所以，布莱克—斯克尔斯定价模型亦可称为布莱克—斯克尔斯—莫顿定价模型。莫顿拓展了原模型的内涵，使之同样运用于许多其他形式的金融交易。1997 年，瑞典皇家科学院将诺贝尔奖授予芝加哥大学的斯克尔斯和麻省理工学院的莫顿教授，表彰他们共同完成的期权定价理论。他们的工作对金融创新和各种新兴金融产品的面世起到了重大的推动作用。

（四）1977 年股票期权禁令

1977 年 6 月 3 日，CBOE 开始了卖权交易，投资者很快便接受了卖权，其发展速度远远超出预想。然而仅仅 4 个月之后，美国证券交易委员会（SEC）宣布暂停所有交易所上市新的期权合约，场内期权市场的迅猛发展势头戛然而止，场内期权遭受了第一次重大挫折。不过，这并没有减缓已上市期权交易量的增长。3 年后，SEC 取消暂停令，CBOE 随即增加了 25 种可进行期权交易的股票。

这次股票市场期权禁令的原因实际上和商品期权在 1978 年第三次禁令的原因相似。在场外市场出现了一些操纵与欺诈等违规违法事件。SEC 查处了一批操纵价格、内幕交易、为增加佣金过度频繁动用客户资金交易、向客户宣传时利用不实广告、未向客户披露期权风险、不考虑客户投资适配性、对客户不公的违法行为。更为严重的是，SEC 还发现部分做市商和会员为绕过监管，在场外通过清算方来达成买卖上市期权交易的协议，且这样的行为与日俱增，日趋严重。

这一系列问题的发生促使 SEC 做出保留已上市期权交易，暂停新期权合约上市的决定。SEC 着手对标准化期权合约推出前后的市场变化进行全面回顾与分析，以综合判断标准期权合约的推出对市场的影响。在这一轮对期权的质疑和论证中，1974 年的《南森报告》和 1985 年的《四方报告》对期权的发展起到决定性作用。

1. 1974 年的《南森报告》。

1978 年，SEC 完成相关研究论证，发表了《关于期权市场的特别研究报告》（Special Study of Options Market），认为从整体上看期权交易对金融市场产生了积极的影响，并于1980年撤销了对期权上市交易的禁令。此后，美国期权市场获得了巨大的发展，新期权产品和期权种类层出不穷，成为全球最重要的金融衍生产品市场之一。

SEC的报告，特别是其中关于市场数据分析及结论的部分，大量引用借鉴了南森公司在1974年12月为芝加哥期权交易所作的《回顾芝加哥期权交易所股权类期权上市交易》（以下简称《南森报告》）的报告内容。第二份《南森报告》不仅是当时最为系统全面地研究期权市场的报告，同时为SEC对期权市场的界定与相应的政策导向都提供了主导意见，在美国期权发展历史中占据了重要地位。

该报告对美国场内标准化期权市场作了一系列研究，其中的四个结论尤其值得关注：（1）场内期权的推出平抑了标的现货的波动率；（2）场内期权的推出增加了标的现货的流动性；（3）场内期权的推出没有分流其他市场资金；（4）投资者随着场内期权市场的发展变得更加成熟。

虽然来自证券监管机构SEC的报告充分肯定了场内期权交易的价值，但是对于整个衍生品市场的怀疑却似乎仍在蔓延。相对于商品期货与期权的现货真实性与套保实用性来说，金融期货与期权的现货虚拟性让人一下子难以接受。可以说美国的金融期货与期权行业是从指责、怀疑甚至诋毁中顽强成长起来的。

2. 1985年的《四方报告》。

1979年春天，美联储与财政部联合下文决定暂停推出中期国库券期货和股指期货等金融期货品种。两年后，美国国会要求美国财政部支持，由商品期货交易委员会（CFTC）、证券交易委员会（SEC）、美联储（FED）开展一项关于期货和期权市场对美国及工商界影响的联合课题。为了确保质量及完整性，该联合课题由美联储作为主要承做方，并协同其他三家机构开展相关分析研究工作。这份耗时两年多的研究课题覆盖了几乎所有关于金融期货和期权的公共政策问题，审查了期货和期权市场性质的方方面面。

经过近三年的调查与研究，四大联邦机构于1985年联合推出一份报告：《期货和期权交易对经济的影响研究》（A Study of the effects on the e-conomy of trading in futures and options，简称《四方报告》）。《四方报告》回答了国会提出的关于金融期货和期权交易对于真实资本形成以及现货市

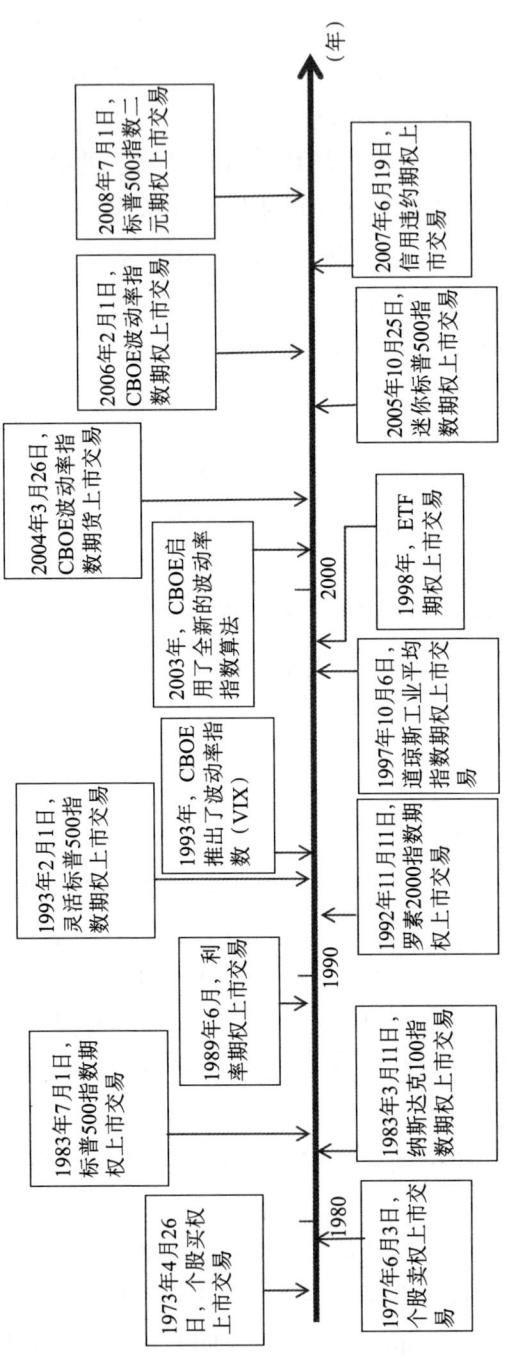

图 1-2 CBOE 产品上市时间

三、期权发展史

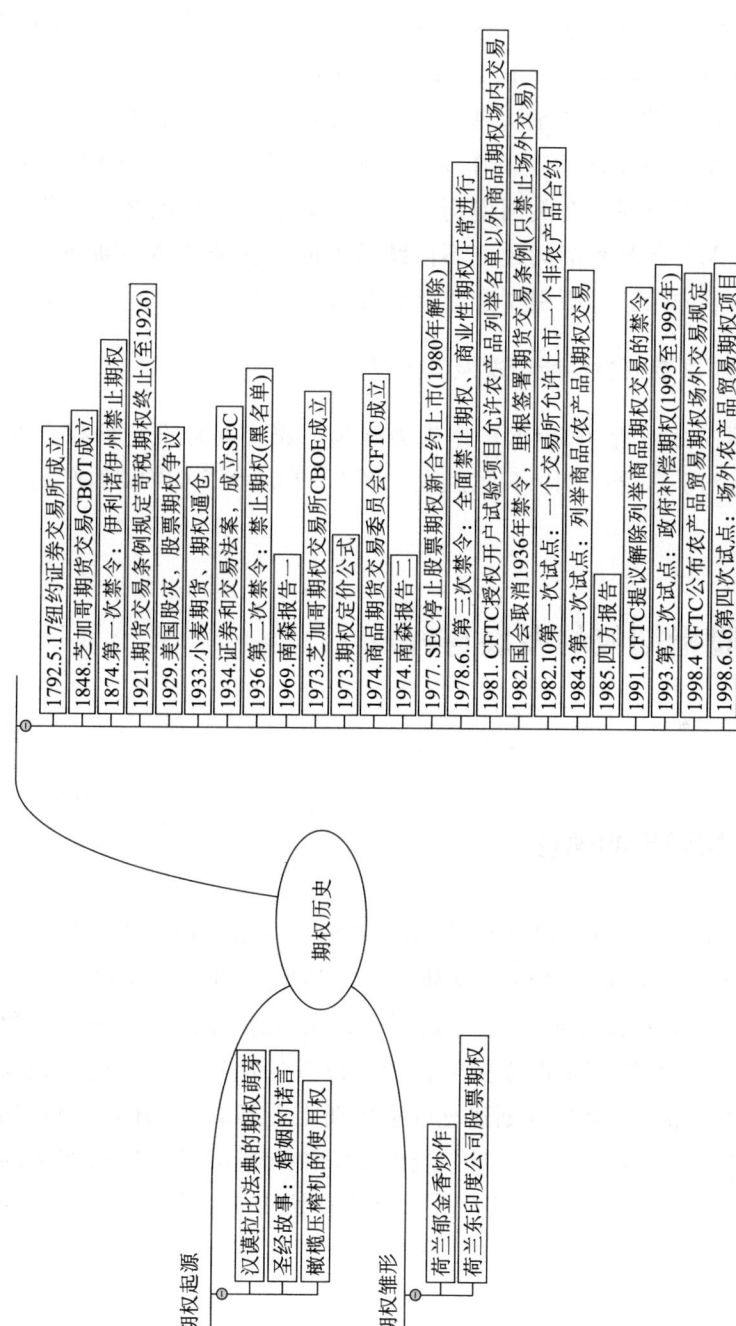

图 1-3 期权发展史

场行为的影响问题。报告还分析了金融期货和期权市场对于货币政策有效性以及存款机构安全性的影响,这些论述主要包括经济效率、资本形成、现货市场价格稳定性以及对货币政策影响等方面。

来自 SEC 的报告与四方研究课题一起从多角度分析与证明了期货与期权在国家经济发展中发挥的重要作用。权威的报告加上无可争辩的结论,促使金融期货与期权最终在美国得到官方的充分认可。自此之后,美国政府在发展金融期货新品种的问题上不再踌躇不前,各种产品不断问世,美国国内市场欣欣向荣,并吸引了全球金融市场的目光。

(五) 芝加哥期权交易所概况及其产品

芝加哥期权交易所(CBOE)作为美国第一家交易标准化期权合约的期权交易所,对美国金融期权贡献巨大,图 1-2 展示了 CBOE 的产品。

第四节 股指期权的发展与普及

一、监管机构职责的确立

1969-1971 年,美国谷物产量过剩导致谷物价格大幅下跌,政府主动出击稳定物价。由于缺乏价格的波动,农产品期货市场的交易量大幅降低。在商品期货交易需求疲软的背景下,为了刺激期货市场交易量的回升,CBOT 的会员开始探索设立标的为商品以外的期货合约,他们想到了指数类衍生品。最初 CBOT 计划建立以道琼斯工业指数(DJIA)为标的的现金交割期货合约,但是由于害怕受到 SEC 和伊利诺伊州反赌博法的反对,CBOT 只好放弃这个想法。后来,CBOT 开始研究以证券为合约标的的期权交易的可行性,对股票期权的交易需求催生了成立一个公开喊价的股票期权市场的想法,并向 SEC 提交了这一建议。经历了 3 年漫长的审批过程,CBOT 建立场内股票期权交易的议案终获批准,第一家期权交易所 CBOE 于 1973 年 4 月成立了。

1973 年初，各商品交易所联名就期货监管权问题上达国会，CBOT 由于觉得 SEC 监管太严急于想摆脱 SEC。然而在听证会上，国会建议由 SEC 来监管期货，却被当时的 SEC 主席 Roderick Hills 拒绝了。为了躲避 SEC 的监管，CBOT 的代表团在国会上建议成立新的监管机构，而该监管机构应该对所有期货合约拥有专属管辖权。1974 年 5 月，美国国会接受了该建议，并通过商品期货交易管理委员会法案。新法案对原有的商品交易法案进行了修改，其中一项修改拓宽了"商品"的定义，认定"商品"的形式可以是有形的也可以是无形的。这样一来，证券就属于"商品"的定义范畴。国会还设立了商品期货交易管理委员会（CFTC），授予其期货交易的专属管辖权。然而，SEC 自 1934 年成立以来就对证券及其股票期权拥有专属管辖权，这为后来的 CFTC 与 SEC 对衍生品的管辖权之争埋下了隐患。

70 年代中期，SEC 对可作为股票期权合约标的的证券有相对严格的规定，只有极少一部分的股票可被用做标的证券，同时一只股票期权只允许在一个交易所交易。相反的，指数既不是资产也不是证券，它们仅仅是数学抽象的表达式用以衡量市场状况的指标。当指数与衍生合约相结合时，却可以作为一个金融工具提供保险或盈利功能。更为重要的是，基于指数的衍生品相比其他衍生品更具有优势，该优势体现在指数可按照特定方式编制从而拥有无限的指数资源。交易所为了抢夺有限的资源相互竞争，由此激起了对指数衍生品的强烈需求。1975 年 10 月 CFTC 通过了 CBOT 交易美国政府国民抵押贷款协会住房抵押贷款（GNMA）期货合约的申请。同时 CME 申请交易国债期货合约，另 12 家期货交易所也提出其他品种的期货合约交易。GNMA 期货合约的交易触动了 SEC 的神经，SEC 立刻给 CFTC 写信声称这些合约的标的属于证券应归 SEC 管辖。而 CFTC 回复认为，这些合约是期货合约，CFTC 对其有专属管辖权。SEC 抗议未果，只好作罢。作为回应，SEC 于 1981 年批准了 CBOE 对于规则的更改，同意交易所交易以凭证为合约标的的期权。

GNMA 期货合约自 1975 年上市以后交易相当活跃。1981 年初，CBOE 向 SEC 递交了交易 GNMA 期权的申请。CBOT 担心 GNMA 期权会分流 GNMA 期货的交易量，便向 SEC 投诉，但最终 SEC 还是通过了 CBOE 的申请。CBOT 只得向联邦法院上诉，在裁审期间联邦法院暂时禁止了 CBOE 交易 GNMA 期权。通常情况下，SEC 和 CFTC 只为他们所管辖的交易所提供间接的支持，避免直接出现在法庭。但该诉讼迫使 SEC 和 CFTC 在法庭上正面对决,联邦法庭的法官为了维护政府的形象,要求庭外和解,迫使 SEC 和 CFTC 就金融衍生品市场的监管进行谈判,并于 1981 年达成了《沙德—约翰逊管辖协议》（Shad – Johnson Jurisdictional Accord）。该协议最终于 1982 年 2 月制定成法,授予 SEC 对以证券（包括股票和股指）为合约标的的期权的监管权,规定禁止交易个股期货以及特定的股指期货,并授予 CFTC 对以市政证券之外的证券和股指为合约标的的期货合约的监管权。协议允许 CFTC 批准股指期货交易,但该合约需满足三个要求:现金交割、不易受到操纵和标的指数具有市场代表性。

该协议为 SEC 和 CFTC 对指数衍生品的监管划分提供了清晰的界定,并为市场指数衍生品合约的创新提供了纲领性的指导。

二、现金交割制度的引入

在很长的一段时间内,美国都禁止衍生品现金交割,最早可追溯到 1851 年。那时在 CBOT 交易的所有农产品期货都需遵循实物交割这一条款。该条款体现了期货合约最原始的目的,即确保农产品的顺利交付,从而减少生产者和买方的风险。尽管有这条款,但是期货市场上的投机者远远多于套利者,数据显示在期货合约中不到 5% 的合约最后实行了实物交割。在芝加哥,期货投机变得越来越流行,渐渐地 CBOT 之外的场所也开始交易期货。

1890 年,对赌行（Bucket Shops）在芝加哥日渐盛行,他们根据 CBOT 交易大厅的商品期货合约价格来买卖合约。然而这对 CBOT 的打击是巨大的:对赌行利用 CBOT 的信息,却不支付费用;对赌行通过对赌商品期货价格,抢夺了 CBOT 原投机商品期货的客户,客户不再需要向 CBOT 会员交纳佣金并可直接以现金方式交割。为此,CBOT 将对赌行诉诸法庭,并展开了激烈的法律战。CBOT 以现金结算的期货合约与赌博对等作为论据,这与当时美国社会反赌的情绪相契合。最终 CBOT 赢得了官司,该类交易被终止。在 CBOT 的游说下,伊利诺伊州更改了赌博法,禁止期货合约采取现金交割的方式,不久之后其他中西部州也纷纷响应。现金交割和赌博的等价关系为后来的金融衍生品的发展埋下了道德的掣肘。

交易指数衍生品的想法最早在 20 世纪 60 年代由 CBOT 提出,CBOT 的研发小组开始研究设立道琼斯公司道琼斯指数期货,但研发小组在咨询律师产品的可行性时被告知伊利诺伊州的赌博法禁止期货合约实行现金交割，最终该想法被扼杀在了摇篮里。到了1970年末，SEC和CFTC监管的交易所均想上市现金交割的合约。1981年春天，沙德和约翰逊分别被委任为SEC和CFTC的主席。为了解决禁止现金交割问题，两个对立的监管机构摒弃前嫌，决定合作解决该问题，因为这两个监管机构都清楚意识到如果一方不允许交易股指类合约，而另一方同意该类合约的交易，就会大幅提升监管范围。然而，要推翻现金交割等同赌博这深入人心的观念却不是一件简单的事。当初，两个机构在设立时就规定禁止现金交割，并且许多州在法律上明令禁止现金交割合约。沙德和约翰逊必须另辟蹊径来解决禁止现金交割问题。为了绕开道德的谴责，他们描绘了一幅指数型合约采用实物交割的场景。这种情况下，指数期货的卖方未在到期日前平仓，则必须在交割日交割合约标的。换言之，期货买方须在市场上买入组成该指数的一揽子股票。假设指数是由30-500只股票组成，并且各指数期货合约在同一天到期，那么实物交割将意味着市场对该类股票需求大增，导致股票价格大涨。沙德和约翰逊意识到即使只有一部分指数衍生品结算交割，也有可能为证券市场带来极端波动。这是沙德不想发生的，因为在个股期权的交易中也遇到过类似情形。沙德和约翰逊决定对于任何指数衍生品均应采取现金交割方式。最终，SEC和CFTC签署了《沙德-约翰逊协议》，允许推出采用现金交割的金融衍生品。这为股指期货、股指期权等指数衍生品扫清了法律上的障碍。

1982年2月堪萨斯期货交易所（KCBT）上市了第一个股指期货合约——价值线股价指数期货（Value Index Futures）。价值线股价指数采用股票价格的几何平均数计算而不是加权平均法，这导致该指数的回报率与股票投资组合回报率的相关性不高，同时期货价格与价值线指数水平无法通过套利来趋向一致，使得该期货不能有效对冲股票市场风险，最终交易量惨淡。同年4月，CME上市标普500指数期货（S&P 500 Futures），该指数采用加权平均法的计算方式，成为投资者对冲市场风险的交易工具，取得了很大的成功。至今，标普500指数期货仍然是最活跃的指数期货合约之一。1982年纽约证券交易所设立纽约期货交易所，并于同年5月上市了纽约证券交易所股价指数期货（NYSE Composite Index Futures）。随着股指期货产品的顺利推出，CBOE于1983年3月11日率先推出了CBOE 100指数期权。80年代后期，CBOE与标普公司达成了一项更换指数成分股的协议。之后该指数更名为标普 100 指数（S&P 100 Index），代码为 "OEX"（见表 1-1）。同年 5 月，CBOE 上市了标普 500 指数期权。

表 1-1　　　　标普 100 指数期权的合约设计表节选

交易所	芝加哥期权交易所（CBOE）
交易代码	OEX
合约单位	＄100 乘以指数点位
最小变动价位	权利金＄3 及以下 0.05 权利金＄3 以上 0.1
最小变动价位金额	＄5；＄10
合约月份	4 个近月 +1 个季月
交易时间	8：30 a.m. -3：15p.m. 芝加哥时间
行权方式	美式
到期日	期权到期月的第三个星期五之后最近的星期六
最后交易日	到期日前一个工作日（通常是星期五）
交割结算价	现金交割，最后交易日的指数成分股的收盘价

资料来源：CBOE 官网。

三、继股指类衍生品诞生后其他指数类衍生品发展迅速

在股指期权上市之前，CME 于 1983 年 1 月 2 日上市了标普 500 指数期货期权；同一日，NYFE 上市了纽约证券交易所股价指数期货期权。之后，各种指数衍生品层出不穷。1997 年，道琼斯公司开始考虑授权 DJIA 指数作为衍生品合约的标的，CBOT 和 CME 竞争该指数的期货和期货期权的交易权，而 AMEX 和 CBOE 竞争该指数的期权的交易权。最终道琼斯公司将指数的期货和期货期权交由 CBOT 发行，而 CBOE 得到了指数期权，并决定在 1997 年 10 月 6 日同时上市三个品种。为了抢占更多的市场份额，CME 于 9 月 9 日上市了迷你标普 500 指数期货和指数期货期权。迷你标普 500 指数期货在合约规格上是 DJIA 期货的 1/5，较小的规格从而吸引了更多的个人投资者。迷你标普 500 指数期货于 2001 年超过标普 500 指数期货。2005 年 10 月 25 日，CBOE 推出了基于标普 500 指数的迷你期权。三天之后，CBOE 又推出了全球首个周期权，其合约标的为标普 500 指数。周期权的存续期只有一个星期。图 1-4 列示了各类指数衍生品的诞生图。

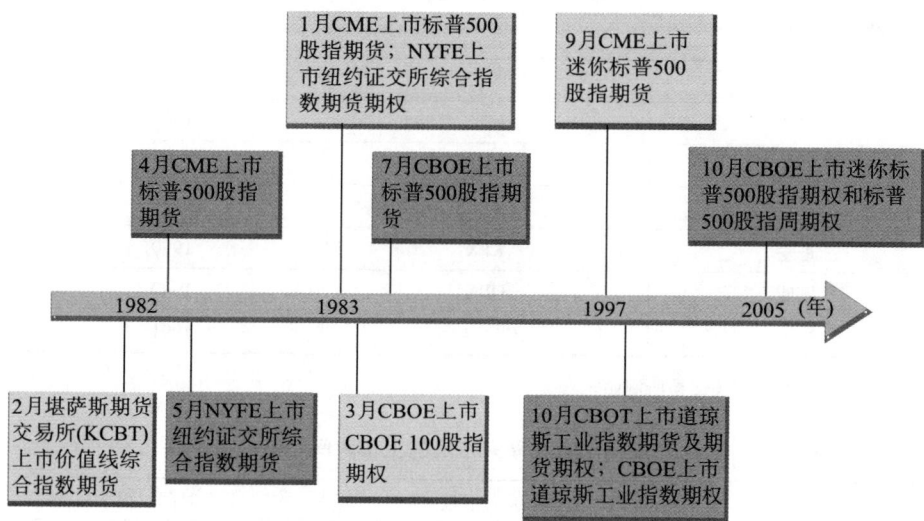

图1-4 各类指数衍生品诞生谱图

四、全球各市场股指期权上市时间

继美国1983年推出股指期权后，英国于1984年推出了标的为FTSE-100指数的美式期权，澳大利亚的悉尼期货交易所于1985年上市了All Ordinaries指数期权。紧接着瑞典、荷兰和芬兰等市场也纷纷推出了以本地区股票股指期货或股票指数为标的的股指期权合约，股指期权成为一个全球性的交易品种。新兴市场紧随发达市场也相继推出了以自己市场指数为标的的股指期权。表1-2、表1-3列示了各种股指期权的上市时间。

表1-2　　　　全球早期发展股指期权的上市时间

市场	标的指数	上市时间（年）
美国	CBOE 100	1983
	S&P 500	1983
英国	FTSE 100	1984
澳大利亚	All Ordinaries	1985
瑞典	OMX	1986
荷兰	AEX	1987

续表

市场	标的指数	上市时间（年）
芬兰	FOX	1988
瑞士	SMI	1988
日本	Nikkei 225	1989
丹麦	KFX	1990
挪威	OBX	1990
法国	CAC 40	1991

资料来源：FIA 相关交易所网站。

表1-3　　　　股指期权在新兴市场的上市时间

市场	标的指数	上市时间（年）
印度	SENSEX 30	2001
中国台湾	TAIEX	2001
巴西	BOVESPA	2001
特拉维夫	TA-25	1993
韩国	KOSPI 200	1997
中国香港	HSI	1993
南非	FTSE/JSE Top 40 Index	2005

资料来源：FIA 相关交易所网站。

五、期权产品各地区发展路径

期权产品的发展路径在各市场略有差异，欧美等发达国家主要先推出股票期权，再推出股指期权，最后推出 ETF 期权。而新兴国家期权市场的发展一般遵循先股指期货，再股指期权，后股票期权。表1-4列示了发达市场期权产品的上市时间。

表1-4　　　　发达市场期权产品的上市时间

市场	股票期权	股指期货	股指期权	ETF 期权	利率期权	外汇期权
美国	1973 年	1982 年	1983 年	1998 年	1982 年	1982 年
加拿大	1975 年	1984 年	1999 年	2000 年	1991 年	2005 年
澳大利亚	1976 年	1983 年	1985 年	2000 年	1993 年	无

续表

市场	股票期权	股指期货	股指期权	ETF 期权	利率期权	外汇期权
英国	1978 年	1984 年	1984 年	2003 年	不详	不详
荷兰	1978 年	1988 年	1987 年	2003 年	不详	不详
法国	1987 年	1988 年	1991 年	2003 年	不详	不详
瑞士	1988 年	1990 年	1988 年	2002 年	不详	不详
德国	1990 年	1990 年	1991 年	2002 年	1991 年	不详
日本	1997 年	1987 年	1989 年	2009 年	1990 年	1991 年

资料来源：相关交易所网站。

美国市场是期权产品的发源地，率先推出了股票期权、股指期权、利率期权、ETF 期权和其他期货期权。然而究竟是什么原因导致美国较其他发达国家更早地发展金融衍生品呢？这主要是由于美国在对本国金融衍生品市场的运作方式与监管架构进行设置时，秉承了以风险管理金融和提供高度流动性为目标的发展模式。该发展模式的一个表现形式在于竞争驱动创新。由于美国的证券交易所、期货交易所和期权交易所在格局上存在着特殊的竞争关系，美国期权市场的发展路径表现得更富有创新性。当某个交易所率先推出期权产品后，若产品推出成功则会获得一定的先发优势，从而占据较高的市场份额；若产品推出失败则对该产品进行退市处理并研发推出其他产品。交易所之间会紧密关注竞争对手的新产品推出情况，一旦有成功的可能则马上跟随推出类似的产品，因此常常出现短时间内多个交易所上市类似产品的局面，更有甚者会在同一天在不同交易所上市类似产品。

同时，市场需求导向也为美国金融衍生品市场的发展提供了内在动力。例如，1981 年之后，里根政府把治理通货膨胀作为美国经济的首要任务，因而采取紧缩政策。然而，紧缩政策导致利率大幅上升，股票市场受到严重打击，股价狂跌。在这种情况下，股市的参与者迫切需要一种新的有效的规避系统性风险的金融工具，股指期货应运而生。

由于经济发展接近、文化高度相似等原因，部分发达市场紧紧跟随美国期权市场的发展步伐，陆续推出本市场的相关期权产品。美国期权市场的发展路径为"股票期权–股指期权–ETF 期权"，绝大部分先行市场也几乎遵循了相同的发展路径。

新兴市场的期权产品推出时间较晚，除了巴西，一般为 20 世纪 90 年代中后期以及 21 世纪初。与美国和先行市场不同的是，新兴市场的金融衍生品市场更偏向于强制性制度变迁引导产品推出。政府在建设衍生品市场时，优先发展交易较为简单、监管较为容易以及难以操纵的股指期货和股指期权产品。从实际情况来看，新兴市场基本形成了先股指期货，后股指期权，再股票期权的期权发展路径。韩国的金融衍生品市场是典型的政府主导的演进模式。1987年11月，在全球股市经历了"黑色星期一"的暴跌之后，韩国政府为了提供规避股市系统性风险的工具，决定开始建立本国期货市场。自1995年韩国政府颁布《期货交易法》之后，韩国于1996年推出了一个期货合约 KOSPI 200 股指期货，紧接着于1997年推出股指期权。由于当时韩国尚未成立期货交易所，因此政府批准韩国证券交易所进行股指期货、股指期权交易。1999年，韩国成立了期货交易所，并同时推出了货币期权等金融衍生品。2002年，韩国证券交易所推出股票期权。

新兴国家在发展期权市场的道路上，可以根据自己的后发优势学习借鉴美国和先行市场的经验与教训，根据本国市场实际发展状况，探索和开辟独特的期权发展之路。表1-5列示了各新兴市场期权产品的上市时间。

表1-5　　　　　　　　新兴市场期权产品的上市时间

市场	股票期权	股指期货	股指期权	ETF期权	利率期权	外汇期权
南非	1997年	1990年	2002年	无	2007年	2008年
韩国	2002年	1996年	1997年	无	无	1999年
印度	2001年	2000年	2001年	无	无	2010年
中国台湾	2003年	1998年	2001年	无	无	无
巴西	1979年	1986年	2001年	不详	不详	1988年
中国香港	1995年	1986年	1993年	2010年	无	无
俄罗斯	2001年	1997年	2005年	无	无	2005年

资料来源：相关交易所网站。

六、股指期权的现状

从股指期权的成交量来看，2011—2013年全球股指期权的成交量大幅下降，主要因为2012年韩国 Kospi 200 股指期权的合约乘数扩大为原来的5倍，但除去韩国市场后，股指期权总体呈现稳定增长趋势。2014年全球股指期权成交量大幅上升，成交近31.5亿张，较上年增长了13.5%。其中，美洲地区增长了17%，EMEA地区增长了4%，亚太地区增长了15%。2011-2014全股指期权成交量见图1-5。

第一章　期权市场的发展历史　29

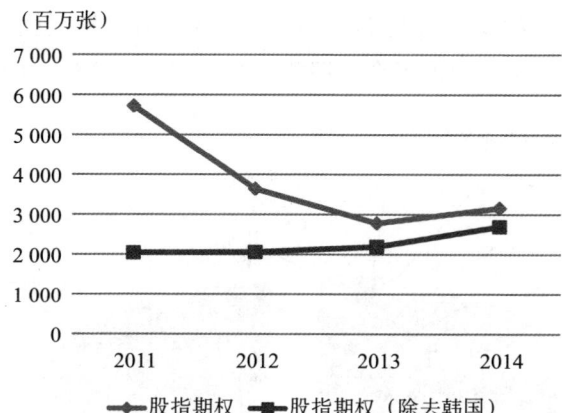

数据来源：IOMA report。

图 1-5　全球股指期权成交量

2014 年，韩国 Kospi 200 股指期权交易量继 2012 年调整合约乘数后继续下滑，成交量为 4.6 亿张，较上一年减少 20%。印度市场股指期权交易量活跃，印度国家证券交易所的 CNX S&P Nifty 指数期权超越韩国的 Kospi 200 股指期权，成为全球交易最为活跃的产品，交易量达 9.7 亿张，占全球股指期权成交量的 30.8%；印度孟买证券交易所的 BSE 30 SENSEX 股指期权交易量大幅增长 304%，达到 4.4 亿张。欧洲期货交易所的 EURO STOXX50 股指期权交易量增长 7% 达 2.4 亿张。美国芝加哥期权交易所的标普 500 指数期权交易量达 2.2 亿张，较上一年增长了 8%。2011－2014 年指数期权成交量变化见图 1-6。

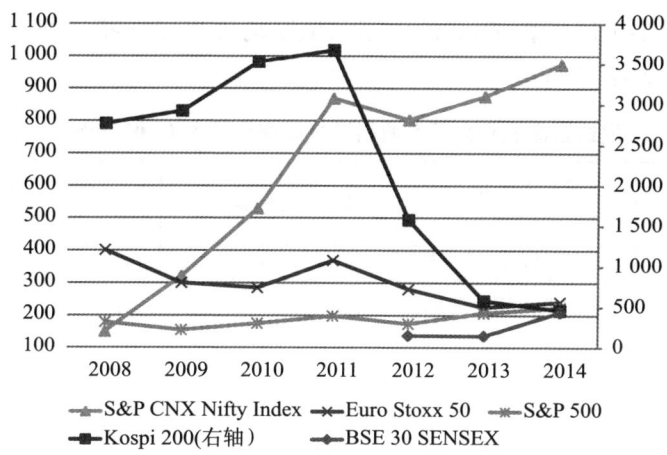

数据来源：IOMA report。

图 1-6　全球交易最为活跃的指数期权交易量

2014年股指期权交易量排名前10的交易所中，新兴国家的交易所占了6所，其合约交易量约占了全球股指期权交易量的72%（见图1-7）。

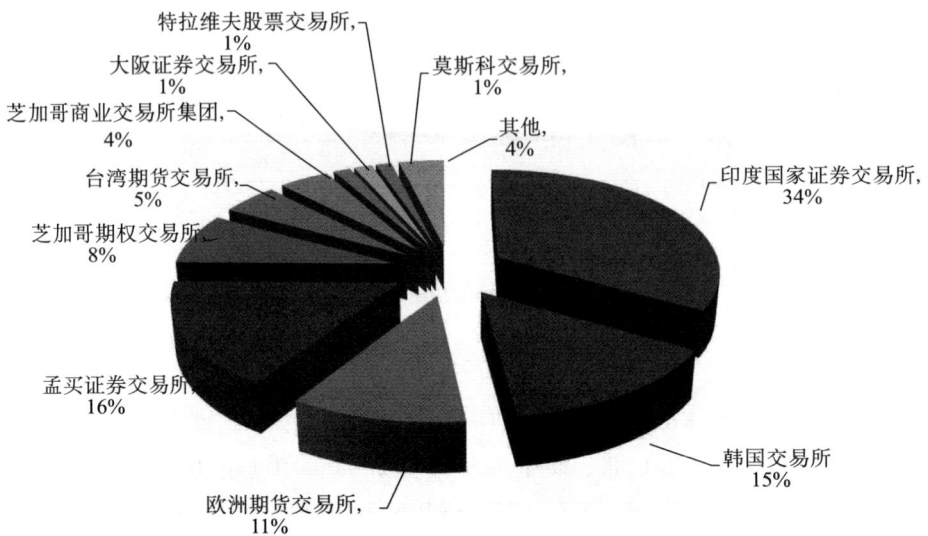

数据来源：IOMA report。

图1-7　各交易所股指期权交易量占比

从股指期权的成交名义金额占GDP的比例来看，部分新兴国家的股指期权规模发展迅速，成交名义金额超越发达国家。韩国的股指期权成交名义金额为6789.5百亿，达到该国GDP的52.2倍。在金砖四国中，印度的股指期权成交名义金额为467.3百亿美元，是该国GDP的2倍。当前，全球GDP及股票市值排名前20的国家和地区均推出了股指期权产品，除了中国大陆（见表1-6）。

表1-6　发达国家及新兴国家股指期权成交金额占GDP比例

	成交名义金额 （百亿美元）	GDP（万亿美元）	成交金额 占GDP的比例
巴西	24.18	2.34	10%
印度	881.04	2.05	430%
俄罗斯	9.20	1.86	5%
香港	187.40	0.29	646%
韩国	5615.53	1.41	3983%
美国	6382.67	17.40	367%
澳大利亚	53.03	1.45	37%

资料来源：IOMA 2014报告、世界银行官网。

从投资者类别来看，股指期权由机构投资者占比为主，这主要由于股指期权合约相比 ETF 期权、股票期权面值较大。就香港股指期权而言，2013/14 年境内个人投资者在股指期权的比例仅占 15.2%，而境内机构投资者占比达到 64.8%（见表 1-7）。

表 1-7 香港股指期权投资者类别（%）

产品	客户类别		2010/11	2011/12	2012/13	2013/14
HSI options	自有资金交易商	做市商	43.6	46.1	41.6	**50.6**
		自营交易商	8.3	5.3	7.9	**5.6**
	本地投资者	个人投资者	22.7	18.7	22.7	**26.3**
		机构投资者	12.3	9.7	7.4	**6.2**
	海外投资者	个人投资者	2.7	2.4	2.7	**2.7**
		机构投资者	10.5	17.8	17.7	**8.7**
HHI options	自有资金交易商	做市商	28.5	33.4	29.0	**23.5**
		自营交易商	16.3	13.8	22.2	**25.1**
	本地投资者	个人投资者	4.7	2.7	3.7	**3.7**
		机构投资者	26.2	19.2	16.1	**19.1**
	海外投资者	个人投资者	1.0	0.4	0.7	**1.0**
		机构投资者	23.3	30.5	28.2	**27.7**
Index option	自有资金交易商	做市商	39.7	42.1	37.6	**36.8**
		自营交易商	10.3	8.0	13.0	**15.4**
	本地投资者	个人投资者	18.1	13.5	16.0	**15.2**
		机构投资者	15.8	12.7	10.4	**12.6**
	海外投资者	个人投资者	2.3	1.8	2.3	**1.9**
		机构投资者	13.7	21.9	20.8	**18.1**

注：由于四舍五入导致加总可能不是 100%。

第二章

全球期权市场发展现状

第一节 场内期权市场的发展趋势

一、场内期权市场发展概况

随着推出期权产品交易所数量的不断增多以及期权产品类型的不断丰富，长期以来，场内期权市场一直保持稳定的增长状态。根据 FIA 历年的统计数据，2004－2011 年，全球场内期权市场成交量的平均年增长率达到 12.3%。但是，近两年，由于权重较大的韩国 KOSPI 200 股指期权合约成交量的大幅下滑，全球场内期权市场的成交量及其在全球衍生品市场的成交占比出现初步下滑状态。然而，剔除韩国 KOSPI 200 股指期权合约的影响后，场内期权市场仍然保持活跃态势。

（一）全球场内期权产品概览

全球场内期权品种大致分为股指期权、股票期权、ETF 期权、利率期权、外汇期权以及由波动率指数期权、股息期权等构成的另类期权。目前，提供股指期权的交易所的数量最多。

据国际期权市场协会（IOMA）①的统计报告，2014年，全球各主要交易所的期货和期权产品种类平均为6.2个。其中，南非约翰内斯堡证券交易所的产品最为丰富，共有13个品种。就期权产品而言，从不同类别产品的交易所数量来看，提供股指期权的交易所数量最多，达到36家；其次是股票期权，有31家交易所提供；提供外汇期权、利率期权和ETF期权的交易所分别为18家、9家和14家。此外，还有10家交易所提供诸如波动率指数期权、股息期权等其他类型的期权。

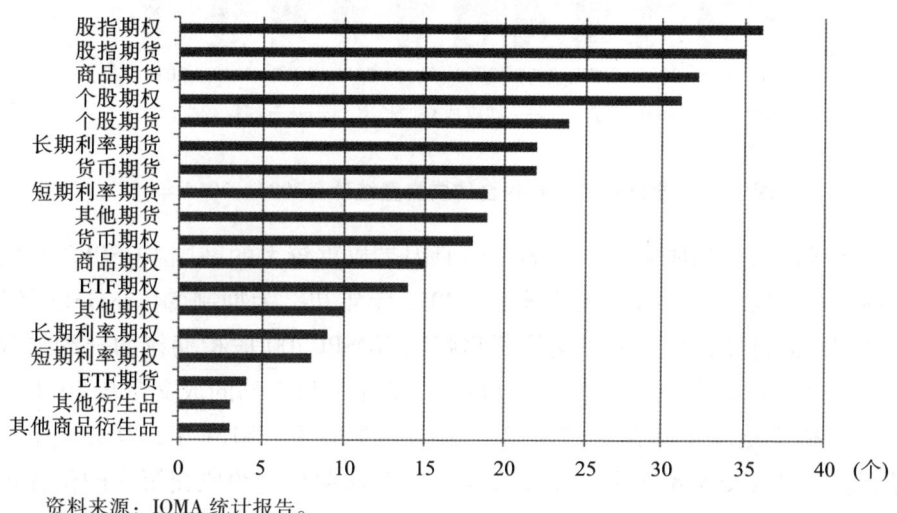

资料来源：IOMA 统计报告。

图 2-1　全球衍生品各产品线的交易所数量

（二）全球场内期权产品交易概览

总体来看，2014年全球场内衍生品市场成交延续2013年的微弱增长。据美国期货业协会（FIA）对全球75家衍生品交易所的统计数据显示，2014年全球期货和期权合约总交易量达218.7亿手，较2013年的215.5亿手微增1.5%，仍未恢复到2011年及2010年的成交水平。所有合约成交量虽然继续保持增长，但仍未能超越2011年的成交峰值249.9亿手。期货和期权产品仍各占半壁江山，期货成交121.7亿手，占比56%，期权成交97.1亿手，占比44%。

---

① 国际期权市场协会是隶属于世界交易所联合会（WFE）的交易所行业组织。IOMA 每年会对全球衍生品交易情况进行全面的统计整理。

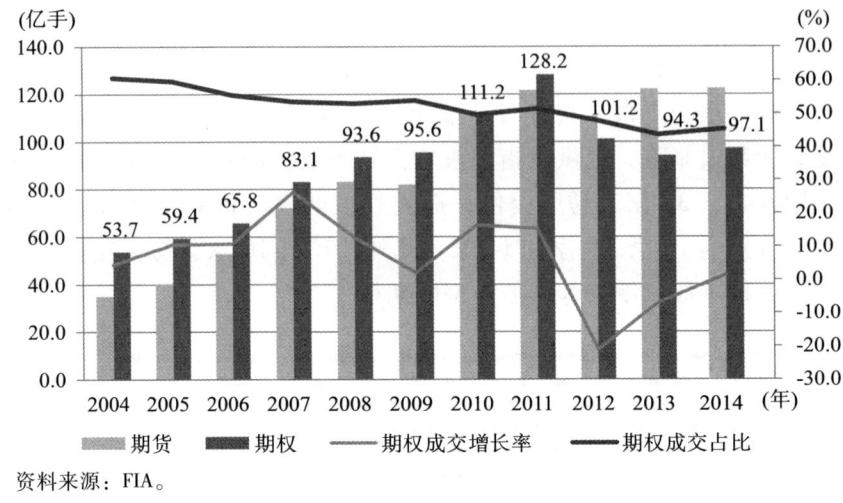

资料来源：FIA。

图 2-2 全球期货及期权合约成交量统计（2004-2014 年）

造成期权产品成交量下滑的主要原因是权重较大的韩国 KOSPI 200 股指期权合约成交量的持续大幅萎缩。2012 年年初，为抑制韩国 KOSPI 200 股指期权的过度投机，韩国交易所将韩国 KOSPI 200 股指期权的合约乘数扩大为原来的 5 倍，当年韩国 KOSPI 200 股指期权合约的成交量从 2011 年峰值的 36.7 亿手下降到 15.7 亿手，大幅下滑 57%。2014 年，其成交量下降更多，仅成交 5.8 亿手，降幅 63%，其全球期权合约成交第一的位置也被印度国家证券交易所的 CNX Nifty 股指期权所取代。这样的影响似乎仍在继续，2014 年 KOSPI 200 股指期权仍然未能阻止下滑趋势。尽管如此，KOSPI 200 股指期权仍然是世界成交量第三大的股指类衍生品合约。

就不同产品类型而言，与期货产品相反①，在期权产品中，股权类产品的成交量占比较大，基本在 90% 左右。2011 年之前，股指期权与股票期权的成交量基本相当，但自 2012 年开始，股指期权成交量及其成交占比迅速下降，而股票期权（含 ETF）在全球场内期权衍生品中占比超过 50%。

世界交易所联合会（WFE）的统计数据显示，2014 年股指期权成交量为 31.54 亿手，较 2013 年上涨 13.54%，较 2011 年的峰值下降 45%，其在全球场内衍生品合约的成交占比由 2013 年的 12.8% 上升至 14.5%，在全球场内期权合约的成交占比由 2013 年的 44.1% 小幅上升到 44.6%。

---

① 在期货品种中，商品类、利率类及外汇类占比较大，近几年三者在全部期货合约成交量中的占比都在 80% 以上。

个股期权仍然是成交量最大的金融衍生品，2014年成交38.4亿手合约，占全部衍生品合约的18%，但其成交量也连续三年出现下跌，跌幅为2.5%。ETF期权2014年成交15.14亿手，较2013年增长了3.80%。利率期权、外汇期权及商品期权2014年呈现小幅下降趋势。其中，外汇期权的成交量由2013年的4.04亿手缩减到2.28亿手，下降了43.5%。

表2-1　　　全球场内各类衍生品交易量分解（百万手）

种类	2014年	2013年	2014年/2013年（%）
个股期权	3 841	3 938	-2.50
个股期货	993	947	4.90
指数期权	3 154	2 778	13.50
指数期货	2 376	2 333	1.80
ETF期权	1 514	1 458	3.80
ETF期货	1	0.7	43.80
总计	11 879	11 456	3.70
短利期权	356	348	2.40
短利期货	1 384	1 440	-3.90
长利期权	204	210	-3.10
长利期货	1 326	1 335	-0.60
总计	3 271	3 333	-1.90
外汇期权	228	404	-43.50
外汇期货	1 875	2 101	-10.80
总计	2 103	2 504	-16.00
商品期权	223	225	-0.70
商品期货	3 869	3 679	5.20
其他衍生品	0.8	0.6	44.40
总计	4 094	3 905	4.80
其他期权	194	188	2.80
其他期货	221	180	22.70
其他衍生品	14	85	-83.80
总计	428	453	-5.40
全部总计	21 775	21 651	0.60

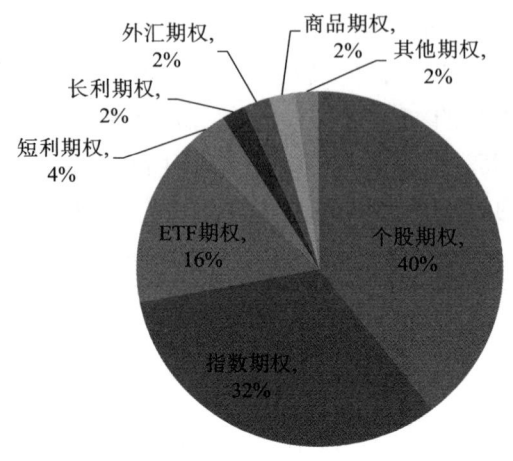

资料来源：WFE。

图 2-3　不同类型期权合约的成交变化及占比

二、场内期权市场产品具体分布

从场内期权产品的地区分布、交易所排名及交易活跃的具体合约来看，近几年，美国、欧洲的发达地区的成交量有所下降，而印度、巴西等新兴市场影响逐步增强。其中，印度市场的股指期权和外汇期权、巴西市场的股票期权均表现出越来越大的影响力，但 ETF 期权仍然在美国占据绝对地位。同时，在以波动率指数期权为代表的创新类另类期权方面，美国和欧洲地区仍然走在全球的前列。

（一）股指期权交易分布

2014 年，全球股指期权仍然保持非常活跃的交易态势。2014 年成交将近 31.5 亿手，较 2013 年上涨 13.5%。其中，美洲地区增长了 17%，EMEA 地区增长了 4%，亚太地区增长了 15% 且在全球占比中超过 70%。从区域来看，亚太地区仍然保持重要地位。印度国家证券交易所的股指期权成交量占全球的 50%，但合约规模过小导致其成交额仅占全球的 5.7%。

IOMA 的统计数据显示，在 2014 年全球股指期权市场中，亚太地区继续保持重要地位，占全部成交量的 70%。从交易所的表现来看，全球股指期权 75% 的成交份额集中在四个交易所，它们分别是印度国家证券交易所、印度孟买证券交易所、韩国交易所和欧洲期货交易所，这四个交易所分别占全部成交量的 33%、16%、15% 和 11%。从交易量变化来看，除了大阪交易所、韩国交易所分别下降 23% 和 20% 外，其他交易所表现差异较大。其中，孟买证券交易所、芝加哥商业交易所集团涨幅较大，印度国家证券交易所小幅上涨 14%，莫斯科交易所下降 3%、孟买证券交易所凭借 106% 的增幅一举超越韩国交易所位列第二。

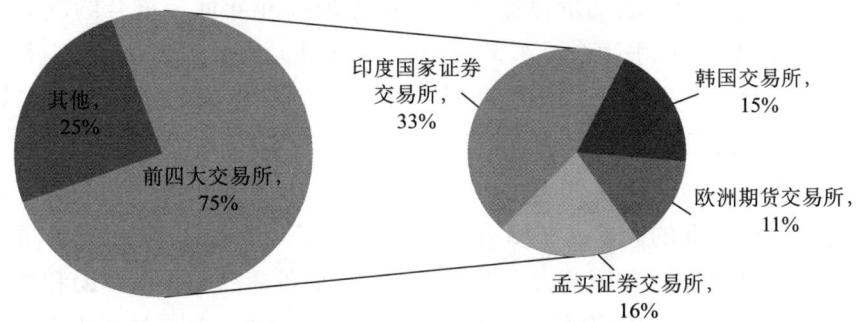

资料来源：IOMA 统计报告。

图 2-4　股指期权合约成交量按交易所分布

表 2-2　　　　　2014 年股指期权交易量排名前 10 的交易所

	交易所	合约成交量（百万手）		名义价值（十亿美元）		持仓量（千张）	
		2014 年	增长率	2014 年	增长率	2014 年	增长率
1	印度国家证券交易所	1 057	14%	5 560	19%	3 507	103%
2	孟买证券交易所	516	106%	3 250	156%	7	-51%
3	韩国交易所	462	-20%	56 155	-17%	1 124	71%
4	欧洲期货交易所	340	7%	16 018	16%	27 650	-1%
5	芝加哥期权交易所	247	8%	47 097	26%	13 084	6%
6	台湾期货交易所	152	39%	2 258	52%	843	-7%
7	芝加哥商业交易所集团	130	42%	16 730	64%	3 424	21%
8	特拉维夫股票交易所	48	0	1 888	13%	509	12%
9	大阪证券交易所	44	-23%	NA	NA	2 478	-25%
10	莫斯科交易所	41	-3%	92	-22%	457	-67%
	其他	116	-4%	6 129	-3%	9 609	-3%
	总计	3 154	14%	155 179	7%	62 691	2%

资料来源：IOMA 统计报告。

从成交最活跃的前30个股指期权合约来看，CNX Nifty 股指期权成交量较2013年小幅上涨9%，成交9.73亿手，依然保持第一。韩国交易所上市的 KOSPI 200 指数期权合约由于监管机构有意打击投机热度，该合约成交量同比锐减20%，但仍凭借4.62亿手排名第二。印度孟买证券交易所上市的 BSE 30 SENSEX（标普敏感性指数期权），受交易所刺激政策的影响，2014年下半年成交量急速攀升，截至2014年年底，该合约成交量从2013年的1.09亿手激增至4.39亿手，成交量大幅上涨304%，排名由第五上升至第三。香港交易所有两只产品入围，其中H股股指期权增长12%；新加坡交易所交易的日经225股指期权较2013年大幅下降24%，但在成交排名中仍保持第26位；在欧洲期货交易所交易的 KOSPI 200 股指期权随着合约条款的调整，2013年交易量下降了37%，2014年交易量有所回升，上涨10%；美国两大交易所集团，芝加哥商品交易所集团和芝加哥期权交易所在2014年均有不错表现。其中，芝加哥商品交易所集团主要受益于股票指数产品的大幅度增长，而芝加哥期权交易所集团则是因为 S&P 500 Index 等股票指数期权成交活跃。

表2-3　　　　　2014年全球交易最活跃的股指期权

	交易所	合约	合约交易量（百万手）		名义价值（十亿美元）		持仓量（千张）	
			2014年	增长率	2014年	增长率	2014年	增长率
1	印度国家证券交易所	NIFTY	973	11%	5 038	15%	3 763	126%
2	韩国交易所	KOSPI 200	462	-20%	NA	NA	1 124	71%
3	孟买证券交易所	BSE 30 SENSEX	439	304%	2 839	409%	7	12 468%
4	欧洲期货交易所	EURO STOXX 50® Index	241	7%	9 604	19%	23 161	-3%
5	芝加哥期权交易所	S&P 500 Index	224	8%	43 224	27%	11 883	6%
6	台湾期货交易所	TAIEX	152	39%	2 253	52%	835	-7%
7	印度国家证券交易所	Bank Nifty	84	53%	523	95%	140	112%
8	孟买证券交易所	BSE 100	77	-46%	411	-42%	NA	NA
9	芝加哥商品交易所集团	E-MINI S&P 500	74	31%	7 107	53%	2 253	4%
10	特拉维夫股票交易所	TA-25	48	0	1 884	13%	490	8%
11	日本交易所集团	Nikkei 225	44	-23%	NA	NA	2 431	-24%

续表

	交易所	合约	合约交易量（百万手）		名义价值（十亿美元）		持仓量（千张）	
			2014年	增长率	2014年	增长率	2014年	增长率
12	莫斯科交易所	RTS Index	41	-3%	NA	NA	NA	NA
13	欧洲期货交易所	DAX®	40	-6%	2 430	7%	2 432	15%
14	欧洲期货交易所	KOSPI 200	22	10%	2 688	12%	NA	NA
15	芝加哥期权交易所	Russell 2000	12	18%	1 414	35%	463	0
16	欧洲期货交易所	EURO STOXX® Banks	12	41%	119	72%	957	-7%
17	芝加哥商品交易所集团	E-MINI S&P 500 end of month	12	52%	1 113	94%	108	103%
18	芝加哥商品交易所集团	E-MINI S&P 500 end of month option	11	82%	1 018	112%	205	177%
19	芝加哥商品交易所集团	E-MINI S&P 500 end of month options	10	76%	1 008	106%	364	80%
20	澳大利亚证券交易所	S&P/ASX 200 Stock Index	10	6%	464	6%	558	48%
21	纳斯达克证券交易所	OMX Index	9	15%	179	18%	690	-37%
22	芝加哥商品交易所集团	E-MINI S&P end of month options	9	57%	882	94%	18	64%
23	香港交易所	H-shares Index	9	12%	696	24%	991	15%
24	芝加哥商品交易所集团	S&P 500	9	24%	4 092	47%	304	44%
25	伦敦国际金融期货交易所	AEX-INDEX	8	-4%	452	5%	209	-14%
26	新加坡交易所	SGX Nikkei 225 Index	8	-24%	NA	NA	1 108	-34%
27	香港交易所	Hang Seng Index	8	-13%	1 146	-11%	170	-2%
28	西班牙证券交易所	Mini IBEX Options	7	42%	101	68%	332	-42%
29	芝加哥期权交易所	Nasdaq 100 Index	5	-9%	1 918	15%	210	-17%
30	欧洲期货交易所	EURO STOXX 50 - 4th Friday	5	44%	200	61%	NA	NA
	总计		3 064	14%	92 799	-33%	55 206	3%

资料来源：IOMA 统计报告。

(二) 股票期权交易分布

股票期权仍然是交易量占比最大的合约,从区域来看,美洲地区仍然保持绝对优势,而巴西期货交易所成为全球股票期权成交量最大的交易所,其部分合约在全球成交中遥遥领先。

IOMA 的统计数据显示,2014 年股票期权成交量为 38.4 亿手,占全部衍生品合约成交量的 18%。从区域来看,美洲地区仍然保持绝对优势,在全部合约成交的占比超过 80%,但较 2013 年下降了 3%。作为区域内占比最高的两个主要市场,美国和巴西的年成交量均出现下滑,分别为 1% 和 11%。其中,美国各交易所的成交总量在美洲地区占比接近 58%,巴西期货交易所的成交量在美洲地区占比接近 21%。EMEA 地区[①]在全部成交中的占比仍然保持在 10%,欧洲期货交易所(Eurex)、泛欧交易所和伦敦证券交易所集团三家的个股期权成交量分别下跌了 13.5%、8.4% 和 12%。相比之下,洲际交易所欧洲期货市场和纳斯达克北欧交易所逆势增长,涨幅为 13% 和 6%。亚太地区在全部合约成交中的占比仍然保持在 7%,印度国家证券交易所和香港证券交易所的个股期权成交量在 2014 年维持增长,涨幅分别为 5% 和 20%,但作为范围内最大的交易所,澳大利亚证券交易所的个股期权成交量却下跌了 12%。

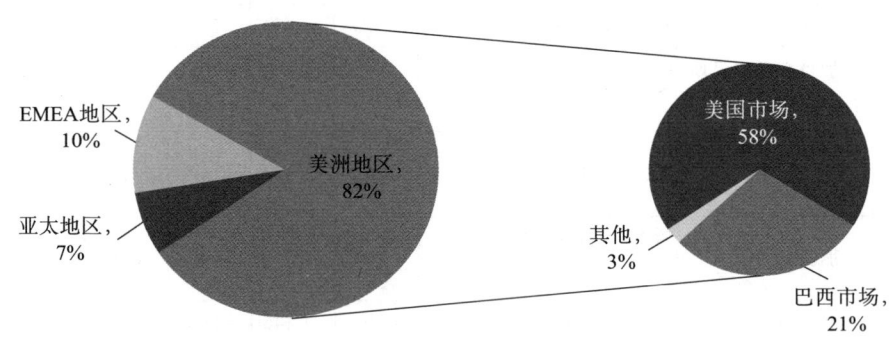

资料来源:IOMA 统计报告。

图 2-5 股票期权合约成交量地区分布

---

① EMEA 地区是指欧洲、非洲及中东地区。

表2-4　　2014年股票期权交易量排名前10的交易所

	交易所	合约交易量（百万手）		名义价值（十亿美元）		持仓量（千手）	
		2014年	增长率	2014年	增长率	2014年	增长率
1	巴西证券期货交易所	811	-11%	722	-27%	11 303	-26%
2	纳斯达克OMX（美国市场）	692	-2%	NA	NA	NA	NA
3	纽约交易所衍生品市场	534	-9%	108	3%	NA	NA
4	芝加哥期权交易所	489	12%	4 342	20%	NA	7%
5	ISE国际证券交易所	338	1%	NA	NA	NA	NA
6	欧洲期货交易所	176	-13%	854	9%	32 652	-5%
7	BATS交易所（全球市场）	133	24%	NA	NA	NA	NA
8	澳大利亚交易所	109	-12%	250	-12%	9 449	-6%
9	迈阿密国际证券交易所	91	264%	NA	NA	NA	NA
10	印度国家股票交易所	85	5%	508	24%	301	72%
	其他	401	-2%	863	10%	45 080	3%
	总计	3 859	6%	7 646	7%	308 006	3%

注：美国交易所的计算包含股息交易。
资料来源：IOMA统计报告。

（三）ETF期权交易分布

ETF期权绝大部分在美国市场中交易，美国最大的六家交易所的期权成交量之和占到全球的99.2%。ETF期权成交量上涨3.8%，芝加哥期权交易所和纳斯达克北欧交易所各增长12%和2%，洲际交易所和国际交易所各下滑34%和4%。

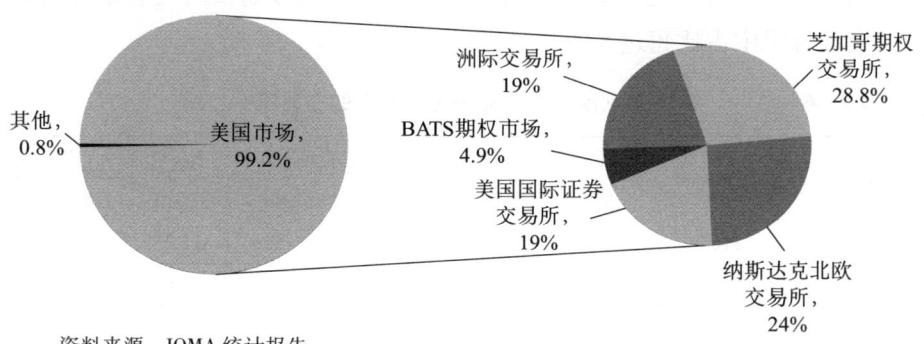

资料来源：IOMA统计报告。

图2-6　股票期权合约成交量地区分布

表 2-5　　　　2014 年 ETF 期权交易量排名前 5 的交易所

交易所		合约成交量（百万手）		名义价值（十亿美元）		持仓量（千张）	
		2014 年	增长率	2014 年	增长率	2014 年	增长率
1	芝加哥期权交易所	380	12%	4 858	28%	NA	6%
2	纳斯达克北欧交易所	342	2%	NA	NA	NA	NA
3	洲际交易所	270	-34%	NA	NA	NA	NA
4	国际证券交易所	269	-4%	NA	NA	NA	NA
5	BATS 期权市场	69	56%	NA	NA	NA	NA
	其他	87	86%	48	127%	1 335	
	总计	1 417	-3%	NA	NA	77 807	NA

资料来源：IOMA 统计报告。

（四）其他期权交易分布

利率期权、外汇期权、商品期权及另类期权在期权交易总量中的占比仅在 10% 上下，近几年表现出鲜明的区域集中性。其中，利率期权主要集中在美国和欧洲地区，外汇期权主要集中在印度市场，商品期权主要集中在美国，而另类期权中，芝加哥期权交易所的波动率指数期权占比最大。

IOMA 统计数据显示，2014 年，利率期权交易中，美国和欧洲占总量的 90%，其中，美国利率期权占总量的 65%；外汇期权中，印度三家交易所占总量的 59%；商品期权中，美国市场占总量的 83%；而另类期权中，近几年尽管数量逐步增加，但芝加哥期权交易所的波动率指数期权仍然占绝对优势。2014 年，芝加哥期权交易所的波动率指数期权的交易量在另类期权交易总量中占比超过 82%。

表 2-6　　　　2014 年利率期权成交量排名前十的交易所[①]

交易所	交易量（百万手）		名义金额（十亿美元）		未平仓合约（千手）		
	2014	增长率	2014	增长率	2014	2013	增长率
CME 集团	216.7	44%	216 275	44%	23 970	17 339	38.24%
CME 集团	148.3	9%	15 077	9%	4 529	2 849	58.97%

---

① 白色表示短期利率期权成交量，灰色表示长期利率期权成交量

续表

交易所	交易量（百万手）		名义金额（十亿美元）		未平仓合约（千手）		
	2014	增长率	2014	增长率	2014	2013	增长率
欧洲期货交易所（欧洲）	84.2	-41%	83 806	-52%	10 946	11 078	-1.19%
巴西交易所	53.8	-1%	2 325	-50%	13 144	17 365	-24.31%
欧洲期货交易所	51	-23%	9 222	-20%	1 844	1 180	56.27%
澳洲证券交易所	3	-25%	266	-31%	4	8	-56.25%
东京证券交易所	1.1	-35%	NA	NA	20	13	53.85%
欧洲期货交易所	1	900%	327	718%	324	113	186.73%
布宜诺斯艾利斯证券交易所	0.4	-82%	NA	NA	0	NA	NA
蒙特利尔交易所	0.4	-33%	355	-38%	66	112	-41.07%
其他	0.4	-67%	45	800%	35	106	-66.52%
总计	560.3	0%	327 681	-9%	54 882	50 163	9.41%

表2-7　2014年外汇期权成交量排名前十的交易所

交易所	交易量（百万手）		名义金额（十亿美元）		未平仓合约（千手）	
	2014	增长率	2014	增长率	2014	增长率
印度国家证券交易所	98.8	-61%	100	-59%	1262	268%
莫斯科交易所	43.4	1013%	52	1200%	2686	411%
孟买股票交易所	32.1	NA	33	10%	77	2467%
CME集团	17.1	13%	2241	9%	803	12%
特拉维夫证券交易所	13.8	30%	143	32%	653	37%
约翰内斯堡证券交易所	10.7	7%	12	33%	1839	131%
巴西交易所	8.4	-2%	9	-98%	638	-23%
印度MCX证券交易所	3.3	-95%	3	-96%	NA	NA
纳斯达克OMX（美国）	0.2	100%	NA	NA	NA	NA
欧洲交易所（Euronext）	0.1	-50%	1.5	-40%	11	22%
其他	0.1	-100%	2.5	-38%	38	111%
总计	228	-44%	2597	-11%	8007	113%

表 2-8　　　2013 年商品期权成交量排名前五的交易所

交易所	交易量（百万手）		名义金额（十亿美元）		未平仓合约（千手）	
	2014	增长率	2014	增长率	2014	增长率
CME 集团-农业、能源和金属期权	134	3%	7 725	-4%	13 490	-1%
洲际交易所美国市场-农业期权+能源①	50	-23%	NA	NA	10 713	-27%
洲际交易所欧洲市场-能源期权	27	35%	46	10%	5 432	72%
伦敦金属交易所-金属期权	8	33%	NA	NA	NA	NA
欧洲交易所	2	41%	1	29%	420	24%
其他	2	-30%	5	-61%	134	-25%
合计	223	-1%	7 777	-4%	30 189	-5%

表 2-9　　　2014 年另类期权成交量排名前六的交易所

交易所	交易量（百万手）		名义金额（十亿美元）		未平仓合约（千张）	
	2014	2013	2014	2013	2014	2013
芝加哥期权交易所-波动率指数期权	159.6	143.010	226	203.5	5 060	7 548.7
约翰内斯堡证券交易所 Can-do 期权	28.5	40.9	0.1	0.1	NA	287.1
欧洲期货交易所-波动率指数期权	5.4	3.1	39	22	1 391	1 023
巴西交易所-波动率（股票指数、利率指数和外汇）	0.2	0.8	12	51.5	NA	NA
日本交易所集团	0	0	NA	NA	0.1	0
洲际交易所欧洲市场-碳排放期权	NA	0.5	NA	0.3	NA	64.1
其他	0	0	0.5	0.2	6.3	0.2
总计	193.7	188.3	277.6	277.6	6 457.4	8 923.1

数据来源：IOMA 统计报告

---

① 2012 年 10 月后上市

三、场内结算的场外期权

在欧洲,伦敦国际金融期货交易所和欧洲期货交易所均为场外交易提供结算和注册服务。2013 年,在这两个交易所结算的股权类场外期权的交易量占场外股权类衍生品的 51%。利率类和外汇类衍生品的交易量大部分被场外市场主导,且近两年未看到由场外向场内转换的迹象。

表 2-10　　　　2013 年场内结算的场外合约成交量统计

	场内结算的场外合约 (百万手)	场内合约 (万万手)
股指期权	206.7	2 777.9
股票期权	127.0	3 784.5
利率期权	109.1	558.3
外汇期权	8.6	403.6
商品期权	0.0	223.6
另类期权	3.0	188.3

资料来源:IOMA 统计报告。

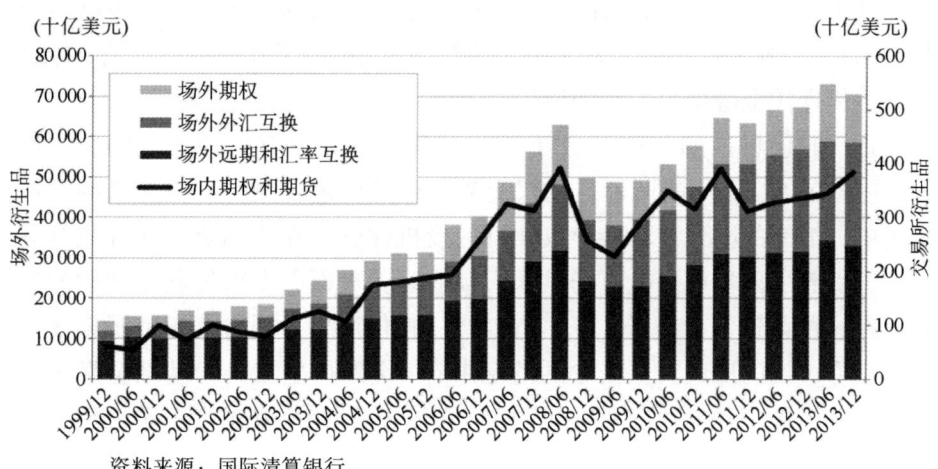

资料来源:国际清算银行。

图 2-7　场内和场外交易衍生品名义金额的变动

第二节　场外期权市场的发展趋势

金融衍生品是市场不可或缺的风险管理工具，其风险规避、资产管理和价格发现等功能，有效地增加了市场的流动性，降低了交易成本，提高了交易效率，对金融市场乃至整个世界的经济体系的健康运转都发挥了重要作用。

一、衍生品市场的发展历程

（一）金融衍生品的产生：顺应时代发展需求

金融衍生工具自20世纪70年代产生后保持了较快的发展速度。布雷顿森林体系的彻底瓦解，以及其后不少国家又逐步放弃利率管制，导致汇率加利息率的双重变动，使得基础金融工具的价值变得很不稳定。为了降低基础工具的风险，真正现代意义上的衍生金融工具应运而生。1972年5月16日，美国芝加哥商品交易所（CME）率先推出了外汇期货合约，标志着第一代现代金融衍生产品的诞生。

这一时期场内的衍生工具主要是与货币、利率有关的金融期货、期权，它们在各自不同的期货与期权交易所市场内进行交易。在开放的资本市场中，汇率的剧烈波动会导致大量的投机性资金在不同货币间寻找套利机会，引起主要货币资金市场供求大幅变动，进而引发市场利率的剧烈波动。在这种背景下，利率、汇率衍生产品相伴而生，同时也导致了金融衍生品交易市场的形成。从当时的情况来看，金融衍生工具为基础金融工具的持有者提供一种有效的对冲风险的手段，从而避免或减少由于汇率、利率的不利变动而给人们带来的预期收益的减少或成本的增加，在转移风险和价格发现上作用也很明显；同时，它在促进金融市场的稳定和发展，加速经济信息的传递，优化资源的合理配置，引导资金有效流动，增强国家金融宏观调控的能力等方面都起到了积极而重要的作用。

（二）金融衍生品的发展：场内场外共同发展

金融衍生产品自 20 世纪 80 年代以来获得了空前的发展。在不满足于期货、期权交易所成交额的客户需求推动下，利率、外汇、股票、商品以及信用类产品标的场外衍生品市场愈发活跃，远期互换以及场外期权为市场提供了大规模套期保值的手段。在日益增长的投机、套保和套利强大需求的推动下，发达国家的资本市场逐渐演变出场外市场为客户量身定做个性化需求，场内市场为客户提供标准化合约的分工，场外和场内衍生品的发展通过不断探索创新和共同繁荣，最终顺应时代发展的潮流。交易所市场与柜台（场外）市场由最初的并驾齐驱，逐渐发展为场外交易规模超过场内交易。

（三）金融衍生品的繁荣：场外市场占据主体

20 世纪 90 年代以来，金融衍生产品仍保持了强劲的发展势头，品种数目、市场深度和广度均有了迅猛的提高。柜台交易市场由于可以根据客户的特殊要求灵活地提供各种期限和条件的合约，具有交易成本低的优势，呈现出加速增长的趋势。2001 年年末，衍生金融工具场外市场的未清偿合约名义总额为 111.1 万亿美元，已远远超过全球场内市场名义总额 23.8 万亿美元的水平。截至 2013 年年末，场外衍生品的未清算合约名义总额为 710 万亿美元，约为场内市场衍生品交易名义总额的 10 倍，世界各主要国家 GDP 产值总和的 8 倍多。

二、场内衍生品与场外衍生品的区别

根据交易方式的不同，衍生品市场可以分为交易所市场和场外市场。交易所衍生品市场，又被称为场内衍生品市场，其主要特征是交易是在交易所内平台以标准化的合约完成，对于交割标的物的种类、价格、时间、方式都有统一的要求，合约简单且采取场内集中清算的方式；场外衍生品市场，主要采取远期、互换和期权等非标准化合约，以交易双方个性化定制的协议为主，合约种类繁多，灵活性强，主要面对机构投资者。

（一）场内衍生品和场外衍生品设计模式不同

场内衍生产品多数属标准化合约，产品结构简单，估值公允且流动性好。例如，股指期货的风险收益结构是线性的，并且其理论价值可以很精确算得，不存在计算方法上的差异。定价透明且精确是场内衍生品风险管理功能有效发挥的重要条件之一。场外衍生品交易，在定价方面为了满足个性化需求，多为协商确定，"量身定做"使得产品结构复杂多样，另一方面也使得产品流动性不高，导致产品较难正确估值，如信用衍生品就属此类。美国2008年次贷危机前，不少保险公司参与大量以债务担保债券（CDO）为基础资产的信用违约互换产品交易。随着危机全面爆发，保险公司面临亏损，如保险业巨头美国国际集团（AIG）2007年第四季度巨亏52.9亿美元。

（二）场内衍生品和场外衍生品监管体制不同

场内衍生产品自诞生之日起便受到交易所完善的市场监管，确保其正常交易和结算得到保障。目前，世界多数股指期货交易所均建立起比较规范、完备的风险管理体系。风险管理体系通常包括价格限制制度、保证金制度、逐日盯市、强行平仓及大户报告制度等。价格限制制度的设置主要是防止市场出现非理性波动。尽管也有交易所不限制股指期货价格波动，但一般会采取其他措施进行监管，如香港交易所通过合理的保证金水平以及完善的保证金追缴制度来应对期货价格的异常波动。逐日盯市和强行平仓的设置，则有助于抑制股指期货结算风险的积累和蔓延，防止违约事件发生。

由于场外衍生品交易是由交易双方通过直接协商来决定，双方以信用担保或者交纳一定保证金担保履约，监管环境较为宽松，违约风险较大。2008年金融危机的发生，导致场外衍生品市场的潜在风险推进了境外金融监管体系的改变。以美国为例，《多德弗兰克法案》对市场结构进行了重新划分，将更广泛的场外衍生品市场纳入监管范围，缩小豁免监管范围，引入新的受监管交易场所对受监管场外衍生品市场采取严格的透明度及风险管理要求。

（三）场内衍生品和场外衍生品共同发展

目前，场内金融衍生品与场外金融衍生品合约之间的界限已趋于模糊，因为交易所市场开始通过引入灵活性合约条款创造新产品，场外市场也开始提供标准化产品，场外金融衍生品的风险管理方式也越来越接近交易所产品。随着时间的演进，场内与场外市场之间已经形成了显著的共生关系，两类市场的共同发展，可以更深层次满足市场投资和保值需求。

三、场外衍生品市场发展概况

(一) 场外衍生品市场总体规模

根据国际清算银行(BIS)的统计数据,16年以来全球场外衍生品市场一直保持了稳步发展的态势,所有场外衍生品未平仓合约的名义总额在2014年12月末达到630万亿美元,相较于2014年6月末的692万亿美元和2013年12月末的710万亿美元,略有回落。长远来看,比1998年的80万亿美元增长了6.9倍,年复合增长率达到13.77%。另一方面,所有场外衍生品未平仓合约市场总值在2014年12月末达到20.9万亿美元,相较2014年6月末的17.4万亿美元和2013年12月末的18.8万亿美元,呈现

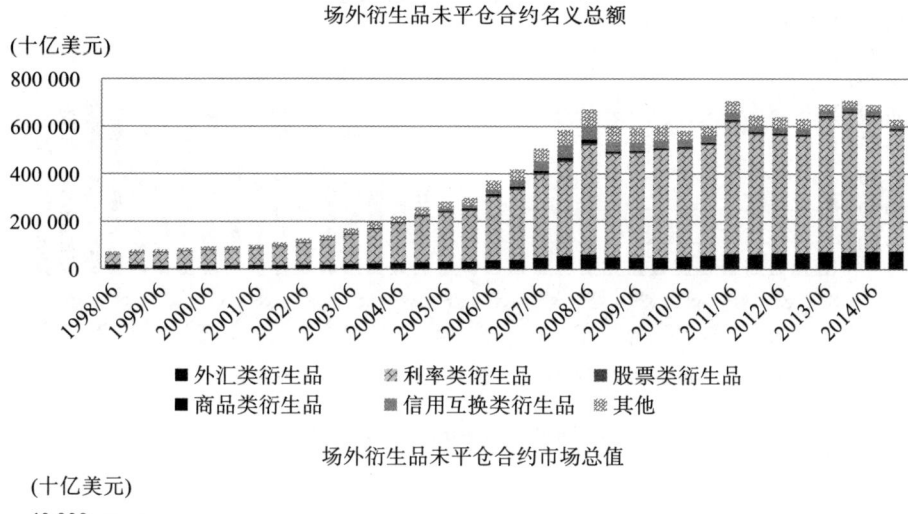

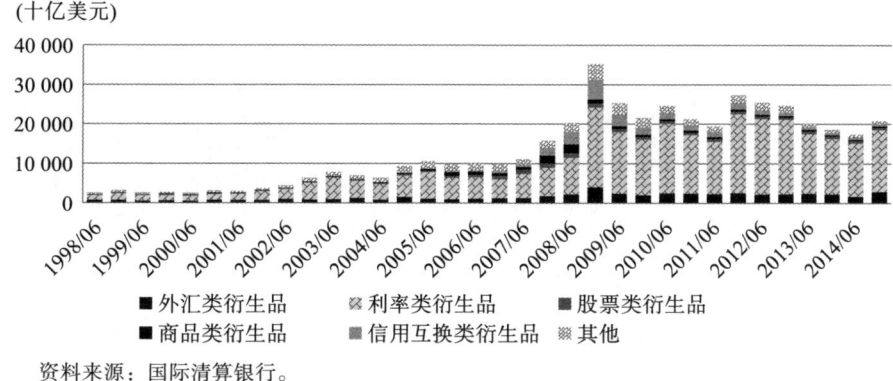

资料来源:国际清算银行。

图2-8 场外衍生品(分种类)未平仓合约名义总额及市值变化趋势

出回升趋势。长远来看，该数值自 2008 年 6 月末的峰值 35.3 万亿美元后持续下降，在 2014 年下半年首次出现回升，但是比 1998 年的 3.2 万亿美元增长了 5.5 倍，年复合增长率达到 12.44%。

（二）场外衍生品市场各产品种类规模趋势

以标的物划分，场外衍生品可以分为利率类、外汇类、股票类、商品类和信用互换类等。

1. 利率类衍生品。利率类衍生品一直是场外衍生品中最为活跃的部分。从名义总额来看，2014 年年底，单一货币类利率衍生品未平仓名义总额为 505 万亿美元，占整个场外衍生品市场的比重约为 80.21%。其中，利率互换类衍生品占据所有未平仓利率类衍生品的主要份额，为 381 万亿美元。

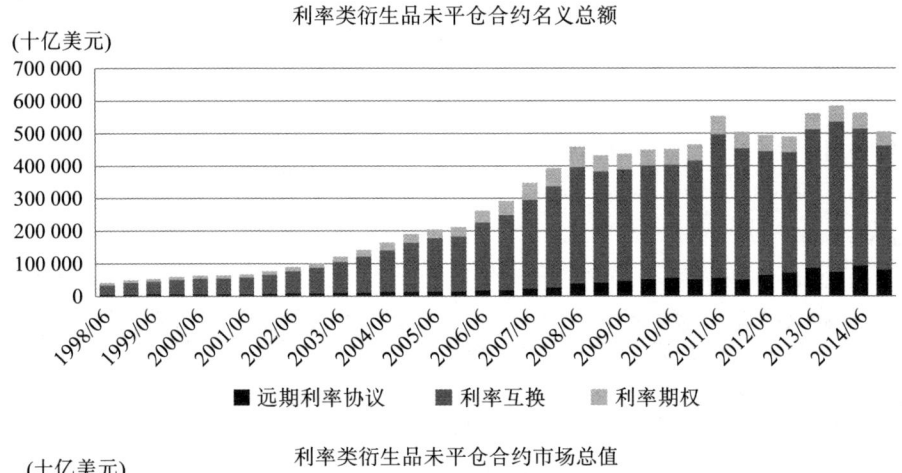

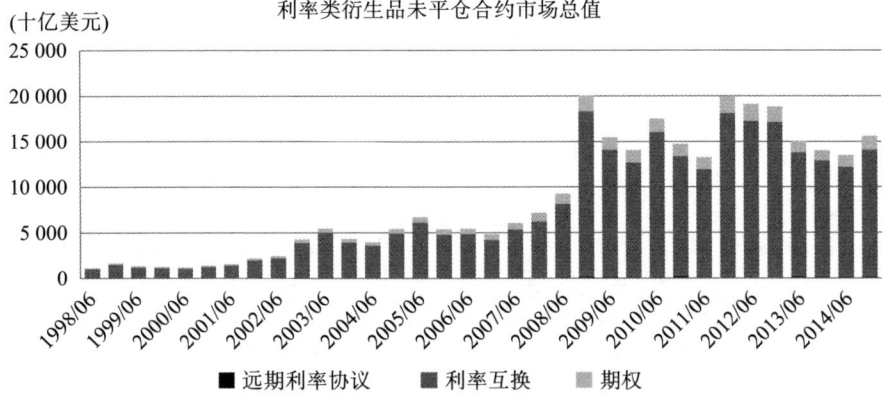

资料来源：国际清算银行。

图 2 - 9　场外利率衍生品名义总额及市值变化趋势

从总市值来看，利率类衍生品总市值变动活跃，但总体体量并不大。即使名义总额增长，然而利率类衍生品的市场价值在 2014 年年末为 15 万亿美元，高于 2014 年 6 月末的 13 万亿美元，低于其最近 2011 年年末峰值的 20 万亿美元。利率类场外衍生品主导了近年来全球衍生品市场名义总额增长而市场价值下降的大趋势。

2. 外汇类衍生品。场外外汇衍生品是占比第二大的场外衍生品。从名义总额来看，场外外汇衍生品在 2014 年年底达到了 76 万亿美元，占整个场外市场的 12.04%。从市场总值来看，场外外汇衍生品总市值已经从 2008 年的 3.9 万亿美元下降到 2014 年的 2.9 万亿美元，风险暴露大幅减少。外汇掉期和远期、货币互换和期权是外汇市场的主要类别。从产品来看，2014 年外汇掉期和远期占据未平仓合约名义总额的一半；货币互换占据未平仓合约市场价值的一半，但由于通常比其余外汇衍生品周期更长，从而对市场价格更敏感；期权市场一直较为平稳。

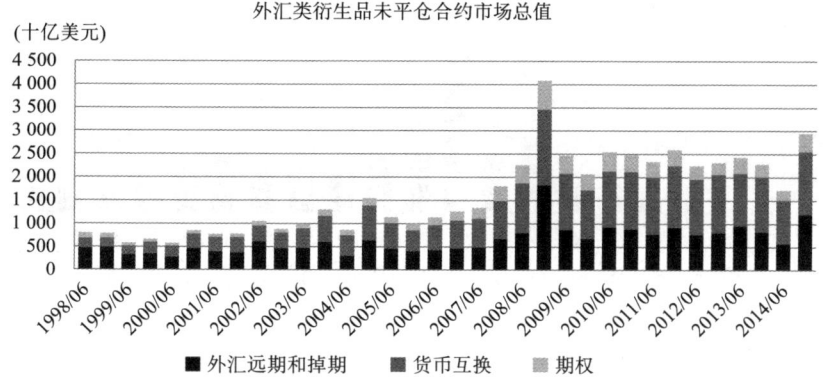

资料来源：国际清算银行。

图 2-10 场外外汇衍生品名义总额及产品种类占比变化趋势

3. 信用类衍生品。信用类衍生品是场外衍生品交易的第三大品种。在2007年，信用类衍生品在全球场外衍生品市场中是排名第二，但经济危机后信用衍生品的市场结构发生了较大变化。从种类上来看，结构复杂、透明度较低的信用衍生产品市场规模急剧缩小，如某些以CDO为标的的CDS产品。一些简单的信用衍生品，如单一名称CDS等得到了市场的认可。从规模上来看，CDS的名义总额和市场价值在2014年年末分别为16万亿美元和0.6万亿美元，低于2011年年末的29万亿美元和1.6万亿美元，以及2007年年末的峰值58万亿美元和5.7万亿美元，总体保持持续下降。此外，场外CDS也于2010年开始进行集中清算，集中清算规模在2013年已经达到26%，进一步减小了场外CDS市场的系统性风险。

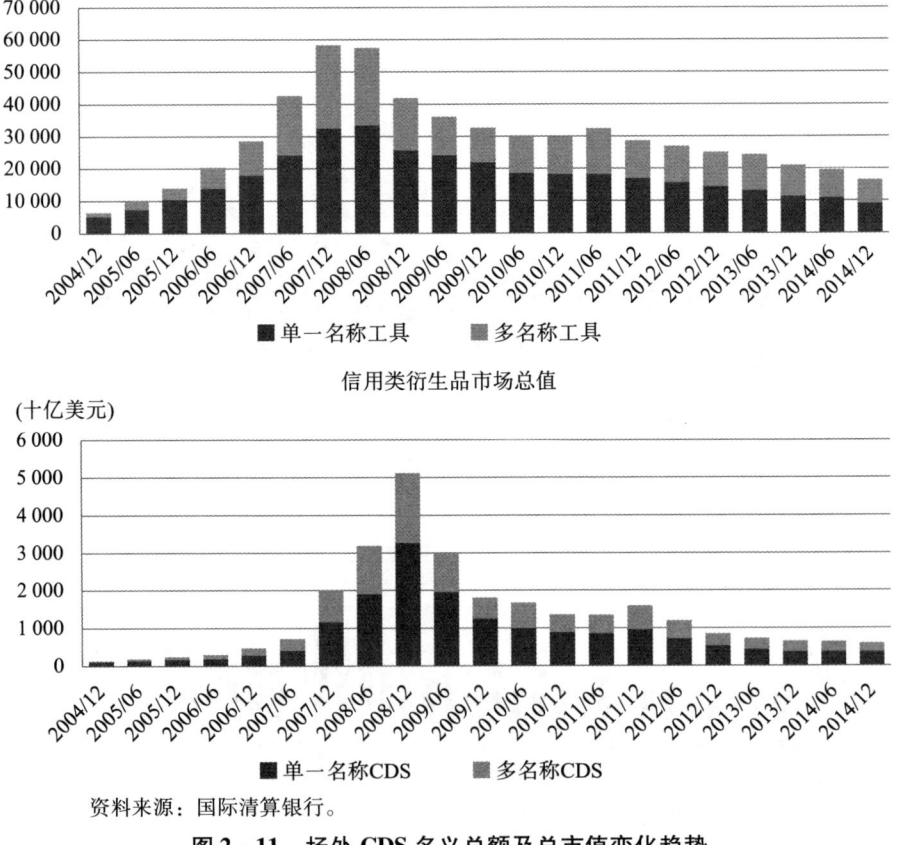

资料来源：国际清算银行。

图 2-11 场外CDS名义总额及总市值变化趋势

从各个场外衍生品产品种类来看，符合实际经济需求的简单衍生品规模在增加，整个场外衍生品市场在危机之后平稳运行。

四、场外期权是衍生产品的主要类别

（一）期权是场外衍生品市场的重要工具

根据国际清算银行（BIS）的统计，截至 2014 年年底，全球场外期权市场的未平仓合约名义价值为 64 万亿美元，占全球场外衍生品市场总额的 10.18%，相当于同期美国 GDP（17.4 万亿美元）的 3.68 倍。若以市场总值来衡量，全球期权市场规模也达到了 2.3 万亿美元，占全球场外衍生品市场总额的 11.22%，是同期美国 GDP 的 13.22%。

自 20 世纪 90 年代末以来，全球期权市场的发展非常迅猛，在 2008 年次贷危机以前，场外期权市场一直保持着较快的增长速度，其未平仓合约名义价值复合增长率和场外合约市场总值复合增长率分别达到 22.0% 和

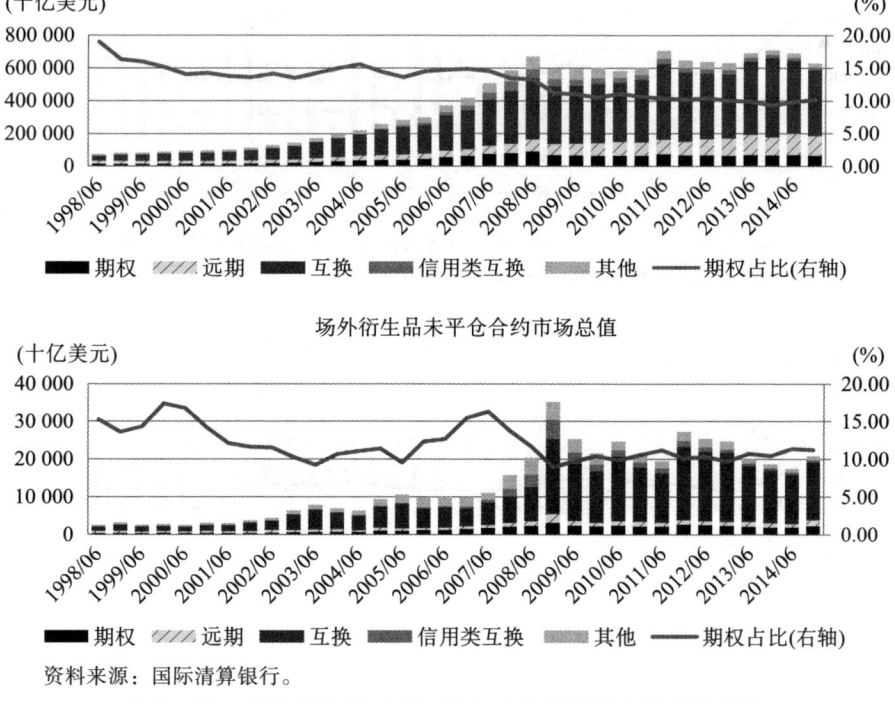

资料来源：国际清算银行。

图 2-12 场外衍生品（分工具）名义总额及市值变化趋势

18.5%。随着次贷危机的爆发,全球市场环境特别是衍生品市场环境的剧烈变动,近年来场外期权市场一度陷入了停滞。在场外市场更严格的监管下,场外期权未平仓合约的名义价值和市场总值规模一直停滞不前。2014年年末,名义总额仅为历史最高值2008年6月的89万亿美元的71.91%,而市场价值仅为历史最高值2008年12月的3.1万亿美元的74.19%,两数值在场外衍生品所有种类中的占比逐步降低。

(二) 场外期权分类变化趋势

以标的产品划分,场外期权可以分为外汇类、利率类和股票类期权。

利率类期权一直是场外期权中占比最高的品种,其名义总额于2014年年末达到44万亿美元,且多年一直稳定占比70%左右;市场总值在2014年年末为1.5万亿美元,虽然距离2008年年末峰值1.8万亿美元下降至16.67%,但是市场份额占比相较2008年次贷危机前呈现出整体上升趋势,近年来稳定在60%以上。

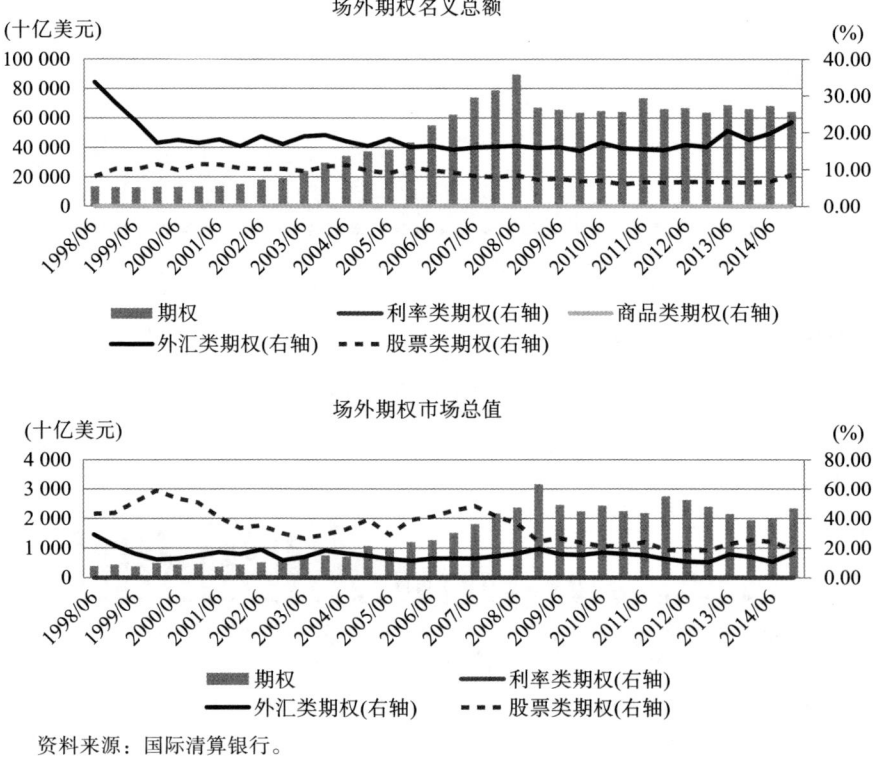

资料来源:国际清算银行。

图2-13 场外期权(分类别)名义总额及市值变化趋势

外汇类期权名义总额于 2014 年年末达到 15 万亿美元，且多年一直稳定占比 18% 左右；市场总值在 2014 年年末为 0.4 万亿美元，且多年一直稳定占比 15% 左右，两数值均与 2008 年次贷危机前后差距不大，呈现出明显的抗波动性。

股票类期权名义总额于 2014 年年末达到 5.4 万亿美元，距离 2008 年 6 月峰值 7.5 万亿美元下降 28.00%，次贷危机过后稳定占比 7% 左右；市场总值在 2014 年年末为 0.4 万亿美元，其在场外期权市场中占比于次贷危机前后大幅降低，由危机前将近 50% 回落至 20% 左右，一度下降至 2012 年年末的 18.48%，并于 2014 年年末回升至 18.65%。

第三章

股指期权的功能与作用

第一节 期权的经济功能

一、期权独特的功能作用已得到市场的广泛认同

期权的产品特性决定了它是一种功能更加丰富、使用更加灵活的风险管理工具。随着场内期权市场的发展,人们对期权经济功能的认识逐步深化,应用日益广泛深入。股指期权和股指期货作为衍生工具,都有风险管理、资产配置和价格发现等功能。但是相比期货等其他衍生工具,期权在风险管理、风险度量等方面又有其独特的功能和作用。期权和期货在风险管理中扮演着不同角色。期权相对于期货具有独特的功能与作用,但并不能由此替代期货,期货、期权两者之间相互配合、密不可分的。

(一)对期权功能作用的认识经历了一个逐渐深入的过程

1984年之前,在现代期权诞生地美国,社会各界对期权还没有形成统

一认识。期权的发展一直伴随着社会各界的质疑，甚至认为期权市场是投机市场，没有经济功能。在市场发展过程中，期权不断展现出其强大的功能和作用，社会质疑逐渐消失，人们认可程度不断加深。在美国期权市场的发展历程中，下列五个事件对期权功能和作用的认识产生了重要的影响。

第一，20世纪30年代初关于期权操纵行为的争论。1934年，美国证券交易委员会（SEC）成立。成立之后，SEC针对当时期权市场存在大量投机行为的混乱状况，向国会提议取缔期权交易，其观点是："由于不了解好的期权和坏的期权之间的区别，为了方便起见，应该把它们全部清除。"美国国会给了期权经纪商协会一个答辩的机会。在答辩中，期权经纪商协会成功说服了国会委员会，使得他们相信期权具有经济上的价值。经过辩论，国会得出结论："不是所有的期权交易都有操纵行为，如果运用适当，期权是一种有价值的投资工具。"

第二，1974年关于期权经济功能的争论。SEC于1974年举行公众听证会，就有关期权的几个相关问题进行探讨：期权是否有利于经济，是否有利于公众利益，上市期权会对投资大众的投资习惯产生何种影响。听证会上提出的证据都支持上市期权有利于金融市场和经济发展的观点，随后，芝加哥期权交易所提交给SEC《南森报告》。该报告总结了股票期权上市后对股票市场的影响，得出的结论是期权市场没有对股票市场的效率和稳定造成负面影响，相反有可能对市场的流动性和效率改善起了积极作用。

第三，1977年暂停上市新期权品种。1977年7月，针对当时期权市场快速发展带来的对于欺诈性交易行为的担心，对于交易所、经纪商监察能力的怀疑，以及害怕期权交易会影响股票价格、成交量或吸引风险资金从新股或创业投资中分流等问题，SEC暂停了新标的股票期权上市，已上市股票期权仍可交易。10月，SEC开始对期权进行研究，以判断"标准化期权交易的方式和环境是否与市场的公平和有序、公众利益以及法律的其他目标相一致"。1980年3月，经过研究，SEC认为涉及的几个疑问都已得到充分说明，随后取消了对上市新标的股票期权的暂停措施。

第四，1984年的《四方报告》全面分析期货和期权市场影响。1981年，美国国会要求美国财政部、CFTC、SEC和美联储开展一项关于期货和期权市场对于美国经济影响的研究。四家机构耗时三年，对期货和期权市场展开了全面深入的调查、分析和研究,并最终于1984年形成了一份报告——《期货和期权交易对经济的影响研究》,1985年对外公布。该报告充分肯定了开展金融期货和期权交易对于美国经济、金融市场的重要意义,认为金融期货和期权市场确实能够提供风险转移、增强流动性等市场职能,有利于提升经济效率和真实资本形成,金融期货和期权交易不会减少金融市场资金供给总量;期货和期权市场的交易行为没有增加现货市场价格的波动水平;利率期货和期权不会对货币政策产生显著影响。该结论对于纠正当时美国社会中普遍存在的认为金融期货和期权会对现货市场带来负面影响的误解起到了重要的作用。利奥·梅拉梅德对该研究给予了高度评价:"这项联合研究是金融期货与期权发展的一个里程碑"。从客观效果来看,该报告基本统一了美国各界对金融期货与期权产品功能的认识,为此后美国金融期货与期权市场的健康快速发展起到了重要的作用。

第五,1997年度的诺贝尔经济学奖授予期权定价研究。20世纪70年代初,费雪·布莱克和迈伦·斯科尔斯合作研究得出期权定价公式。与此同时,罗伯特·默顿也发现了同样的公式及其他关于期权的有用结论。两篇论文在不同刊物上发表。经过20多年的实践,期权定价公式及其在市场中的运用已得到社会广泛认同。1997年诺贝尔经济学奖授予迈伦·斯科尔斯和罗伯特·默顿[①],表彰他们在股票期权定价理论方面所做出的杰出贡献。正如瑞典皇家科学院所指出的:"他们的方法论多年来为经济领域中的估价行为奠定了基础。这个方法论同时创造出了新类型的金融工具,为社会提供了更为有效的风险管理途径。"

至此,关于期权市场功能和作用的争执基本结束,各方统一了对期权的认识,从那时至今,即使是在金融危机发生后,也没有再出现过对场内期权发展的争议。

(二)股指期权具有独特的功能与作用

股指期权和股指期货作为衍生工具,都有风险管理、资产配置和价格发现等功能。但是相比期货等其他衍生工具,期权在风险管理、风险度量等方面又有其独特的功能和作用。

---

① 费雪·布莱克已于1995年去世,因此无缘获得1997年诺贝尔经济学奖。

1. 股指期权不仅能提供简便易行的"保险"功能，还可以使投资者在管理风险时不放弃获得收益的机会。

期权可以提供"保险"功能。期权和期货都是常用的风险管理工具，但两者在交易双方的权利和义务方面是不同的。对于期货来说，权利和义务是不可分的。无论期货的买方还是卖方，不论现期货市场价格如何变动，如果持有合约到期，都承担在到期时进行交割履约的义务。而期权则不同，买方通过支付权利金获得了权利（但不是义务），可以在到期日（欧式期权）或到期日前的任何交易日（美式期权）按照约定价格从期权卖方获取标的资产或将标的资产卖给期权的卖方即要求卖方执行合约[①]；卖方收取了权利金，也就有义务应买方的要求执行合约。例如，股票组合的管理人买入一手 6 月底到期的执行价格为 2800 点的股指买权合约。6 月底合约到期时，如果市场指数（交割结算价）为 2900 点，该管理人有权按照 2800 点买入价格执行合约，获得 100 点差价带来的收益，而期权的卖方则有义务按照 2800 点的价格补偿差价。如果 6 月底合约到期时市场指数不涨反跌，交割结算价为 2700 点，该管理人如果行使权利履约的话，他会损失 100 点的差价，因为他能够在市场上按照 2700 点的价格水平买到股票组合，这时该管理人可以、也通常会选择放弃行使权利，而期权的卖方也没有权利要求该管理人履约。股票组合管理人（期权买方）承担的损失就是为购买期权而支付的权利金。从这个例子可以看出，期权买方可以执行权利，也可以不执行权利，完全取决于市场价格是否有利于自己。正如人们买车险一样，如果汽车不出事故，车主就不会找保险公司理赔。而一旦汽车出了事故，车主就会找保险公司理赔。保险公司也会按合同的约定进行赔付。这就是人们常说"买期权就等同于买保险，权利金就等同于保险费"的道理所在。

期权管理相对简便易行。上述分析表明，在期权交易中，买卖双方的权利与义务是分离的。对期权买方来说，只拥有权利而没有履约的义务；而对期权卖方来说，只有履约的义务而没有权利。这一特性使得应用期权进行风险管理相比期货更加简便易行。利用期货管理风险时，无论是买入还是卖出期货合约，都需要缴纳保证金，而保证金需要随着期货价格变动每天调整进行动态管理，一旦保证金不足，避险者就必须按规定补足保证

---

① 股指期权通常采用现金交割，即到期时买卖双方按照执行价和交割结算价进行差价结算。

金，否则持有的期货合约将被强行平仓，导致避险失败。因此期货交易者需要时刻关注合约持仓和现金头寸，管理起来比较复杂，难度较高。而利用期权避险则不同，如果采用买入期权方式（不论买权还是卖权）来避险，在交易开始时支付权利金后，持有期权期间不需要缴纳保证金，也不用担心后续保证金管理问题，因此相对来说管理期权要简便得多。

利用股指期权的"保险"功能，不仅可以实现管理股票组合价格风险的目的，同时还能不放弃整体组合获得收益的可能。持有股票组合的投资者，可以通过卖出股指期货来对冲股票市场下跌的风险。当市场下跌时，股票组合的损失可被股指期货的盈利抵消，整体组合市值保持不变；当市场上涨时，股票组合的盈利也将被股指期货的损失所抵消，整体组合市值虽然还是保持不变，但很显然也丧失了随市场上涨而获得收益的机会。可见利用股指期货管理风险，要付出未来的机会成本。但是通过股指期权管理风险，情形则明显不同。当股票市场下跌时，股票组合出现损失，但持有股指卖权将会盈利，整体组合可盈亏平衡，实现了风险管理的目的。股票市场价格上涨时，股票组合盈利，因卖权的执行价格低于市场指数点位而不必履约，仅损失一些权利金，整体组合仍可获得盈利。这样利用期权来避险，在规避不利价格变动带来的风险同时，保留了有利价格变动带来的收益，显然，这是利用期货进行风险管理所不能实现的。

正是由于期权这种便利的"保险"功能，使得股票投资者按照其理想的价格买卖股票组合成为可能，从而使其敢于并安心长期持有股票，有利于投资者树立长期投资的理念，改变频繁买卖、波段操作的股市短期行为，降低股票市场的过度波动，对于股票市场长期健康发展有积极意义。

2. 股指期权能够有效度量和管理市场波动的风险。

推出股指期权将为编制波动率指数、提高宏观决策的前瞻性和有效性奠定基础。股指期权具有精确衡量股市风险的功能，通过将股指期权价格编制成股市波动率指数，揭示市场预期的波动率水平和波动情绪压力，可为宏观决策和市场监管部门提供重要且可靠的前瞻性参考指标。在2008年金融危机中，波动率指数为美国监管机构提供了监控市场情绪的准确指标，提升了宏观审慎监管决策的有效性和及时性。目前，波动率指数也是国际货币基金组织、国际清算银行、美联储、欧洲央行、英国央行等全球重要金融管理部门及监管机构进行金融决策的重要指标之一。因此，推出股指期权并利用期权价格编制波动率指数，可以准确及时地反映市场波动情绪压力，为我国宏观决策和市场监管部门提供参考指标，对于提高宏观决策调控的前瞻性和有效性具有重要意义。

金融投资既面临资产价格绝对水平下降的风险（通常称为"方向性风险"），也面临投资过程中资产价格大幅波动带来的风险（通常称为"波动性风险"），例如 2008 年底沪深 300 指数 1817 点，2012 年 5 月底指数是 2632 点，指数价格绝对水平上涨了 800 多点，但经常出现投资者"只赚指数不赚钱"的现象。究其根源，就是期间股价大幅波动风险造成的。在这个过程中，指数上下波动幅度很大，先是一路上扬最高冲到 3803 点，之后又出现回落最低到 2254 点。在 3800 点附近买入股票的投资者会损失惨重。人们之所以说"巨大的市场波动会摧毁社会财富"，道理就在于此。

对于机构投资者特别是共同基金、社保基金、退休基金和保险基金等资产管理人来说，不仅要管理方向性风险，也要管理波动性风险，保持股票投资组合的价值稳定是极为重要的投资目标。例如，对于养老基金来说，每月都有现金支付的需求，投资组合的价值稳定是其首要任务，如果业绩波动很大，会侵蚀资产价值，并影响其正常养老金支付。因此，经过波动性风险调整后的收益日益成为衡量资产管理效果的最重要标准[1]，控制波动性风险的重要性也日益提高[2]。

对资产管理者来说，方向性风险可使用期货进行管理，只要有足够的保证金并加以日常认真管理，就可以锁定未来的收益或控制未来的建仓成本。但遗憾的是，期货价格主要是由现货价格绝对水平决定的，而不能反映现货价格的波动情况，因此不是管理波动性风险的理想工具。1973 年期权定价公式诞生使得通过市场价格来度量市场波动成为可能。期权的权利

---

[1] 最常用的指标是夏普比率，是指在某一时间段内，基金获得的收益高于无风险利率的部分除以基金收益的标准差得到的比值，反映的是每一单位风险所带来的超额收益。威廉·夏普（William Sharpe）1966 年提出夏普比率以来，这一指标一直是金融领域用得最多的衡量风险与收益的方式。

[2] 美国期权业协会（OIC）2011 年的调查显示，投资顾问使用期权的一个主要因素是客户具有降低市场波动风险暴露的需求。同时，该调查报告引用了美国一家机构的研究结果：基于 2011 年 3 月对 1 000 名年龄在 45 岁以上的投资者调查发现，被调查者普遍关心市场的波动性，并有兴趣开发能获得更稳定和更持续潜在回报的新投资方式。

金价格中包含了时间、利率以及反映资产价格波动性风险的因素①，反映了现货价格水平，又包含了投资者对未来现货价格波动的预期，从而使得期权在管理方向性风险的同时，还可以并且更加适合管理波动性风险。例如可以通过买入一个期权同时卖出另一个期权将一定时期资产组合的收益保持在一个事先确定的区间内。

3. 股指期权是一种更为精细的风险管理工具。

就期货市场来说，某一时刻的到期合约只有一个，买卖双方交易，形成一个市场价格，可以管理现货资产一个价格水平的风险。而期权市场则不同。在期权合约中，通常以基准价格②为基础按照执行价格间距③上下各安排若干个执行价格的合约④。买卖双方就同一到期的若干执行价格合约进行交易，便于投资者根据现货市场的变化情况在若干个明确的价格区间内管理价格波动风险。例如，2012年5月30日，6月到期的S&P 500股指买权合约和卖权合约各有13个，共26个合约，合约执行价格涵盖了1000点到1600点的范围。显然，期权合约的内容较期货合约更加丰富，体现的信息更为充分，对风险揭示更为全面，利用期权进行风险管理，相对更为精致和细密，也更加适合投资者个性化风格，满足多样化风险管理的需求。

正是由于这种管理更为精细的特性，使得期权成为一种更为常用的避险工具。例如，恒指期货和恒指期权是香港交易所交易最为活跃的股指期货和股指期权产品。在交易所进行的投资者调查中，2010至2011年度，股指期货交易者中套保交易者所占比例为26.8%，股指期权交易者中套保交易者所占比例为38.6%。2006至2011年的历年调查中，股指期权交易

---

① 布莱克—斯科尔斯期权定价公式，买权权利金为 $c = S_0 N(d_1) - Ke^{-rT} N(d_2)$，卖权权利金为 $p = Ke^{-rT} N(-d_2) - S_0 N(-d_1)$，式中，$d_1 = \dfrac{\ln(S_0/K) + (r+\sigma^2/2)T}{\sigma\sqrt{T}}$，$d_2 = d_1 - \sigma\sqrt{T}$。$S_0$ 为股票在 0 时刻的价格，K 为执行价格，r 为连续复利的无风险利率，σ 为股票价格的波动率，T 为期权的期限。函数 N(x) 为标准正态分布的累积概率分布函数。

② 基准价格一般是最接近合约执行价格间距倍数的标的资产价格（取整），也是期权平值合约的执行价格。例如，股票指数为2638点，假设执行价格间距为50点，则基准价格是2650点。

③ 执行价格间距是指两个相近期权合约执行价格之间的差距。

④ 例如，当前股票指数为2638点，假设执行价格间距为50点，那么买权和卖权可分别有执行价格为2550、2600、2650、2700和2750的合约上市交易。对于买权，执行价格为2550和2600的合约是实值合约，执行价格为2700和2750的合约是虚值合约；卖权则与买权相反。无论买权还是卖权，执行价格为2650的合约都是平值合约。

者中套保交易者所占比例均较大幅度高于股指期货中所占比例。

4. 股指期权是推动市场创新更为灵活的基础性构件。

推出期权有助于促进金融机构业务创新，提升金融机构服务能力。对于金融机构来说，股指期权不仅是一个功能上简便易行的避险工具，还是金融创新最常用的基础性构件。银行、保险、证券、基金等金融机构可以利用股指期权独特的"保险"功能，设计保本产品或为客户定制个性化投资产品，满足不同客户多样化、复杂化的需求。

期权不同到期日、不同执行价格、买权或卖权的不同变量以及具有的杠杆性可以用各种方式组合在一起，包括同标的资产组合在一起，创造出不同的策略，以满足不同交易和投资目的的需要，使得期权成为比期货更为基础的金融衍生工具，是创造金融产品大厦的基础性构件（Building Block），具有灵活性和可变通性，能激发市场大量的创新，引发交易所、金融机构等进行一系列的市场连锁创新。

从海外实践经验来看，期权被大量应用于各类新产品创新，成为各种保本产品和高收益产品等结构化产品的基本构成要素，以及场外衍生产品的风险对冲工具。推出期权有助于金融机构开展业务创新，改变产品同质化局面，提升服务能力开创新的领域，创造出金融产品多元化、竞争模式多层次化的金融生态环境，促进资本市场整体创新。

（三）期权和期货相互配合，构成完整的场内市场风险管理体系

前述分析表明，期权和期货在风险管理中扮演着不同角色。期权相对于期货具有独特的功能与作用，但并不能由此替代期货，期货、期权两者之间是相互配合、密不可分的。

首先，两个市场能够相互提供流动性，相互促进发展。通过期货市场和期权市场之间的套利，可以在两个市场互相提供流动性。其次，能够互为风险对冲工具。持有期货头寸的投资者往往使用期权管理风险。期权的做市商有时也使用期货对冲持有期权头寸的风险。最后，对于某些未能集中统一交易的基础资产，其期权一般是基于期货的期权，例如商品期货期权。期货期权的发展又推动了期货市场的发展。

无论从发展的历史来看，还是从各国实践来看，期权和期货几乎都是并行产生，两者相互补充，相互促进，是风险管理的两块基石，共同形成了一个完整的场内市场风险管理体系。两者的并存与组合，可使避险者从中取长补短,满足经济实体多样化、复杂化的避险需求。这如同股票市场一样,经济发展的需要和投融资的需求决定了股票市场既要有主板也要有创业板等其他市场。主板市场服务于成熟的大型企业,创业板市场等市场服务于高成长的科技企业和其他创新企业,从而构成完整的股票市场体系。

二、期权有助于提升经济运行效率

期权是一个有效的风险管理工具,使得风险在不同投资者之间优化分配,使得投资者整体效用达到最大,进而使得经济效率最高;另一方面,期权可以促进证券市场达到完备,使得整个市场达到帕累托效率。另外,期权是一种更加精细的产品单元,在上述功能发挥过程中期货无法替代期权。

(一)完善的风险管理市场能够提升整个经济的运行效率

20世纪60年代,诺贝尔经济学奖获得者阿罗教授发表了一篇经典文献,他在论文中运用状态空间的方法,详细研究了证券产品在风险最优分配过程中所发挥的作用。阿罗教授将经济分成不同的状态,假定投资者的效用函数为准凹函数,认为在现实世界当中风险的分配并不是通过商品的买卖实现的,而是通过证券的交易得以实现。

根据阿罗教授的观点,每位投资者风险承受能力是一定的,投资者根据自身的风险承受能力和每种资产所带来的实际效用,购买不同类型的证券产品。如果所有证券资产所形成的市场都是完全竞争的,即各市场流动性较好、定价效率较高、信息传递较快,那么通过投资者在完全竞争市场买卖相关证券,不断吸收和转移相关风险,调整资产组合的风险水平,最终能够使得风险分配达到最优,投资者的总体效用最高,经济运行效率也最高。

在20世纪60年代,商品期货市场尚不完善,金融衍生品市场尚未建立[①],学界尚未开始探讨其功能和作用,同时对风险管理的认识尚未达到系统化的高度。因此,站在历史的今天来看,证券只是转移和分散风险的工具之一,场内衍生品,尤其是金融衍生品,是转移和分散风险的更好选

---

① 1972年CME推出全球第一份金融期货合约。

择。另外，在没有衍生品作为风险管理工具的情况下，证券市场很难达到完全竞争市场，衍生品的作用在于能够辅助其标的进行价格发现，提升其流动性和信息传递效率，进而促使其标的市场达到完全竞争状态。风险管理市场是风险转移和分散的主要场所，能够有效分散极端风险事件对市场的冲击，提高其抗冲击能力，提升其稳定性。一个完善的风险管理市场，不仅能够提供丰富的风险管理工具，还能够提供多样化的风险管理方式，投资者可以根据自身的需要，在市场中寻找价格合理、效果较好的风险管理工具，同时以自己擅长的方式进行风险管理。最终，整个市场的风险被分散到每一个角落，使得风险可测、可控、可承受，促进实体经济高效运行。因此，一个完善的风险管理市场在整个经济平稳、高效运行中，扮演极为重要的角色。

综上所述，通过对阿罗教授所提理论进行合理推演，可以看出完善的风险管理市场能够使得风险分配达到最优，进而使得投资者整体效益达到最大，经济运行效率达到最高。

（二）期权有利于提升经济运行效率

完善的风险管理市场要求丰富的产品种类，期权是一种可以有效管理标的资产风险的产品。截至目前，场内期权产品已经有40年的历史，已在成熟的资本市场发挥较为出色的风险管理作用，促进风险优化组合。从另外一个角度来看，期权可以增进证券市场的完全性，甚至使市场完全化。美国前金融学会主席罗斯教授，在其经典论文中详细阐述了期权在提升经济效率方面所发挥的核心作用。

罗斯教授沿用了阿罗教授的状态空间分析法，将经济划分成一系列状态，每种状态可以看作是不同资产的价格构成的一个集合或者向量。为了使得整个经济达到帕累托效率（最优），所有的这些经济状态必须得到扩充，即投资者的任意消费计划都可以通过市场上可交易的资产实现。用一个简单例子进行说明，在一个市场里消费者购买一个西柚的同时，必须购买一个橙子，那么这个市场没有达到帕累托效率，因为消费者无法单独购买一个橙子或者西柚；如果市场里西柚和橙子可以自由买卖，那么就达到了帕累托效率[①]，因为消费者可以购买任意数量的西柚和橙子。由于基础

---

① 仅考虑西柚和橙子组成的这个市场。

资产数量①远小于经济状态的数量,所以在仅有基础资产的情况下,无论如何也达不到帕累托效率。为了达到帕累托效率,一个可行的解决方案就是引入以这些基础资产为标的的期权产品。用一个简单的例子进行说明,假设某一股票价格为100元人民币,一手该股票为1万元人民币,投资者无法将11000元人民币投资于该股票。此时,如果存在以该股票为标的的期权,那么投资者可以购买1手股票和数手看涨期权,达到了投资者目的。罗斯教授在其文章中证明,用简单的期权可以合成所有任意复杂的期权产品。引入以基础资产为标的的期权之后,可以使得整个经济达到帕累托效率,理论上证明了期权对经济效率的提升作用。

(三) 期权有利于提升标的资产市场运行效率

境外学者做了大量研究,发现上市期权产品有利于提升其标的资产流动性,降低标的资产波动率,提升信息传递效率,提高标的资产活跃度,进一步提高标的资产市场的运行效率,促进其标的资产市场功能的进一步发挥。同时,期权有利于降低投资者交易成本和代理成本,提升标的资产市场运行效率。具体体现在如下几个方面:

1. 期权有效提升标的资产流动性,降低标的资产波动率。

LipingZou、Lawrence C. Rose 和 John F. Pinfold(2003)将买卖价差设为因变量,价格、成交量和波动率设为自变量,用回归分析的方法研究期权品种上市对标的证券的影响。实证结果表明,引入期权后,标的资产市场的价差均值显著低于引入期权之前的价差均值。同时,引入期权后,标的资产每日成交量均值和每日成交笔数均值都有显著提高。期权产品的引入活跃了标的资产市场,从而使得标的资产市场运行更加有效,功能发挥更加完善。

Detemple 和 Jorion 研究了 322 只上市期权的股票在 1973 年到 1986 年之间的表现。实证结果显示,期权推出后,标的资产流动性明显提升,波动率明显降低,标的资产市场完备水平明显提高。Sahlstrom 在 2001 年研究了芬兰市场引入期权后标的资产的表现,发现在引入期权后,标的股票的买卖价差显著降低,流动性提升明显。Skinner(1989)、Bansaletc.(1989)、Rao etc.(1991)、Gjerde and Sattem(1995)和 Wei etc.(1997)

---

① 股票、债券等。

等的实证研究结果都印证了衍生品市场有助于提升标的资产市场的流动性。

2. 期权产品的推出有效提升了信息传递效率。

期权产品交易机制较为灵活①，流动性较好，资金使用效率较高，同时还可以管理波动率风险，这些优点使得期权逐渐成为投资者乐于使用的投资工具。当投资者通过分析形成对标的资产的观点时，他们往往愿意交易以该项资产为标的的期权。因此，大部分具有信息优势的投资者会积极参与期权市场，这使得期权市场能够较快地将信息向市场传递，标的资产市场通过期权价格、成交量和持仓量等方面的变化，获取相关信息，进一步将其反映到标的资产价格中。这大大提高了信息传递效率，同时也降低了信息不对称程度，保护了中小投资者的利益。

Kumar、Sarin 和 Shastri 选取了 174 只上市期权的股票 1983 年至 1989 年之间的日内价格数据，将股票价格的变动作为因变量，将交易量、当前时刻的买卖方向和上一时刻的买卖方向作为自变量，进行回归分析，计算出公众信息加权比率（The Ratio of Weight placed on Public Information, PRIOR）。PRIOR 越高则市场信息传递效率越高，信息不对称程度越低。Kumar、Sarin 和 Shastri 的实证结果表明，引入期权后标的资产 PRIOR 值明显提高，信息传递效率提高明显，信息不对称程度大幅下降。Fedenia 和 Grammatikos（1992）、Guner（1996）研究发现，引入期权交易后股市中的买卖价差明显缩小，同时买卖价差中逆向选择效应部分也明显减少，这表明期权市场加速了标的资产市场的信息传递，提高了其信息传递效率。

3. 期权有利于降低交易成本。

与标的资产相比，期权价格较为便宜，交易机制较为灵活，因此，从某种意义上说，期权是投资标的资产的另一种便捷、有效的方式。这使得原来不能参与标的资产市场的投资者，可以间接投资标的资产，同时跨市场的套利交易降低了标的资产市场买卖价差，减少了流动性溢价。另外，期权也可以用来解决所有权与经营权分离所导致的代理成本。

Merton 教授在其经典文献中指出，在证券市场里，无论是基本金融产品还是衍生金融产品，都可以通过多元化资产组合交易的一次性费用来替代多次交易费用以降低交易成本。另外，在多元化市场里市场更有效率，

---

① 期权卖空不受限制，而标的资产，特别是股票，卖空会有所限制。

信息更加对称，因而买卖差价更小，交易成本更低。Keith Sill 教授在其经典文献中指出期权具有可以降低交易成本的功能。他详细分析了金融衍生品的功能：对冲、投机和套利，其中套利可以降低市场交易成本。当市场定价不合理时，套利者就会寻找机会进行套利，套利者的进入使得市场价格趋于合理、稳定。衍生品套利者的套利行为能够降低流动性溢价，减少买卖价差，从而降低市场整体的交易费用。Jonathan Goodman 教授和 Daniel N. Ostrov 教授在文献中用较为严密的数学方法，研究了引入期权后交易费用的降低情况，认为从交易成本的角度来说，期权产品对于投资组合的构建是必不可少的。

4. 期权可以降低代理成本。

现代企业的一个显著特征是所有权与经营权的分离，企业由众多股东共同拥有，而由代理人负责经营管理，委托代理问题由此产生。通常所有者希望他们投入的资本实现尽可能多的增值以及股票价格的最大化，而代理人则可能通过更多的在职消费、降低努力水平、进行超过最优规模的投资以提高其支配能力，甚至通过侵吞股东财产来使自身效用最大化。

激励管理层常用机制有年薪制、经营者持股、期权激励等方式，其中年薪制和经营者持股的激励方式由于"激励方式短期化"、"负盈不负亏"、"持股比例较少"等原因存在一定弊端，而期权激励可以有效消除上两种激励方式的弊端，被西方国家广泛应用。期权激励是现代企业中剩余索取权的一种制度安排，是指企业所有者向经营者提供的一种在一定期限内按照某一既定价格购买一定数量该公司股份的权利。

（四）基于股指期权市场价格，可以编制波动率指数和偏度指数

期权价格蕴含波动率信息，可以基于股指期权市场价格，编制波动率指数，它是股票市场投资者情绪的压力计，是基于股指期权市场形成的前瞻性指标。自1993年美国芝加哥期权交易所编制并发布全球首个波动率指数——VIX指数以来，其在揭示市场环境、运行状态和投资者信心等方面发挥了积极作用。特别是在2008年金融危机、2010年欧债危机期间，波动率指数成为衡量市场投资者情绪的压力计，包括国际货币基金组织、欧洲系统性风险管理委员会、美联储等金融监管当局已将其纳入反映金融市场风险、出台宏观政策的关键参考指标体系。目前，全球主要市场均已编制和发布了波动率指数，推出相应的波动率指数期货或期权产品。需要说

明的是，由于期货价格不含波动率，所以通过股指期货市场价格是无法计算出波动率指数的，因而不能形成对宏观经济具有较大指导意义的指标。

基于股指虚值看涨期权和看跌期权的市场价格，可以计算出"偏度指数"。1987年股灾后，"波动率微笑"一直是学者关注的焦点。为了更好地预警"黑天鹅事件"，2010年CBOE采用BKM（2003）的无模型方法编制了偏度指数，该指数对于防范市场极端波动所带来的风险有一定的指示作用。股指期货市场价格并不蕴含波动率信息，也不能基于其获得波动率微笑曲线，因此无法编制偏度指数。

三、期权提高金融市场运行质量

期权市场与其他金融市场如债券市场、股票市场和期货市场相类似，同样具有提供价格信息、进行风险配置等功能，并且期权交易在经济中可以起到引导资源配置、维护市场稳定等作用。对于金融中介机构而言，期权交易有助于管理股票存货风险。对于投资者而言，期权交易有助于提高投资组合的风险收益、降低交易费用，从而增加投资者效用，同时有利于提高投资者对股票价值判断的准确性。对于市场监管者而言，期权能够降低市场整体风险，有助于市场平稳运行。

（一）期权有助于金融中介机构管理股票存货风险

境外成熟市场的股票发行大多实行注册制，承销商在承销股票时，通常采用包销的方式，即先以固定价格从发行方买入需要发行的股票，之后再向公众发售股票。这意味着承销商可能积累一定的股票存货风险，如果发行后股价跌破发行价格，承销商将面临由此带来的资金损失。作为应对举措，股票承销商可以通过使用期权的"保险"特性来有效地对冲发行承销时的余额报销风险。例如，承销商向发行方承诺以每股18美元的价格买入发行价为20美元的100 000股股票。在发行过程中，为了防范股票在公开发行时价格跌破18美元，承销商通常采用股票期权和股指期权对承销发行的股票进行头寸管理。而对于首次公开发行的股票来说，由于在上市之初很难找到相对应的股票期权，承销商往往会使用现有的股指期权以特定的对冲比例对需要承销的股票价格进行保险。购买股指的看跌期权是承销商常用的风险管理举措，这不仅为承销发行中的价格风险提供了保险，同时也避免了发行中出现股票未全部售完所产生的数量风险①。

对于我国境内市场正在积极推进的"注册制"改革而言，新股发行过程的市场化改革将成为保荐承销机构在激烈的市场竞争中成功发售股票需要面对的一大挑战。在承销发行新股时，保荐承销机构为了提高自己的竞争力，普遍采用"余额包销"的方式，这意味着如果发行股票的实际认购总额低于预订发行总额，那么未售出部分的股票将由承销商承担，按照约定时间向发行人支付全部股票发行的款项。

由于"注册制"将股票审核的权利交还给了投资者，投资者往往会根据自身判断进行新股申购。当在同一窗口期内有多家企业发行新股时，对于个别业绩好的企业，投资者通常申购踊跃，而业绩相对较差的企业则无人问津。且在某些特殊市场情形下，可能会出现新股上市不久便跌破发行价的情况。这意味着发行承销机构可能面临较强的余额包销风险。期权产品可以有效帮助保荐承销机构转移余额包销风险，为其所持有的股票头寸进行保险，使保荐承销机构可以集中精力在承销发行的本职业务上，从而提升其风险管理能力，降低业务运营成本。

（二）期权有助于增加投资者效用，提升市场对标的资产价值判断的准确性

1. 期权为市场提供更灵活的投资工具来提高投资者财富效用。

期权的出现为个人投资者或机构投资者提供了管理投资组合的工具。根据投资者的风险偏好水平，投资者能够自主选择风险大小，也可以通过期权的使用将风险转移给更愿意承担风险的投资者。尽管期权交易行为本身并未直接与生产活动相联系，但期权的使用提高了投资者的财富效用。期权作为投资工具的优点在于它能随着标的资产价格的变动，通过为投资者提供非线性的回报来满足投资者灵活多变的需求。期权使得投资者可以在市场波动剧烈时通过支付权利金购买"保险"来锁定损失，也可以在市场波动平稳时通过卖出期权收取权利金来增强收益。期权组合的使用能进一步锁定损失或盈利范围，使投资者的风险组合收益更精细化。当标的资产的价格下跌时，投资者持有的标的资产或基于标的资产的期货合约多头会面临亏损，然而购买看涨期权的多头能获得标的资产价格上涨带来的盈

---

① Hans R. Stoll, Robert E. Whaley, 1985, The New Option Markets.

利空间，同时避免了潜在的下跌风险。

　　Merton. Robert C.、Myron S. Scholes 和 Mathew L. Gladstein 在 1978 年发表的文章《看涨期权投资组合策略的收益与风险》（The Returns and Risk of Alternative Call Option Portfolio Investment Strategies）中指出，期权的使用显著地扩大了投资者的组合收益模式。James R. Booth、Hassan Tehranian 和 Gary L. Trennepohl 在 1985 年发表的文章《效率分析与期权组合选择》（Efficiency Analysis and Option Portfolio Selection）中也论证了期权对投资者组合收益的影响。文章认为期权隐含了保险的作用，这是其他证券所没有的。投资者可以使用期权来构建一个非正态的投资组合回报分布。此分布不同于将资金分配到股票和固定收益证券组合的传统方式，而是通过购买一个看涨期权，变相持有一个标的证券并购买一份保险以防止股价的下跌。相比股票组合，利用期权的多头与无风险资产所构建的投资组合能够产生相同的回报，且收益率方差更低，正偏度更大。假设一个基金经理需要投资 60 000 美元，可以购买 500 股价格为 120 美元的 IBM 股票，而另一种选择是购买 5 张行权价格为 120 美元、存续期为 6 个月的看涨期权合约，每份合约价格为 1 100 美元，将剩余的 54 500 美元购买年利率为 8% 的 6 个月期国债。对比发现，采用看涨期权和国债的组合比购买股票的平均收益更高和收益方差更低，即产生的风险回报更高。

2. 期权能够降低构建投资组合的成本，提升投资者资金效用。

　　投资者可以通过使用期权来改变投资组合中其他各类资产的比例，降低构建头寸的成本，进而增加了投资者的资金效用。期权与其他金融工具相比，为投资者构建风险回报组合提供了更为灵活的投资方式，并且交易费用也相对较低。当市场发生流动性紧张等情况时，购买或销售标的资产变得较为困难，或者发生价格不合理等情况。此时，购买标的资产的看涨期权可以锁定标的资产的购买价格；相反的，购买标的资产的看跌期权可以锁定标的资产的销售价格，且交易费用更低。例如，与买入看跌期权相比，股票的止损指令具有一定局限性。一是交易标的资产需要支付买卖报价的价差和交易手续费，此费用均高于交易期权的费用；二是当市场到达止损价格时，止损指令将成为市价指令，通常在低于止损价格的时候被执行；三是止损指令只有到达止损价格且被执行时才能为组合提供保护，而看跌期权即使未行权仍可以为组合提供保护。当标的资产被卖出时，再投资该标的资产将产生额外的交易费用。因此，看跌期权和看涨期权为投资者节省了交易费用，从而增加了投资者的财富效用函数。

相同地，期权能为做市商提供更大的灵活性以对冲被动成交时的仓位，降低做市商的风险和做市的成本，进一步为市场服务，提升市场的深度。这在某种程度上间接地降低了投资者的构建组合的成本，从而提升了投资者的财富效用。以新三板做市商来说，由于缺乏有效的对冲工具，做市商只能通过扩大买卖报价价差，从而赚取足够的保护垫来防范被动成交造成的持仓风险。而这一部分的买卖价差自然而然地被转移到投资者身上，使得投资者的财富效用相对减少。同时，由于缺少期权作为对冲工具，做市商在提供报价时会刻意降低订单的深度以减少被动成交的仓位，导致市场的流动性不足。这在一定程度上，增加了投资者在构建组合时的成本，使投资者利益受损。

3. 提升投资者对标的资产价值判断的准确性。

期权市场中交易的发生不仅仅是由于投资者需要转移风险，同时也是由于投资者拥有的信息不对称，且对于期权的真实价值存在分歧。交易者可以通过对信息的分析与检索从而推动期权价格更接近于期权的真实价值。正确的价格能保证价格的公正、风险配置的正确，并且为经济运行提供恰当的生产活动指标。

和其他证券或衍生产品不同，期权产品的合约数量较多，而不同合约之间又互相存在着一定的价格关系，因此市场中的一些交易者（例如投机者或套利者）会不断地挖掘市场数据，并进行专业化的研究与分析。一个有效的期权市场，往往能够为其标的现货市场未来的运行情况和波动水平提供更多的信息。波动率是决定期权价格最为重要的因素之一，投资者对于期权价格的不同看法，其本质上就是对标的资产未来一段时间波动率水平的不同预期。当投资者认为期权价格所揭示的隐含波动率水平被低估时，可以通过买入相应的期权合约来获利，相反地当期权价格所揭示的隐含波动率水平被高估时，可以通过卖出相应的期权合约来获利。投资者对于期权价格的不同观点以及市场各合约间的套利关系，使得期权价格蕴含了丰富的市场信息以及对于市场标的资产变化的预期，让投资者能够从多个角度来对标的资产市场价格合理水平进行研判，从而帮助市场提高对标的资产价值判断的准确性。

（三）期权有助于维护市场整体稳定

从境外期权市场的发展经验来看，期权上市不但能促进价格发现、提高市场效率,还有助于市场稳定,降低市场整体风险,促进金融市场的平稳健康发展。

1. 引入期权会降低市场整体风险。

期权由于自身存在杠杆效应,期权的买方通过支付较少的期权权利金便可享受未来按特定价格买入或卖出标的的权利,这在一定程度上降低了交易成本并吸引了那些原本无法在投资股市中产生足够利润、却能准确判断市场的投资者入市交易。这些理性投资者进入市场能够有效提升市场在大幅波动后达到新的平稳价格的效率,期权市场和标的现货市场间存在的套利关系可以有效提升两个市场的运行效率,维护标的资产的平稳运行,降低市场整体风险。

另一方面,期权上市也有助于提升标的资产的流动性,从而进一步降低市场的整体风险。期权市场的做市交易以及在期权市场和标的资产市场间进行的套利交易在持有期权头寸的同时,在标的市场进行相应的反向交易来对冲风险。这意味着期权市场上的交易量的提升将带动标的资产市场上的交易需求。这可以使得标的资产成交更为活跃、一定程度上降低买卖价差、提升报价的深度,有效提升市场流动性,降低市场盘中异常波动的风险。

2. 期权有助于市场稳定。

在研究期权上市对标的资产风险的影响方面,国外研究者通常关注期权上市带来标的资产市场的波动率、beta 值、收益率方差这三个关键指标的变化。在衡量风险时,通常市场的总体风险值由波动率值来衡量。在研究期权上市带来的总体风险值变化中,虽然现有的研究成果中选取的标的、采样方式、研究重点都各不相同,但是一些研究得出了期权上市导致波动率下降,降低股市总体风险的结论,如:在境外市场期权推出后,通过评估期权上市以后的非系统性风险(Unsystematic Risk)以及总体风险,发现期权上市降低了非系统性风险以及总体风险[1]。并且发现期权上市之后,当市场出现新的信息之后,价格调整的速度变快。另外,针对 CBOE 1973 – 1986 年间有期权上市的所有股票的研究,发现引入期权降低了企业的总体风险(但不是系统性风险),并且标的股票交易量有所活跃[2]。

在衡量股市的系统性风险时,通常使用的指标是 beta 值:beta 值越

---

[1] Watt, Yadav, Ddraper, 1992, The impact of option listing on underlying stock returns: The UK evidence.

[2] BansalBruitt Wei, 1989, An Empirical Reexamination of the Impact of CBOE Option Initiation on the Volatility and Trading Volume of the Underlying Equities: 1973 – 1986.

高，系统性风险越高。在研究期权上市带来的 beta 值影响中，有些研究均得出了系统性风险在期权上市后不变或降低的结论，如：在对于英国股市和美国股市的分别测试中，发现期权上市对于标的资产的 beta 值没有影响[1]。从另外一个角度评估，有些研究发现期权退市对标的资产的 beta 值没有影响[2]。另有研究评估了 1970—1973 年、1973—1976 年两段时期带有期权的标的 beta 值以及没有期权的标的 beta 值，通过对比发现期权有助于降低标的 beta 值[3]。

在研究收益率方差（Return Variance）的变化时，部分研究得出了市场的收益率方差在期权上市后降低的结论，如：Conrad[4] 评估了超额收益方差（Excess Return Variance）由 2.29% 降低到了 1.79%，在期权上市两百天之后，系统性风险并未升高（不变）。Skinner[5] 发现当期权上市之后，标的股票的收益率方差平均降低 4.8%。Bansal[6] 发现期权上市之后标的方差降低了 6.4%。Damadoran[7] 评估出期权上市之后标的方差降低为 20%。

从以上几个指标可以看出，期权的使用对市场具有一定正面影响。在不增加市场系统性风险的同时，期权的推出有助于降低市场整体风险，促进市场稳定发展。

四、期权对于提高市场投资效率的理论与实证探索

早在 20 世纪 60 年代，威廉·夏普等在马科维茨资产组合理论的基础上，提出了资本资产定价模型（CAPM）。在该模型中，资本市场线（CML）与"市场组合"的有效边界相切于 M 点，投资者在资本市场线上进行投资，能够实现最优的风险回报。根据资本资产定价模型，"市场组合"必须包括所有的风险投资工具，各风险投资工具的权重是其相对市场

---

[1] Watt, Yadav, Ddraper, 1992, The impact of option listing on underlying stock returns: The UK evidence, Conrad, 1989, The price effect of option introduction.
[2] Chaudhury, Elfakhani, 1997, The impact of options delisting on the underlying stocks.
[3] Trennepohl, Dukes, 1979, Return and risk listed option investments.
[4] Conrad, 1989, The price effect of option introduction.
[5] Skinner, 1989, Options markets and stock return volatility.
[6] Bansal, Pruitt, and Wei, 1989, An Empirical Reexamination of the Impact of CBOE Option Initiation on the Volatility and Trading Volume of the Underlying Equities: 1973—1986.
[7] Damadoran and Lim, 1991.

价值[①]。然而,在20世纪60年代,商品期货市场尚不完善,金融衍生品市场没有完全建立,学界尚未开始探讨其功能和作用,同时对风险管理的认识也未达到系统化的高度。这样就产生了一个问题,如果"市场组合"中没有把期货、期权等投资工具加进来,那么投资者是否还能够实现资本资产定价模型中最优的风险回报?

(一)投资组合管理的相关理论基础

如图3-1所示,从理论角度来看,当市场中无期货、期权等投资工具时,由于有效边界无法达到,投资者最优投资组合将劣于资本市场线上的组合,且新的最优投资组合包含除期货、期权外的所有风险资产;同理,当市场中没有期权产品,但有期货产品时,投资者最优投资组合将优于同时没有期权、期货产条件下的最优投资组合,但仍然不能完全达到资本资产定价模型理论中均值—方差最优组合。

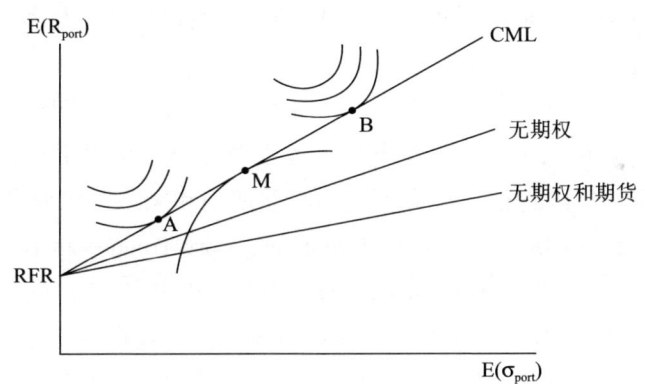

图3-1 资产数量减少时最优组合选择示意图

因此,随着期货、期权等衍生品市场的不断发展完善,学术界在CAPM等组合管理理论的基础上,对衍生品的研究认识也不断深入,逐渐认识到衍生品是转移和分散风险的更好选择。衍生品能够优化投资组合的有效边界,辅助进行价格发现,提升其市场流动性和信息传递效率。

[①] "市场组合包括经济中所有的风险投资,不仅包括股票、债券,还包括不动产、期权、艺术品、邮票等,其权数等于他们的相对市场价值。"——Frank K. Reilly,Keith C. Brown《Investment Analysis and Portfolio Management》(2014年第10版)。

（二）针对期权在投资组合中作用的学术研究成果

1964 年，诺贝尔经济学奖得主阿罗教授在《在风险考量最适配置下证券所扮演的角色》（The Role of Securities in the Optimal Allocation of Risk-bearing）中表示，"如果所有证券资产所形成的市场都是完全竞争的，那么通过投资者在完全竞争市场买卖相关证券，不断吸收和转移相关风险，调整资产组合的风险水平，最终能够使得风险分配达到最优，投资者总体的效用最高，经济运行效率也最高。"

1976 年，美国前金融学会主席罗斯教授在《期权和效率》（Options and Efficiency）中得出结论，"期权作为一种投资标的，可以增进证券市场的完全性，甚至使市场完全化。"

1978 年，Merton Robert、Myron Scholes、Mathew Gladstein 在《看涨期权投资组合策略的收益与风险》（The Returns and Risk of Alternative Call Option Portfolio Investment Strategies）中认为，"期权的产生显著地扩大了投资者的投资机会。"

1985 年，Hans R Stoll、Robert E. Whaley 在《新期权市场》（The New Option Markets）中认为，"期权作为一种投资工具，可以更为便利高效地调整投资组合的风险特征，适应不同的收益期望和风险厌恶程度。"

1985 年，James Booth、Hassan Tehranian、Gary Trennepohl 在《效率分析与期权组合选择》（Efficiency Analysis and Option Portfolio Selection）中表示，"期权隐含了保险的作用，这是其他证券所没有的，投资者运用期权来构建一个回报分布，该分布不能通过股票组合和固定收益证券组合获得。"

根据威廉·夏普的 CAPM 理论，既然引入期权产品可以扩张投资组合的有效边界范围，使投资者自身的风险—收益效用函数得到改善，那么表现在实证检验的结果上，应该是使用期权产品的投资组合的投资收益高于不使用期权产品的投资组合；或者是使用期权产品的投资组合的风险暴露低于不使用期权产品的投资组合。

（三）基于 CAPM 扩展模型的量化模拟分析

威廉·夏普在 20 世纪 70 年代对 CAPM 模型进行了推广，放松了 CAPM 中一些过于严格而缺乏现实性的假设，建立了更为一般的投资者、市场和资产定价理论。该理论唯一的主要前提假设是所有投资者会根据

"一项资产可带来的未来期望效用等于若干现金可带来的当前效用"这一标准对所有金融资产进行定价,当不同投资者的定价存在差异时,他们即可进行交易直到定价相等。通过这一理论,研究者可以直观地分析引入新的金融产品、不同的市场预期、差异化的投资者偏好等各种情况下的市场均衡、金融资产价格以及投资者的组合选择。本节借鉴了夏普的理论框架,模拟了在市场其他条件均不变的情况下,缺少期权产品和引入期权产品后投资者组合以及有效边界的变化。

由威廉·夏普的 CAPM 扩展理论可以知道,期权产品对投资者组合的最大贡献是可以在未来不同的市场状况下提供非线性的收入特征。投资者的风险回避特性使得他们对于不同市场状况下的收入的估值是不同的,举例而言,市场普遍下跌时的一单位收入能比市场普遍上涨时的一单位收入提供更高的效用。线性收入特征的传统金融资产无法完全吻合投资者在市场下跌和市场上涨时对收入的不同估值,夏普证明了当存在不同风险厌恶程度的投资者时,仅有线性金融资产的市场通常只能达到非完全均衡,也就是说投资者仍然会有额外的交易需求,但这些需求无法通过现有金融资产得到满足,加入非线性的期权类资产则能使市场达到完全均衡。

我们以夏普提出的简化市场模型为基础,建立模拟市场进行分析,这个市场中包括四项基础金融产品:现金、国债、大盘股指数、中小盘股指数,投资者的初始资产组合均由这四项产品构成,随后对两类股票指数各引入一项看涨期权。在分析中只考虑未来一个阶段,利用类似情境分析的方法假设了未来可能发生的若干种情境、每种情境发生的概率以及每项金融产品在不同情境下的收益。最后,我们假设市场上存在两类不同的投资者,他们之间的主要区别是风险偏好程度有一定的差异。在现实的市场中,资产类别更多、未来的情境更复杂、投资者的类型也更广泛,但这个简化的市场均衡模型已能满足从组合管理角度说明期权经济功能的需要,我们对模型做了各种更复杂化的调整,均不影响结论。

在市场建立后,投资者在所有金融产品上展开交易,根据投资者的风险厌恶程度不同,他们对各种金融产品均会产生初始报价,当两类投资者对某一产品的初始报价存在差异时,即可以中间价格进行交易。我们通过重复模拟的方法在市场上开展交易,每次交易之后投资者持有的资产组合发生改变,从而他们对各类资产提出新的报价。随着交易的反复进行,投资者的报价不断接近,当不同类型的投资者对某一金融产品的报价均相等时,该产品即达到了均衡状态,不会有更多交易发生。所有金融产品都处于均衡时,市场也就达到了均衡状态。

通过均衡分析我们发现,引入期权产品可以扩张组合有效边界的范围,使投资者的选择余地大大增加,期权和原有金融资产进行组合可实现的投资边界将超出原本资本市场线(CML)的范围,说明市场整体投资效率得到提高(见图3-2、图3-3)。由于受到期权净供给量为0的条件限制,市场组合本身的期望收益和方差不因引入期权而发生改变,从期权中获得更高效用的是投资者们:他们根据不同的偏好对组合进行调整,其中总有一部分投资者可以将效用曲线上移,获得更高的期望效用,并实现高于市场的夏普比率。我们根据现实市场中的不同状况,模拟了近百种市场情境和金融资产收益情况,其结果均支持这一结论。

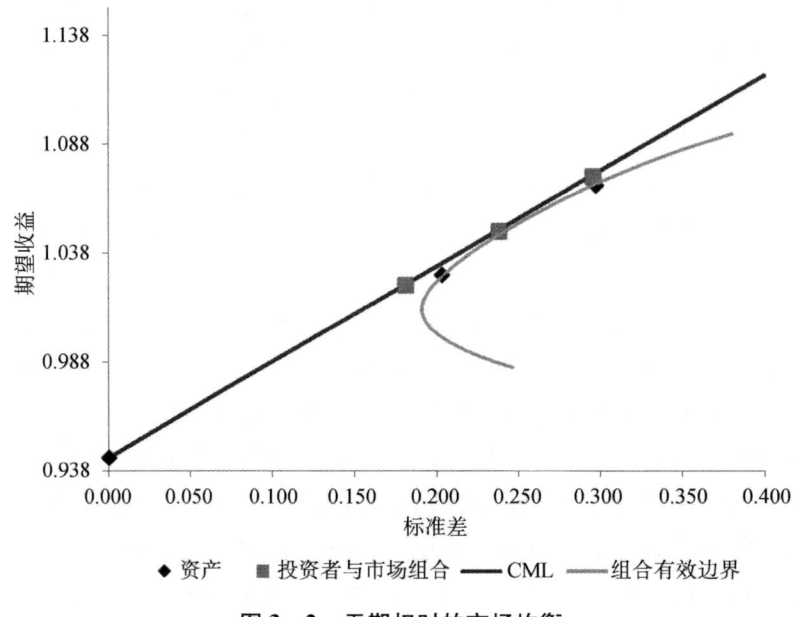

图3-2 无期权时的市场均衡

(四)期权在投资组合中作用的实证检验

以下我们采用实证研究的方法,对比全球市场上使用期权的基金产品和不使用期权的基金产品。从年化投资回报率、投资回报率的标准差、风险调整后的年化投资回报率、平均夏普比率、基金总净值规模增长率等统计指标出发,分析期权产品在投资组合中的作用。

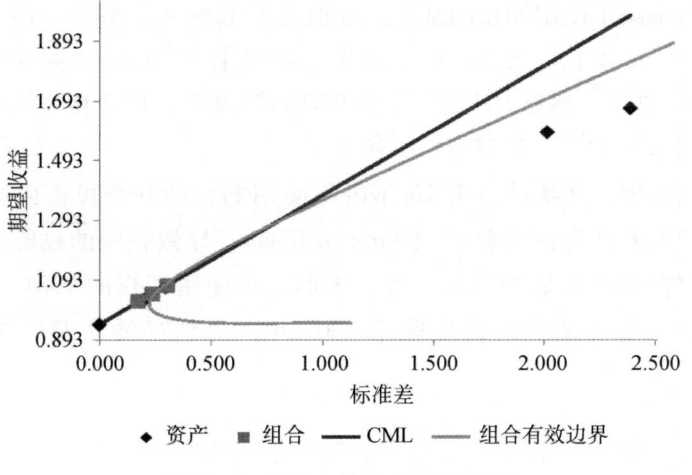

图 3-3 引入期权后的市场均衡

根据路透数据系统的理柏（Lipper）[1] 基金信息库，我们选取了截至 2013 年年底，全球市场上"进行波动率交易[2]"的基金产品共 1301 支[3]作为研究对象。"进行波动率交易"的基金可被较为准确地视同为使用期权产品的基金。其代表的基金市值规模为 2484.6 亿美元；基金类型涵盖了封闭式基金、共同基金、对冲基金以及保险基金；投资市场[4]主要覆盖了股票、股权类衍生品，以及另类投资领域，具有较好的代表性。另一方面，选取了相同基金类型与投资市场的，同时没有"进行波动率交易"的基金共 94022 支[5]，作为研究对象的参照控制组。实证分析结果如下：

1. 基金平均年化投资回报率的比较。分别对使用期权的基金和不使用的基金进行最近 1 年至最近 10 年的投资业绩统计分析（见图 3-4）。结果仅有在 2003 年至 2013 年这过去的 10 年时间里，不使用期权的基金平均年

---

[1] 理柏（Lipper）是汤森路透集团旗下子公司，专营全球各类基金信息的收集、分析，在同行业中保持领先地位已有 30 多年历史，它采用的诸多分类方法已经成为基金行业标准。

[2] "进行波动率交易"，根据 Lipper 的定义，指对投资组合的波动率进行主动管理，以实现特定的风险/收益目标。

[3] 选取"进行波动率交易"的基金作为研究对象，可以较为可靠地认定此类基金进行主动的期权交易，或以期权为基础的其他衍生品交易，如波动率指数期货等。特别指出的是，可能在交易中使用期权的基金不仅局限于"进行波动率交易"的基金，如利用期权进行标的资产复制策略等。为了保证研究样本的充分可靠，此类基金未被列入研究范畴。

[4] 由于主要针对股权类期权展开研究，因此剔除了主要投资于固定收益市场的基金。

[5] 在选取时没有包括"伞形基金"旗下的所有子基金，因为相应数据已被包含在主基金数据中；如果选择包括"伞形基金"的所有子基金，参照组将有 161598 支基金，但完全不影响相关研究结论。

化投资回报率高于使用期权的基金，分别为7.32%和5.89%。而过去1年内、3年内、5年内，使用期权的基金年化投资回报率则为6.87%、10.91%、8.37%，都要大幅好于不使用期权的基金，后者相应的年化投资回报率分别为3.92%、9.55%、6.90%。

经研究发现，在统计过去10年内不使用期权的基金投资回报率数据时，面临较大的"存活误差[①]"（Survival Bias），导致相应的投资回报率数据实际上存在较为明显的高估。另一方面，在使用期权的1301支基金当中，大多数基金的成立时间要晚于2003年，受到存活误差的影响相对较小。

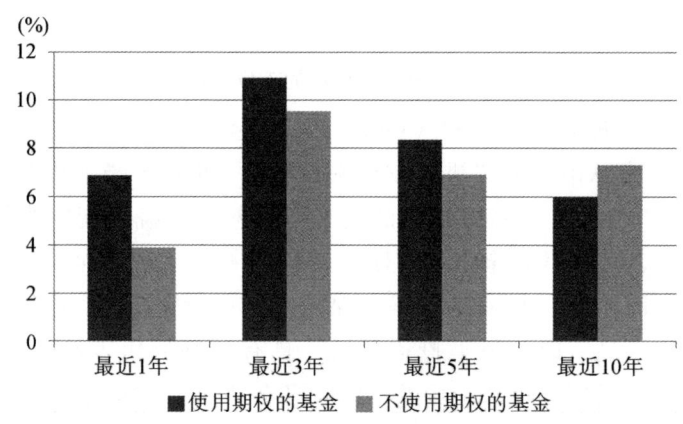

图3-4 平均年化投资回报率的比较

2. 基金平均年化投资回报率标准差的比较。为了对比分析相应的投资风险，分别统计使用期权的基金和不使用的基金在最近1年至最近10年的投资回报率的标准差（见图3-5）。结果在过去1年内、3年内、5年内、10年内，使用期权的基金的投资风险明显小于不使用期权的基金。前者年化投资回报率标准差分别为2.40、2.81、3.41、3.75，后者相应的年化投资回报率标准差分别为3.97、4.80、5.32、5.38。

3. 风险调整后[②]的基金年化投资回报率比较。分别对使用期权的基金和不使用的基金进行最近1年至最近10年的风险调整后投资业绩统计分析（见图3-6）。结果在过去1年内、3年内、5年内、10年内，使用期权的

---

① "存活误差"是指在统计过程中，只有存活时间长的对象才能被纳入考虑。由于在基金行业中，投资业绩与存活时间存在明显的正向关系，导致统计结果存在一定程度的高估。

② 此处"风险调整"的具体方式是将年化投资回报率除以该回报率的标准差。

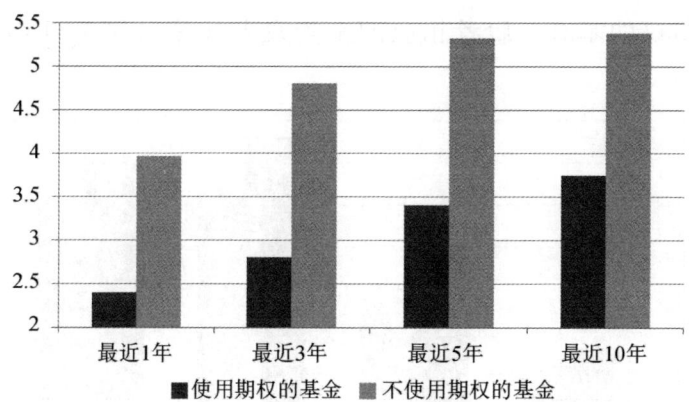

图 3-5　年化投资回报率标准差的比较

基金的风险调整后年化投资回报率分别为 0.26%、0.33%、0.22%、0.16%，都要大幅好于不使用期权的基金，后者相应的风险调整后年化投资回报率分别为 0.13%、0.21%、0.14%、0.14%。

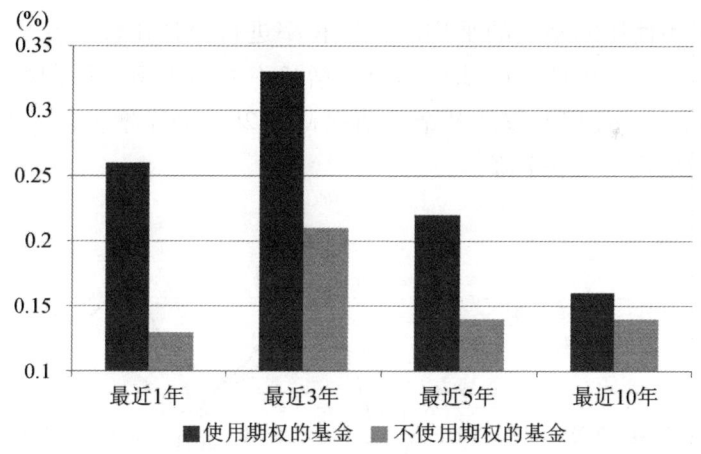

图 3-6　风险调整后的年化投资回报率的比较

4. 基金平均夏普比率（Sharp Ratio）[①] 的比较。分别对使用期权的基金和不使用的基金进行最近 1 年至最近 10 年的平均夏普比率统计分析（见图 3-7）。结果在过去 1 年内、3 年内、5 年内、10 年内，使用期权的基金的风险调整后平均夏普比率分别为 0.09、0.21、0.34、0.32，都要大幅好

---

① "夏普比率"是一个可以同时对收益与风险加以综合考虑的经典指标，计算公式为 $[E(R_p) - R_f]/\sigma_p$。

于不使用期权的基金，后者相应的平均夏普比率分别为 0.07、0.15、0.28、0.27。

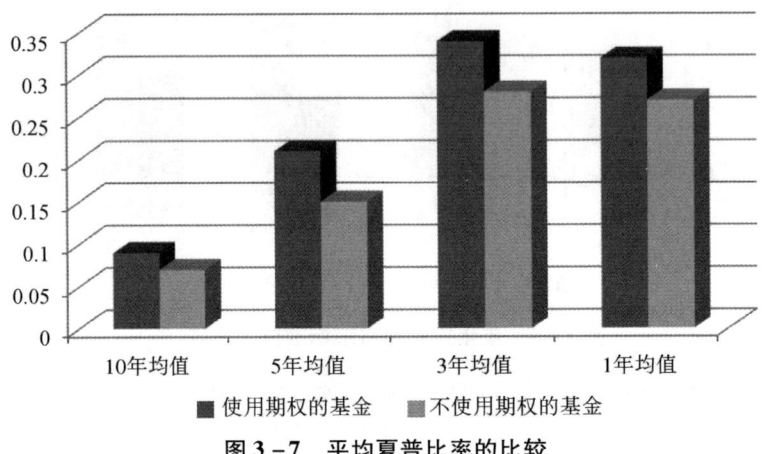

图 3-7　平均夏普比率的比较

5. 基金平均净值增长率的比较。自 2003 年至 2013 年，分别对使用期权的基金和不使用的基金的平均净值增长率进行统计比较（见图 3-8）。可见总体上看，使用期权的基金的净值增长率要高于不使用期权的基金。特别是 2013 年，使用期权的基金净值保持着 26% 的净增长，而不使用的基金净值则出现了显著下降。

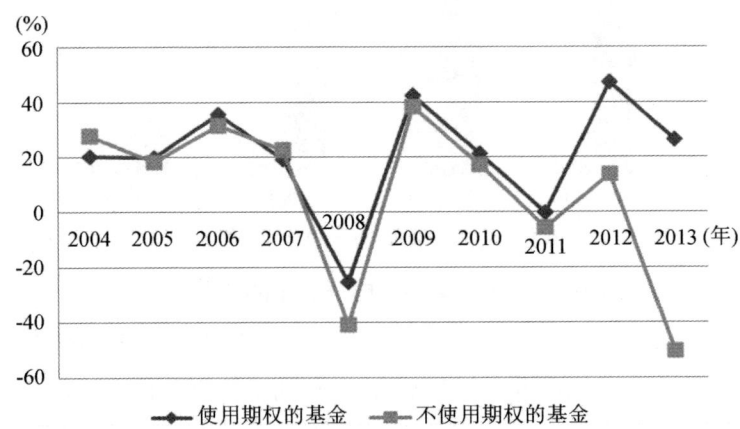

图 3-8　基金总净值规模增长率的比较

在投资组合管理中，期权类投资工具的加入，显著扩展了 CAPM 理论中有效边界的范围，改善了投资者自身的风险—收益效用函数。从实证的角度来看，最终表现为投资组合的风险暴露降低，以及投资回报率的提高。而投资者的投资能力向 CAPM 理论水平的趋近，有助于提高相应投资市场中的资产定价与资产配置效率，最终使得资本市场在金融资源配置方面能够发挥更大的作用。

我国未来的金融改革将以市场化、国际化为导向，充分发挥市场在金融资源配置中的重要作用。然而与国际同行相比，国内金融机构缺乏足够的、有效的风险管理工具，在国际之间的竞争比拼中处于不利地位。在大力推进金融市场化、国际化改革的同时，应积极发展期权市场，逐步提高金融机构的投资与风险管理能力，更好地参与国际竞争，适应我国资本市场发展的实际需要。

五、股指期权降低股市波动

（一）波动率能有效度量市场风险

现代投资理论建立在收益与风险的权衡基础之上，其中，收益的概念大家很容易理解，而风险则似乎看不见摸不着，让投资者难以准确度量。而究竟何为风险？通俗地讲，风险即是资产价格未来是涨是跌、幅度如何的不确定性。是否有方法对这种看似主观的风险进行定量分析呢？早在 1952 年，马科维茨在《资产组合选择》一文中就将标准差定义为证券资产的各种可能收益的变动程度，并用收益率的标准差来量化证券投资的风险。

而波动率正是基于标准差的扩展，如年化波动率即为每日收益率的标准差与年交易天数平方根的乘积。首先，波动率是标的资产投资回报率变化程度的度量，其衡量的是价格变化的幅度，而不考虑价格变化的方向。因此，从波动率的角度来看，股价上升导致的 1% 波动和下降导致的 1% 波动是一样的。其次，对于波动率来说，重要的是变化的百分比，而非绝对变化量、价格水平或者变化的方向等。最后，波动率衡量的是一段时间内价格的变化，而非单次价格的变化。一天的价格变动只是一个数字，波动率描述的是一系列价格的变动程度。

波动率的大小反映了市场的不确定性变化，波动率增加时，投资者就要面对更大的不确定性。例如 2008 年底沪深 300 指数 1817 点，2012 年 5 月底指数是 2632 点，指数价格绝对水平上涨了 800 多点，却出现投资者

"只赚指数不赚钱"的现象,究其根源,就是期间股价大幅波动造成的。在这个过程中,指数上下波动幅度很大,先是一路上扬冲到3803点的最高点,之后又出现回落至2254点的低位,在高位买入股票的投资者会损失惨重。人们之所以说"巨大的市场波动会摧毁社会财富",道理就在于此。

(二) 股指期权能有效管理风险,促进价格发现和金融机构创新

股市投资总是风险与收益并存,如何有效管理风险是长期投资的关键。股指期权的诞生正是为了向市场提供有效的风险管理工具。并且,随着股指期权市场的发展,跨市场互动能使现货市场价格发现更加有效;各金融机构基于股指期权不断创新,能进一步满足广大投资者的个性化投资需求。

1. 股指期权的风险管理功能。

股指期权作为衍生产品,风险管理是其最基本的功能。但是相较于期货这类线性金融产品,由于股指期权具有非对称权利与义务和非线性收益特征,它在风险管理方面能够发挥其特有的功能和作用。

一方面,股指期权不仅能为现货资产提供保险功能,还可以使投资者在管理风险时不放弃获得收益的机会。我们常用保险来比喻购买期权:若我们持有大量与股指结构类似的股票资产,那么我们通常可以通过购买相应的股指看跌期权对持有资产进行套期保值。如果股市出现下跌,那么我们可以在股指看跌期权头寸上盈利,以抵消在股票资产上的损失;若股市上涨,那么我们购买的股指看跌期权到期仅仅是失去价值而已,除了期初购买期权支付的权利金,我们不必支付额外费用,这就是说,我们仍能获得股票资产上涨的收益。

另一方面,相较于股指期货,股指期权是一种更为精细化的风险管理工具。股指期权相较于期货增加了"行权价格"的风险管理维度,摆脱了单一价格的束缚,满足了投资者在多个价格上进行交易和风险管理的需求。期权的推出把风险管理功能从"二维平面"拓展到"立体空间",打开了投资者选择交易价格的空间,投资者可以根据自身需求用理想的价格买卖标的资产。

2. 股指期权的价格发现功能。

股指期权与股指期货一样,具有对现货市场的价格发现功能。所谓价格发现功能,实质就是期现货市场之间的领先滞后关系,是解析期现货市

场信息传导以及由此产生的波动影响的重要方面。股指期权市场与股指期货市场类似，具有产品设计、交易机制、单一合约流动性方面的优势。因此，尽管股票现货和股指期货、期权市场都能反映市场对未来的预期，给出对指数未来走势的判断，但是对历史数据的研究普遍表明，股指期权等衍生品能更快地反映信息冲击、完成价格调整，因而可能在短期内领先现货市场价格指数。

在股指期权市场上，理论研究普遍认为产品设计差异、交易机制不同和投资者的结构不同是股指期权价格发现功能的产生原因。

具体而言，在产品设计差异方面：（1）股指期权可以免受指数成分股交易不同步造成的交易效应的影响。股票指数的成分股数量较多，其流动性差异较大，因此在面临某一冲击时，可能某些流动性较好的成分股价格能即时更新至合理水平，但某些流动性较差的成分股价格变动较为缓慢，这就限制了现货市场股票指数价格反映新信息的能力。相比之下，股指期权交易的集中度较高，成交活跃的合约价格水平调整十分迅速合理，这使得股指期权市场可以即时反映新的信息。（2）股指期权对宏观信息和系统性风险的反映更快。当某些宏观经济信息公布时，市场反应可能是自上而下传导的，在这种情况下股指期权价格往往能更快地反映这些全局性影响信息。

在交易机制优势方面：（1）股指期权双向交易机制比股票市场畅通。大多数新兴国家股票市场做空渠道限制较大，融券卖空受到成本大、券源少的影响并不畅通。但股指期权市场成交总是成对出现，有多头就必定有空头，有卖看涨、买看跌两种方式进行做空或套保，这种双向交易机制有利于价格的及时形成与发现。（2）相对于现货市场，在股指期权市场进行交易的成本将大大降低。股指期权合约面值较大，同等规模下交易费用较低，这一低成本特征使得其流动性较强，价格发现更及时。

在投资者结构差异方面：由于股指期权市场具有上述优势，因此其流动性好，交易量大，更适合专业投资者交易。股指期权交易所需专业知识较多，并且普遍有一定的最小资金规模限制，因此，股指期权市场的信息交易者比例一般较高，更能及时反映价格信息。

3. 股指期权能促进金融创新，满足投资者个性化投资需求。

对于大多数投资者来说，他们既不愿仅仅把钱存在银行获得较低的无风险收益，也不能完全投资股市，承受可能大幅亏损的风险。他们更愿承担一定的风险,以期获得高于无风险收益的回报,特别是在保本甚至保证一定收益的前提下追求更高的收益。这种需求在过去难以满足,但随着股指期权的引入,这种需求可以得到实现(见图 3 - 9)。

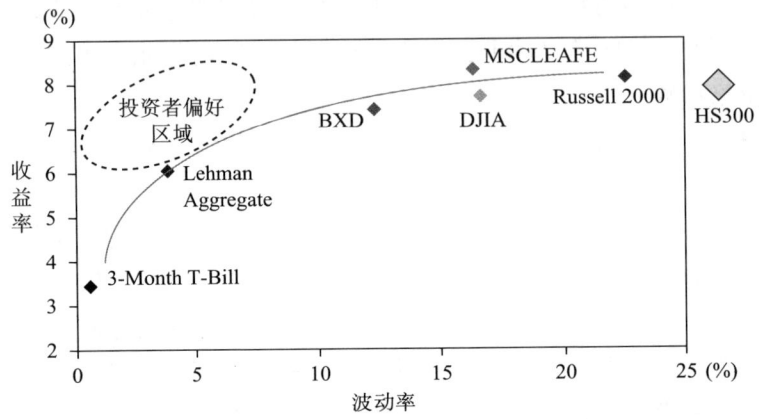

图 3 - 9　大部分投资者愿意承担一定风险换取较高收益

某股份制商业银行曾推出一款与沪深 300 指数联动的保本型理财产品,根据产品说明书,理财收益率由以下公式来确定:

(1) 沪深 300 指数表现 = (期末价格/期初价格) ×100%

(2) 若沪深 300 指数表现大于 100%,则理财年化收益率为:40% ×(沪深 300 指数表现 -1)

(3) 若沪深 300 指数表现小于或等于 100%,则理财年化收益率为 0

也就是说,在约定期限内,只要沪深 300 指数上涨,那么投资者就可以从中获取收益,总体收益为沪深 300 指数上涨幅度的 40%,而如果沪深 300 指数下跌,那么投资者并不会出现亏损,仍然可以安全拿回本金。如图 3 - 10 所示,这样的设计相当于投资者买入 0.4 份合约规模为投资金额、行权价格为期初价格的沪深 300 股指看涨期权。发行银行将投资者的投资分成两部分,绝大部分用于购买固定收益,并保证到期时固定收益的本息之和为投资者的全部投资额,这样做到了保本;而剩余的一小部分用来购买 0.4 份看涨期权,以获得行情出现上涨时的收益。

如图 3 - 11 所示,这类结构性理财产品在保本的同时还提供了一个获取更高收益的机会;它相较于直接投资股票市场,能降低投资者收益的波动性,很好地满足了广大投资者的需求。由于这类理财产品内嵌了期权,发行方通常需要通过其他金融衍生品特别是股指期权来对冲风险。因此,

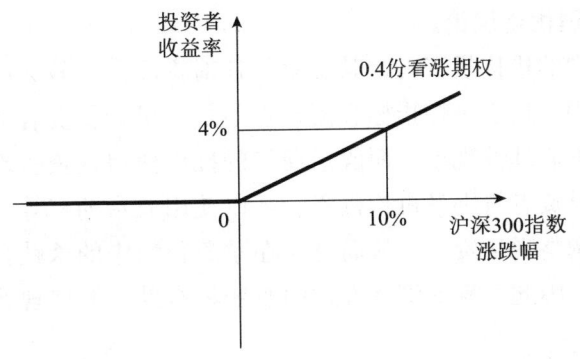

图 3－10　某理财产品预期盈亏图

这类保本型理财产品的进一步发展壮大，需要一个成熟高效的股指期权市场。

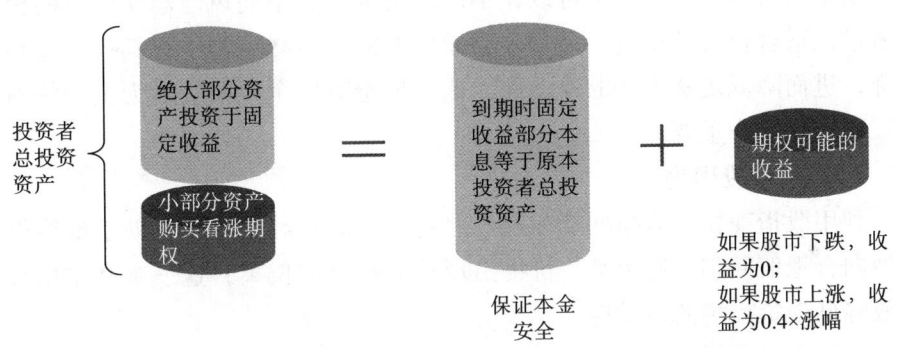

图 3－11　某理财产品拆解分析

（三）建立高效的股指期权市场能降低股市长期波动率

经过上述的分析和探讨，我们已经得出：在理论上，股指期权主要具有风险管理、价格发现两大功能，并且能有助于金融机构创新。要在实际中检验这些功能的发挥与否，最显著的方式就是检测股指期权市场的建立是否降低了股市的长期波动率。因此，在实证检验前，我们首先需要探讨股指期权的上市能减小股市波动率的理论依据和实现机制。

1. 信息效率提升理论。

股指期权市场的建立有助于增加资本市场信息容量，使得现货市场的信息传播速度加快，信息质量更高，有助于现货市场对信息的正确反应，从而降低过度反应等行为对市场波动性的影响。

2. 资产管理优化理论。

股票市场中的机构投资者，其交易往往对市场产生较大的冲击，尤其是在紧急行情中，迫于风控指标和流动性不足，机构投资者的操作可能会加大追涨杀跌等非理性现象。而股指期权的推出使得投资管理的方式发生较大的改变，投资者特别是机构投资者可以使用股指期权等产品进行避险保值，并逐步调整现货资产，从而避免在紧急行情中的杀跌行为进一步加剧市场波动性。因此，投资管理方式的改变将有助于股票现货市场波动性的下降。

3. 投机转移正效应理论。

股指期权市场由于具有交易费用低、杠杆高、流动性强等特点，可以吸引更多的专业投机者参与其中，进而将投机炒作的压力分流到股指期权或股指期货市场。这样一来可以让不同风险偏好、不同风险承受能力的投资者进入适合自己的市场。现货市场投机者的适当减少将使得其投机交易下降，进而降低现货市场的波动性。这一理论对以个人投资者为主导的新兴股票市场尤为重要。

4. 套利效应理论。

利用股指期权、股指期货和现货之间进行的套利交易将有助于价格更快地向合理值回归，避免某一价格出现较大幅度的偏离，这一套利作用将有效降低现货市场的波动性。

理论上对于股指期权上市对现货市场波动性的影响有着不同的理论分析逻辑和结论，而具体到各个市场的实践情况也不尽相同，我们需要进行实证检验以确定其影响效果，并结合各个市场的成熟度、交易制度、投资者成分等不同情况进行具体的作用机制分析。

（四）股指期权交易降低股市波动率的功能得到了广泛认同

股指期权上市对股市的影响在不同时期受到了各国专家学者的广泛关注，其研究结论大多表明股指期权上市能降低股市波动率。

1987 年，Detemple 和 Selden 对股指期权影响现货市场的机制进行了研究，他们认为，股指期权的推出带来了新的交易市场，能为投资者提供较好的投资获利机会，因此便能吸引专业的投机性投资者退出现货市场，而转入杠杆性更强的期权市场进行交易。上述因素可以解释股指期权上市后，投机者适当减少的现货市场的波动性有所降低这一现象。

John 和 Koticha（1993）同样认为信息交易者由现货市场向期权市场的转移能有效降低现货市场中做市商的逆向选择成本，进而降低现货市场的买卖价差，从而使得现货市场的波动率下降。

Raman Kumar 和 AtulyaSarin（1995）对日本大阪交易所上市 Nikkei 225 股指期权对标的指数的影响进行了研究，他们选取 Nikkei 225 股指期权上市前后 250 个交易日的日度数据，从波动率变化、买卖价差变化等几个方面，通过面板数据回归等方式进行研究，最终得出，尽管存在流动性不足、市场交易体系不同等因素，但 Nikkei 225 指数期权的上市仍然降低了指数标的的波动性，其机制与美国市场类似。

Hwang 和 Satchell（2000）的研究也表明英国市场伦敦金融时报指数 FTSE 100 股指期权的上市降低了 FTS 100 指数的波动率。

总体而言，境外学者的研究大多表明期权上市能降低市场波动性，增强市场的流动性，从而改善资本市场质量（见表 3-1）。

表 3-1　国外学者关于期权对股市波动率的影响研究

作者/年份	样本数	时间段	市场	波动性
Nathan Associates（1974）	16	1973	美国	下降
CBOE（1975）	40	1974-1975	美国	下降
Tremnepohl, Dukes（1979）	32	1973	美国	
Klemkosky, Maness（1980）	103	1973-1975	美国	不显著
Whiteside, Dukes, Dunne（1981）	35	1973-1975	美国	
Whiteside, Dukes, Dunne（1983）	71	1973-1981	美国	
Nabar, Park（1988）	390	1973-1986	美国	下降
Basal, Pruitt, Wei（1989）	175	1976-1986	美国	下降
Conrad（1989）	96	1974-1980	美国	下降
Skinner（1989）	293	1973-1986	美国	下降
Detemple, Jorion（1990）	300	1973-1986	美国	下降
Haddad, Voorheis（1991）	327	1973-1986	美国	下降
Rao, Tripathy, Dukes（1991）	45	1985-1987	美国	下降
Damodaran, Lim（1991）	200	1973-1983	美国	下降
Fedenia, Grammatikos（1992）	438	1985-1987	美国	不显著
Watt, Yadav, Draper（1992）	39	1973-1983	英国	下降
Chamberlain, Cheung, Kwan（1993）	37	1979-1987	加拿大	不显著

续表

作者/年份	样本数	时间段	市场	波动性
Stuki，Wasserfallen（1994）	11	1988	瑞士	下降
Lamoureux，Panikkath（1994）	527	1973–1988	美国	不显著
Freud，McCann，Webb（1994）	685	1973–1990	美国	不显著
Long，Schinski，Officer（1994）	111	1985–1990	美国	不显著
Gjerde，Saettem（1995）	7	1990–1994	挪威	不显著
Elfakhani，Chaudhury（1995）	119	1979–1987	加拿大	下降
Becchetti（1996）	174	1984–1989	日本	下降
Chaudhury，Elfakhani（1997）	30	1975–1989	加拿大	下降
Kabir（1997）	35	1978–1993	荷兰	不显著
Niendorf，Peterson（1997）	110	1985–1991	美国	不显著
Wei，Poon，Zee（1997）	144	1985–1990	美国	上升
Alkeb，Hagelin（1998）	32	1985–1994	瑞典	下降
Bollen（1998）	1010	1973–1992	美国	不显著
St. Pierre（1998）	140	1973–1990	美国	不显著

资料来源：陈雨露：《金融学文献通论》。

总而言之，股指期权的上市不仅能为市场提供有效的风险转移工具，有利于金融机构创新推出更多符合投资者需求的个性化资产管理产品，更能增强投资者风险管理能力，促进长期投资理念的建立，改善股市投资者结构，进而降低股市整体波动性风险，提升资本市场参与者的效用水平。

第二节 美国经验

一、《南森报告》与《四方报告》

1973 年 4 月，首个标准化股票期权合约在芝加哥期权交易所（CBOE）上市，标志着美国场内期权市场的正式诞生。尽管期权产品受到了市场的广泛欢迎，但是它的发展并非一帆风顺，即使是在它的发源地美国，也经历了从指责、怀疑、偏见到客观、肯定的过程。在这一过程中，金融监管部门、交易所、研究机构开展了大量的研究，对期权对美国资本市场的影响进行了深入分析，其中公认最为权威、影响最大的两项研究为 1974 年的《南森报告》和 1984 年的《四方报告》。

（一）《南森报告》

1974 年，美国第三方研究机构南森公司发布了《回顾芝加哥期权交易所股权类期权上市交易》，即通常所说的《南森报告》。报告从期权以及整个证券市场的实证分析入手，证明了期权对于金融市场的重要作用。

《南森报告》在美国期权发展历史中占据了重要地位，它是当时最为系统、全面地研究期权市场的报告。由于数据充足、内容翔实，《南森报告》常常被引用。1978 年，为进一步研究期权交易对金融市场的影响，美国证监会进行相关研究论证，发表了《关于期权市场的特别研究报告》（Special Study of Options Market），认为期权交易整体上对金融市场产生了积极的影响。《关于期权市场的特别研究报告》中关于市场数据分析及结论的部分，大量引用借鉴了《南森报告》的内容。

（二）《四方报告》

20 世纪 70 年代末，尽管美国证券交易委员会（SEC）对期权产品的功能作用已有较为充分、客观的认识，但是国会、其他金融监管机构、公众对金融期货和期权功能作用的质疑与否定依然存在。1979 年春，美联储与财政部联合决定暂缓批准中期国债期货和股指期货两个新金融期货品种上市。两年后（1981 年），美国国会更进一步要求美联储、财政部、证券交易委员会（SEC）和商品期货交易委员会（CFTC）联合开展关于期货和期权市场对于国家经济及工商界影响的联合课题研究，明确金融期货和期权对美国经济的影响。

由于事关重大，美联储、财政部、SEC 和 CFTC 对该项研究高度重视，组织行业和学术界的相关专家和学者，对超过 100 家参与金融期货和期权市场的金融机构和商业公司进行访谈，调查、询问期货和期权市场外专家的意见和看法，并对近 50 年以来的相关文献进行了梳理，详细研究了期货与期权市场的各种特征，从多个角度分析了期货与期权交易对经济带来的影响，包括期货和期权市场的基本经济学原理；期货与期权市场的发展；

机构投资者、商业企业和专业投资者投资情况；公众非商业参与者的调查；期货和期权市场对美国经济的影响，等等。

经过近3年的调查与研究，四大联邦机构于1984年联合推出一份报告：《期货和期权交易对经济的影响研究》（A Study of the effects on the economy of trading in futures and options），即通常所说的《四方报告》。《四方报告》最终充分肯定了开展金融期货和期权交易对于美国经济、金融市场的重要意义，得出了金融期货和期权市场确实能够提供风险转移、增强流动性等市场职能的结论。

《四方报告》对于纠正当时在监管层和美国社会中普遍存在的认为金融期货和期权会对现货市场带来负面影响的误解起到了非常重要的作用。美国"金融期货之父"利奥·梅拉梅德撰文指出："这项联合研究是金融期货与期权发展的一个里程碑"。该报告为美国金融期货与期权衍生产品的监管厘清了思路、统一了认识，并对于此后美国金融期货期权市场的健康快速发展起到十分重要的作用。此后，金融期货与期权在美国得到官方认可，美国政府在发展场内金融期货新品种的问题上不再踌躇不前，期权创新产品和创新种类层出不穷，成为全球最重要的金融衍生产品市场之一。

二、《南森报告》具体内容

《南森报告》对CBOE首批上市的16只股票期权上市前后对标的股票的波动性影响进行了分析。通过对美国场内期权市场的交易情况进行分析，《南森报告》对美国场内期权交易对资本市场的影响提出三点重要结论。具体内容和结论如下：

（一）期权交易不但没有分流资本市场资金，而且通过减少投机、降低波动和提供流动性提升了资本市场效率

《南森报告》指出，CBOE的期权交易对资本市场产生了积极作用，主要体现在标的股票相对流动性提高以及波动率下降等方面。更为重要的是，随着标准化期权合约交易的开始，单纯的期权投机交易行为大幅减少，越来越多的投资者将期权作为交易策略的一部分。专业投资者依此更好地应用较为复杂的对冲交易策略，在市场价格偏离理论价格时实施套利策略，从而避免了市场价格紊乱，提高了市场定价效率。

1. 场内期权交易提高了现货市场的效率。

《南森报告》就CBOE的股票期权交易对纽约证券交易所股票交易的影响进行了分析，发现期权交易对两个市场的市场效率都产生了积极作用。主要结论如下：（1）期权标的股票的流动性在期权上市交易后相对增加。1974年的32只期权标的股票表现出了相对于整个市场更好的流动性。（2）期权标的股票的波动性在期权上市交易后有所下降。第一批16只期权标的股票相对于随机选取的样品股票而言，更好地抵御了1973年的市场系统性风险。（3）随着期权市场的逐渐成熟，现货市场与期权市场的关联互动性也日益加深。在现货价格出现变化时，期权保证金也基本根据期权定价理论进行变化。

2. 期权交易不会造成股票和债券市场资金分流。

通过对场内期权上市后股票和债券市场资金变化的分析，《南森报告》认为期权交易不会造成股票和债券市场资金分流。在《南森报告》所研究的时间段内，CBOE上市交易的期权权利金总额从未大幅超过1亿美元，即使加上交易所要求的保证金部分，CBOE期权市场投入的资金量与同期投入新发行公司债券市场的资金量（222亿美元）以及同年投资新发行股票的资金量（77亿美元）相比，也是微乎其微。即使期权交易市场进一步扩大10倍，该市场与庞大的公司债券、股票市场相比，仍显得微不足道。因此，没有理由认为期权交易（包括未保护期权部位）的稳步上升会影响原有资本市场的供给与需求，甚至大幅改变资本市场现有的资金成本等。

3. 单纯投机交易行为日趋减少，策略交易稳步上升。

《南森报告》研究表明，相对于场外期权市场大量出现的单纯投机交易（买入买权，买入卖权等），场内期权市场的单纯投机交易行为日趋减少，越来越多的投资者进行策略交易。同时，一些专业投资者在市场供需不平衡所产生的期权价值偏离情形出现时，大量地进行套利交易，这不仅提高了市场的流动性，还增加市场的定价效率。这主要表现在以下几个方面：

第一，投资者适当性制度的实施，期权客户占证券公司客户总数的比例很小。CBOE的投资者适当性制度规定，有效地排除了大量不符合要求的投资者进入期权市场，投资期权的客户大约占证券公司所有客户的3%，这在一定程度上减少了投机行为的发生。

第二，据证券公司反馈，大量的期权交易者是被期权可以防范风险的特性所吸引来参与场内期权交易的。

第三，场内期权市场表现出的透明度及流动性让更多的投资者将期权作为交易策略中的一部分，而非单一的投机工具。这其中包括投资者在股票组合中买入买权来替代买入股票来防范下行风险，买入买权来对冲所卖空的股票，以及同时买入和卖出期权来进行价差交易等。

第四，包括机构投资者在内的专业投资者则通过对冲和套利策略来进行更为精细化的期权交易。部分专业投资者通过持有同一标的或不同标的的期权多头及空头对现有现货组合在特定的价格区域内进行对冲，并根据市场情况进行动态调整，以对现有现货组合进行风险管理。另一部分专业投资者则监控期权理论价格与实际价格的关系，等待套利机会出现时进行套利交易，使得市场价格回复到理论价格附近。这些操作进一步加深了期权市场与现货市场的联动性，提高了两个市场的定价效率，减少了投机行为导致价格紊乱的可能。

4. 场内期权市场维持了较为有效的监管。

《南森报告》认为，从已有的交易情况来看，期权市场的监管效果较为良好，并且须继续维持必要的监管措施。为了防范内幕交易、价格操纵以及其他通过不正当手段谋取市场利益的违法行为，CBOE对个人及机构投资者的持仓及交易行为进行了限制，取得了较好的监管效果。此外，监管机构对市场上可能发生的违法行为采取警钟长鸣的态度是十分必要的。继续维持对市场的监管，保证市场公正、有序是期权市场得以进一步发展的必要条件。

（二）期权交易场内化提高了期权市场效率，增加了期权交易量，保护了投资者利益

《南森报告》指出，在CBOE推出标准化期权合约交易后，场内市场的透明度和流动性增加，交易费用降低，市场效率比场外市场显著提高。期权定价模型也随着交易数据与经验的丰富而日趋完善，期权交易量大幅提高，更加保护投资者利益等。

1. 期权合约标准化提高市场效率。

《南森报告》认为，通过期权合约的标准化和集中清算，建立了一个有效的期权市场，为期权投资策略的丰富发展创造了条件。市场效率的提供主要体现在三个方面：期权流动性的增强、交易信息透明度与市场信息传递速度的提高以及交易费用的降低。

在场外期权交易中，由于缺乏一个集中透明公布交易信息的平台，交易依赖于交易双方的信息交流，这延缓了市场信息传递速度，进而影响交易信息的透明度和流动性；同时，由于每一笔交易均独立于其他交易，交易资源无法得到有效整合，导致交易的手续费也较高。标准化期权合约的推出有效地解决了场外交易的弊端，使得市场效率显著提高。在 CBOE 上市股票期权之后，美国多家其他交易所争相效仿和上市标准化期权合约的行为，也从侧面反映了场内期权交易的成功与未来的潜力。

2. 期权定价模型日趋完善。

《南森报告》研究表明，随着标准化期权合约交易的深化发展，相关的期权定价模型也日趋完善。期权交易的透明度及信息传递速度增加，提高了市场效率及公平性，令学术界和市场参与者能够更精确地把握期权的合理价值。据统计，到 1974 年，已有超过十家机构投资者运用某种专门的定价模型对市场上可交易期权的合理价值进行估算，其中有很多模型已经被计算机程序化。《南森报告》同时也指出，市场上的定价模型仍有可改进之处。首先，已有的历史数据较短，仅 12－18 个月，这可以随交易时间的增加而积累。其次，由于历史数据不能完全代表未来，市场还需综合考虑更多的波动因素来合理定价。

3. 期权合约交易量大幅提高。

《南森报告》指出，标准化期权合约上市后，期权交易量大幅提高，远远超过了之前的各种预期。值得关注的是，市场上越来越多的投资者将期权作为风险管理工具。与之前的场外市场不同的是，随着投资者对期权策略的熟悉及多维应用，不再将投资者简单地分为买方和卖方。

从合约分布上来看，交易量主要集中在近月、挂牌时间较长以及平值附近的合约。在 CBOE 期权交易的最初 9 个月中，较近的两个月份的合约交易明显比较远的合约更加活跃。挂牌时间越长的期权合约，交易越活跃。这与投资者对挂牌时间长的合约有更多的交易经验以及可以取得更多的市场数据有关。虽然投资者对不同执行价格的期权合约都表现出了兴趣，但资金大多流向平值附近的合约。深度虚值期权的交易量较高，但因为单个合约的保证金较低，因此占所有期权合约资金总量的比例并不大。

4. 有效保护投资者利益。

出于保护投资者利益的考虑，CBOE 限制投资者大量交易深度虚值期权。在场内期权交易中，深度虚值期权的交易量较大，引起了部分美国证监会成员的关注。《南森报告》认为，不能完全排除市场上存在少部分信息不完整的投资者交易了权利金极低，但风险与其自身情况不适配的深度虚值期权。为此，出于保护投资者利益的考虑，CBOE限制投资者大量交易深度虚值期权。

（三）促进投资者成熟理性，实现投资者和市场共同良性发展

《南森报告》把美国期权交易初期的投资者分为两类，个人投资者和专业投资者。个人投资者是指普通个人投资者；专业投资者是指较为专业的金融人士，主要包括专业交易机构的自营账户、专业交易机构的机构客户和高端私人客户等。《南森报告》显示，投资者自身的不断学习进步与市场深度的增加不仅是同步的，而且是互惠互利的。这两类投资者与市场的同步发展主要体现在以下几个方面：

1. 期权交易初期，个人投资者投资策略相对简单，专业投资者投资策略则较为复杂。

美国期权市场初期只上市了买权，个人投资者多采用他们较为熟悉的买入买权策略。随着对期权的不断熟悉，部分个人投资者增加了对卖出买权策略的运用。另外，个人投资者的策略相对简单，多采用单一的多头、空头或与标的股票相结合的策略。

与个人投资者相反，专业投资者则在市场初期就表现出了更为专业和精密的期权投资行为。专业投资者从期权上市初期就大量运用卖出策略，并且其绝大部分交易都与对冲相关。部分专业投资者借助其对市场更好的把握能力、专业的技术条件，对现有股票组合进行较为复杂的对冲，以适应股票组合风险管理的需要。

2. 个人投资者和专业投资者共同促进期权市场的健康稳定。

《南森报告》认为，个人投资者的积极参与扩大了期权市场的影响，提高了期权成交量，这在市场发展初期尤为重要。与此同时，个人投资者在市场初期相对单一，甚至含有部分投机心理的交易行为，使得期权市场价格逐渐背离理论价格，为专业投资者提供了套利机会。专业投资者通过在定价、交易上的优势，及时地进入市场参与套利，有助于期权的市场价格回归到正常范围之内。两股力量的不断平衡共同推进市场的稳定有序发展。

3. 当市场复杂度增加时，专业投资者可以引导市场良性发展，提高市场深度，减少投机行为。

《南森报告》认为，个人投资者随着对期权的了解和交易经验的增加，他们的交易策略的深度和广度也会逐渐向专业投资者靠拢。事实证明，美国的少部分个人投资者在市场初期已经开始实施与专业投资者类似的复杂对冲策略。与此同时，专业投资者凭借自身的发展，又会发展出新的交易模式和策略。两种投资者的不断创新和学习，会推动市场深度的增加，减少投机行为的发生，对市场的良性发展十分有利。

三、《四方报告》具体内容

首先，《四方报告》对于国会提出的关于期货和期权交易对于真实资本形成以及现货市场行为的影响的问题进行了回答。国会提出的四大问题是：期货与期权市场对经济的意义；期货与期权市场对资本形成与现货市场流动性的影响；现有政策是否能够有效地对期货与期权市场交易行为进行监管，规范包括市场操纵及其他为市场带来负面影响的各种行为；期权与期货及其相关市场中，投资者是否获得了足够的保护。

《四方报告》相关解答主要包括以下五点：一是金融期货与期权市场的经济意义主要表现在它为市场提供了一种风险转移的手段。以金融期货与期权为工具，风险得以在各种不同风险偏好的投资者之间转移。二是对现货市场而言，金融期货与期权市场不仅不会降低它们的流动性，部分现货市场还表现为流动性的增加。并且，金融期货与期权市场不会阻碍资本的形成。三是虽然金融期货与期权合约设计差别较大，但是它们也有很多共同点，例如相似的经济功能、与现货市场的高度相关性、投资者特征相似，甚至如果被错误地引导，它们对市场造成的损害也极为相似。因此，需要对他们进行统一的监管。四是在证券交易委员会以及商品期货交易委员会的管辖下，对各种功能相似的金融工具的交易并不会对公众投资者的利益造成显著的损害，也不会损害衍生品及现货市场。指数类期权及其现货之间的套利交易可能会导致市场一定的偏离，因此需要证券交易委员会和商品期货交易委员会对其进行持续的引导。五是当前的监管框架完全适应金融期货与期权市场管理要求，无须增加额外的立法。证券交易委员会和商品期货交易委员会拥有相似的管理法规和监督程序，两者将致力于共同建立一套相互兼容的监管体系，以有效地对市场行为进行监督与管理。

其次，报告分析了金融期货和期权市场对于货币政策有效性以及存款机构安全性的影响。总体来看，这些分析和论述主要从经济效率、资本形成、现货市场价格稳定性以及对货币政策影响等方面分析了期货和期权对于经济和市场的影响。具体如下：

（一）期货和期权有助于提升经济效率

通过对机构投资者的访谈，《四方报告》发现：对一般的价格风险而言，通过买卖期货或期权来进行风险对冲所付出的成本远低于直接通过现货市场交易来进行风险管理。这意味着，对于包括养老基金、股票和债券型共同基金和银行在内的资本管理机构而言，可以利用期货和期权来有效提高盈利水平。从这个层面来看，期货和期权使在一定程度上有助于提升经济效率，使这些机构能够为其客户提供更好的服务。

（二）金融期货和期权交易不会减少金融市场资金供总量

随着金融期货和期权市场的快速发展以及其成交量和持仓量的不断提高，有些观点质疑金融期货和期权这些较新的市场是否会对股票和债券这样的老市场的资本形成产生潜在的影响。也就是说，大量资金进入金融期货和期权市场进行交易，这是否会分流一部分用于配置股票和债券或其他真实资本资产的资金。

《四方报告》对于这一不正确的观点进行了分析和批驳，报告指出：

一般而言，金融期货和期权会分流股票和债券市场资金的观点是基于这样的假设，市场中投机者的数量及其用于交易的金融资本的数额是固定的，当投机者在金融期货和期权市场上建立头寸时，他们会减持股票和债券这些金融资产的头寸，因此在金融资产市场的资金总量就被减少了。而事实上，通过梳理金融期货和期权交易流程的本质就可以发现，这样的假设是错误的。

对于金融期货而言，交易双方均需要支付一定数额的保证金。保证金的支付存在两种可能的情形：一种是投资者以其所持有的债券来冲抵保证金；另一种是投资者以现金支付保证金，而在此情形下，其经纪商会用这些资金来购买国债或者交易所允许的其他利率工具。因此，从整个经济体的视角来看，金融资产的持有总量和可用交易金融资产的资金总量均没有减少。而从期货保证金的逐日盯市结算制度所造成的资金流划转来看，上述结论也是成立的。在不考虑交易成本的情况下，期货多头所产生的收益/亏损均来自于期货空头所产生的亏损/收益，由此可见，无论是以期货来进行投机还是对冲风险，资金在期货交易的整个过程中只是进行了重新分配，其可用于真实金融资产的供给总量并没有减少。

同理，金融期权交易也不会对市场的资金总量产生影响。对于建立一个期权的裸头寸而言，期权的卖方需要支付保证金，无论保证金是以债券抵押的形式还是以现金支付，和期货的情形一样，最终保证金都会被转换为债券；对于备兑期权（Covered Option）的卖方，是以其已经持有的股票或者债券来担保的。由于期权买方支付权利金后所产生的收益或亏损均来自于期权卖方的亏损和收益，在期权交易的整个过程中，经济体金融市场的资金总量并没有减少，而只是进行了重新分配。

因此，《四方报告》认为金融期货和期权交易并不会减少金融市场的资金总量，并且报告指出这一观点已经得到了经济学家和金融分析师们的普遍认同。

（三）期货和期权市场的投机行为没有增加现货市场价格的波动水平

《四方报告》从理论和实证两个方面对期货和期权市场的投机行为对现货市场价格波动的影响进行了阐述。从理论分析来看，无法判定衍生品市场的投机行为是否扩大标的现货的波动率。如果投机者能够准确地预测市场价格，那么他们的交易行为有利于市场的稳定，因为投机者准确的报价行为有助于市场价格维持在合理状态；反之，如果投机者对市场的预测是错误的，那么他们的交易行为则将推动市场价格偏离合理水平，从而降低市场价格的稳定性。鉴于投机者对市场的判断准确或错误的可能性都有，《四方报告》认为从理论上来说，无法判定投机行为是否会增大标的现货的波动率。

从市场实证来看，绝大部分有关的数据与研究都认为在衍生品市场的投机行为没有扩大标的现货的波动率。从对商品市场的研究来看，绝大多数商品现货的波动率在推出期货前后都没有增大，有的甚至有减少的现象。房贷抵押证券和债券现货及衍生品市场的情况与商品市场的情况相同。在股票市场，由于股指期货的交易时间较短（1982年上市交易），类似实证研究的样本数据相对较少。但是从已有的报告得出的结论来看，也没有证据表明股指期货的上市降低了现货市场的稳定性。《四方报告》专门分析了股票期权对现货市场的影响，也认为没有证据显示现货市场的波动率随着股票期权的上市交易而增大。

因此，《四方报告》认为：虽然不能排除在特定的时间段内，投机行为仍可能会影响市场稳定，但绝大部分实证数据与研究都认为在衍生品市场的投机行为没有增加标的现货价格的波动率。

（四）利率期货和期权不会对货币政策产生显著影响

《四方报告》主要从利率期货和期权对货币政策的有效性、货币需求、公开市场操作以及存款机构的偿付能力四个方面来分析利率期货和期权交易对货币政策的影响，并得出利率期货和期权不对货币政策产生显著影响的结论。

1. 以利率期货和期权进行利率风险对冲不会对货币政策的有效性产生影响。

有些经济学家提出公司用利率类期货和期权对冲利率风险会削弱利率变化对投资成本的影响。上述这种观点主要基于以下的逻辑链条：公司利用利率期货和期权可以完全对冲利率变化所带来的风险，这种提前锁定投资开支的行为使公司业务的开展免受利率变化的影响，从降低了货币政策的执行效果。

《四方报告》指出这种逻辑链条忽略了机会成本这个重要的考虑因素。就项目本身而言，无论是否使用利率期货或者期权来对冲利率风险，其预期收益率并没有改变，即对冲利率风险与否并不会增加或减少项目对于公司的吸引力。而利率的升高将增加项目的机会成本，从而影响公司对于项目经营的决策。

除了机会成本之外，其他一些因素，诸如当利率升高时对冲利率风险的公司可以在融资等方面获得优势地位、风险对冲者的收益与投机者亏损所形成的净效应等。然而这些效应均难以估计，且所产生的影响较小，因此总的来看，没有很强的理论依据和数量方法来证明利用利率期货和期权进行风险对冲会对货币政策的有效性产生影响。

2. 利率期货和期权不会对于货币需求产生显著影响。

利率期货和期权市场可能通过以下三种途径来影响货币需求：（1）交易所采取逐日盯市结算机制可能导致货币需求的增加，因为维持头寸需要更多的现金来覆盖保证金的不利变动；（2）套保者利用期货和期权来对冲固定收益类证券利率风险以及股权类证券价格风险的行为可能降低对预防性货币余额（Precautionary Money Balance）的需求；（3）市场中的投机交易行为将增加预防性货币余额的需求。上述这三种途径对于货币需求的影响可以相互冲抵，而最终的净效应对于货币需求的影响较小。

报告指出，总体来看，经济学家普遍认为期货和期权对于货币需求影响的净效应不明确，并且这些效应对货币需求的影响大多是次要的。

3. 利率期货和期权市场的出现加强了美联储公开市场操作的能力。

通过在公开市场买卖国债是美联储为调控货币供给水平所使用的主要工具之一。国债市场流动性的减弱将可能影响美联储货币政策的实施。通过对市场中的套利型交易者的访谈，报告发现期货和期权市场出现后，这些机构更愿意增加新发国债的存货头寸规模以及向私人投资者购入大规模的头寸。因此，利率期货和期权市场提升了现货市场的流动性，同时也使美联储通过买卖国债这一日常手段来进行公开市场操作的能力有所加强。

4. 在严格监管约束下，期货和期权不会给存款机构的偿付能力带来严重威胁。

存款机构的偿付能力不仅关系到储蓄－投资过程中金融机构的核心职能，还关系到存款机构所持有的货币总量，因此是货币当局所关注的重点。如果存款机构遭受较大损失，则流动性和货币调控都可能产生较为严重的问题。为了规避存款机构因使用期货和期权不当而对其偿付能力产生损害的风险，联邦监管机构实施了严格的规则及指引来规范存款机构交易期货和期权的行为。其规则和指引的核心是存款机构只能使用期货和期权来进行风险对冲。

《四方报告》认为，在这样的监管约束下，期货和期权并不会给存款机构带来严重的系统性威胁，但不能排除存在个别机构发生严重损失的可能。因为基于期货和期权的新产品特性以及复杂性，可能存在机构认为自己遵循规则开展业务但实质上却违反了规则的风险。因此，存款机构和联邦监管部门均应保持警觉，并根据实践经验不断修订和增补法规和指引。

第三节 新兴市场经验

大部分新兴市场均已上市场内金融衍生产品,并且已经成为新兴市场投资者应用较为广泛的金融工具。新兴市场通常先推出权益类衍生产品,一般是股指期货,然后再推出利率类衍生产品和汇率类衍生产品。对于权益类衍生品,新兴市场往往沿着"股指期货—股指期权—个股期权"的路径,平稳发展。新兴市场金融衍生产品交易主要集中在韩国、巴西、俄罗斯、印度和我国台湾市场。

一、主要新兴市场股指期权发展概况

(一)韩国市场

韩国交易所于1997年7月推出KOSPI 200股指期权,其迅速成长为全球最活跃的衍生品合约。韩国高度繁荣的股指期权交易带动了场外衍生产品快速发展,增加了市场广度与深度,带来了市场的聚集效应,从而使韩国步入金融衍生品发达国家行列。韩国期权市场建立时并没有建立做市商制度,但为提高低流动性的产品和新上市产品的流动性,从2006年12月开始在股票期权市场引入做市商制度。韩国交易所的期货市场设置了涨跌停机制和熔断机制,并采取会员分层结构,设立结算会员与交易会员。韩国交易所采用基于风险的保证金计算系统,该系统在TIMS系统基础上开发,可以与TIMS系统兼容。

韩国股指期权市场是一个年轻的市场,但已取得了举世瞩目的成就。在十余年发展历程中,由于交易量大、换手率高、中小投资者大量参与交易等原因,韩国股指期权曾引发市场争议与监管者的担忧,经过市场共同努力,产品最终逐渐走向成熟,并得到韩国国内乃至世界的认可。

(二)印度市场

印度金融衍生品市场起步较晚,2000年6月推出股指期货,但是发展

迅猛，其市场规模已经超越了大部分成熟市场，成为全球主要金融衍生品市场之一。印度股权类衍生品市场，沿着"股指期货—股指期权—股票期权—股票期货"的路径，有条不紊地推进，目前已经形成相对完整的权益类衍生品系列。印度场内权益类衍生品主要集中于印度国家证券交易所和孟买证券交易所，其中印度国家证券交易所成立于1992年11月，为印度最大的全国性衍生品交易所，孟买证券交易所成立于1875年，为印度第二大全国性衍生品交易所。目前印度市场共上市12只股指期权产品，分别为CNX Nifty 股指期权、BSE 100 股指期权、Sensex 股指期权、小型Sensex 股指期权、Bank Nifty 股指期权、CNX INFRA 股指期权、CNX IT 指数期权、CNX PSE 指数期权、FTSE 100 指数期权、Mini S&P CNX Nifty 股指期权、Nifty Midcap 50 指数期权和S&P 指数期权。印度市场活跃的股指期权主要有CNX Nifty 股指期权、BSE 100 股指期权和Sensex 股指期权，2013年分别成交8.7亿手、1.4亿手和1.09亿手，在全球股指期权中排名分别为第一、第六和第八。

（三）我国台湾市场

我国台湾地区金融衍生品市场经历了一个逐步规范、逐步发展的过程，目前已经相对较为完善，初具市场规模。台湾市场股权类衍生品市场，沿着"股指期货—股指期权—股票期权"的路径，平稳有序发展，目前已经形成相对完整的权益类衍生品系列。目前我国台湾金融衍生品主要集中于台湾期货交易所，台湾期货交易所成立于1997年9月，已上市股指期货、黄金期货、股指期权、个股期权和黄金期权。目前，我国台湾市场共上市6只股指期权产品，分别为台指期权、台湾期货交易所电子指数期权、台湾期货交易所金融指数期权、台湾期货交易所柜买期权、台湾期货交易所非金电指数期权和MSCI 台湾指数期权。台湾市场最活跃的股指期权品种是台指期权，2013年台指期权共成交1.09亿手，全球排名第七。

（四）巴西市场

巴西是拉丁美洲最大的经济体，也是金砖国家之一，其金融体系相对较为完善，金融衍生品市场相对较为发达，甚至可与欧美发达国家相提并论。巴西是世界上期权市场发展最早的国家之一，早在1979年，期权交易就在巴西证券市场上出现，并且交易非常活跃。目前，巴西衍生品主要集中于巴西证券期货交易所,于 2009 年由巴西证券交易所与圣保罗证券交易所合并而成,已上市包括股票、股指、商品、利率和外汇在内的几乎所有主流期权品种。目前,巴西市场共上市 4 只股指期权产品,分别为 Ibovespa 股指期权、Flexible Bovespa 股指期权、Flexible FIND 11 指数期权和 Flexible IBrX – 50 指数期权。巴西股指期权市场最活跃的股指期权是 Ibovespa 股指期权,2013 年成交量为 98 万手,全球排名并不靠前。

二、新兴市场上市股指期权对本国资本市场影响

从早期成熟资本市场实践经验来看,股指期权的引入,使得资本市场产品更加丰富、体系更加完善、运行更加平稳、功能更加显著。借鉴成熟资本市场成功经验,新兴市场紧跟成熟资本市场步伐,相继推出股指期权产品,构建多层次资本市场,服务于实体经济发展。从新兴市场发展经验来看,股指期权上市后,其标的指数走势并未受到影响,标的指数波动率并未增加,部分标的指数成分股成交更加活跃,具体如下:

(一)股指期权上市后,标的指数收益率序列并未发生本质变化

伞是人类用来避雨和遮阳的工具,它的诞生并不会改变大自然本身运行规律,也就不会影响晴天和阴天出现的规律。在资本市场,股指期权如同一把既可遮阳又可避雨的双重保护伞,在大盘上涨和下跌时均可用来规避相关风险,但是不会影响大盘自身走势。本节实证分析主要新兴市场股指期权上市前后一年标的指数收益率序列,发现其标的指数均未发生显著性变化(见表 3 – 2)。

表 3 – 2　　　　主要新兴市场股指期权标的指数收益率变化

标的指数	上市前日均收益率	上市后日均收益率	显著性
Sensex	– 14.1%	1.1%	不显著
Bse 100	– 1.7%	3.2%	不显著
Kospi 200	1.1%	– 21.6%	不显著
Nifty	– 6.6%	– 1.0%	不显著
Taiex	0.3%	– 5.1%	不显著
Bovespa	– 3.0%	– 1.4%	不显著

资料来源:Bloomberg。

(二)上市股指期权,并不会加剧标的指数波动

股指期权给投资者带来便捷、高效的风险管理工具,使得投资者可以通过买卖股指期权来管理现货持仓风险。本质上,股指期权为市场提供了一条"泄洪"通道,使得市场信息可以通过多条渠道进行消化,减小新信息对现货市场的冲击和现货市场投资者的非理性恐慌,降低了现货市场波动。在实际市场中,影响市场波动的因素较多,如宏观政策、投资者情绪等,单一因素仅会影响,无法决定市场波动情况。

通过对比分析主要新兴市场,股指期权上市前后一年波动率情况,发现除 KOSPI 200 股指期权外,其他股指期权标的指数波动率出现下降现象。对于 KOSPI 200 股指期权市场,进一步分析其周波动率序列,发现其波动率上升为表面现象,实际并未发生本质变化(见表3-3)。

表3-3 主要新兴市场股指期权上市前后标的指数波动率变化

标的指数	上市前波动率(%)	上市后波动率(%)
Sensex	28.33	22.01
Bse 100	19.67	13.60
Kospi 200	22.83	47.62
Nifty	26.75	20.93
Taiex	31.24	28.21
Bovespa	32.32	32.31

资料来源:Bloomberg。

(三)股指期权上市后,标的指数成交量上升者居多

股指期权的风险管理功能,使得投资者更愿意交易标的指数成分股;另一方面,标的指数及其波动率是影响期权价格极为重要的因素,股指期权能够促进套利交易。综上所述,从理论上说,上市股指期权能够在一定程度上活跃现货市场。然而,影响交易量因素较多,如投资者数量、手续费和行情波动情况等,单一因素仅会影响,但无法决定交易量整体变动情况。

通过实证分析主要新兴市场,股指期权上市前后一年标的指数成分股交易量序列,发现各市场表现参差不齐:多数市场,股指期权上市后标的指数成交量明显上升;余下的市场,有的标的指数成分股成交量明显下

降，有的没有明显变化（见表3-4）。

表3-4 主要新兴市场股指期权上市前后标的指数成交量变化

标的指数	上市前日均成交量（千万手）	上市后日均成交量（千万手）	显著性
Sensex	4.27	2.02	显著
Bse 100	4.81	4.98	不显著
Kospi 200	0.90	1.74	显著
Nifty	5.92	3.67	显著
Taiex	232.25	341.87	显著
Bovespa	112.00	226.00	显著

资料来源：Bloomberg。

（四）台湾推出股指期权交易后，股市波动率水平显著下降

为进一步进行实证分析，我们选取与境内金融市场环境较为类似的台湾地区为样本。台湾期货交易所（TAIFEX）于1998年7月21日推出台湾加权股价指数期货，并于2001年12月24日推出台湾加权股指期权产品（台指期权）。目前台湾加权股指期权已经成为台期所的旗舰产品，交易量十分活跃，为市场提供了便利的风险管理工具，其股指期权市场的发展经验值得我们认真学习。

台指期权标的具有良好的代表性，并且合约面值较小，再加上做市商、组合保证金等制度的支持，台指期权上市后广受市场欢迎，其年成交量持续上升，由最初2002年全年成交160万手（占台期所总成交量的20%），上升至2011年总成交量达1260万手的最高水平，占整个台期所成交量的69%（见图3-12）。近两年受经济下行、波动率较小的影响，整个衍生品市场成交量有所下降，台指期权2013年成交量也下降至1093万手，占台期所总成交量比重仍超过七成，在世界股指期权成交量排名中位列第五位。

1. 数据选取说明。

台指期权上市时间为2001年12月24日，我们将数据的样本区间定为台指期权上市前后两年的时间段。在台指期权推出前后，不同的境内市场和国际市场波动率水平以及投资者情绪的不同都将导致台湾加权指数波动率的变动，因此，我们希望能选择合理的替代变量进行回归，以剔除上述因素对台湾加权指数波动率的影响。经过对各主要影响因素进行分析，我

们挑选出影响较大的因素及其代理变量如下:

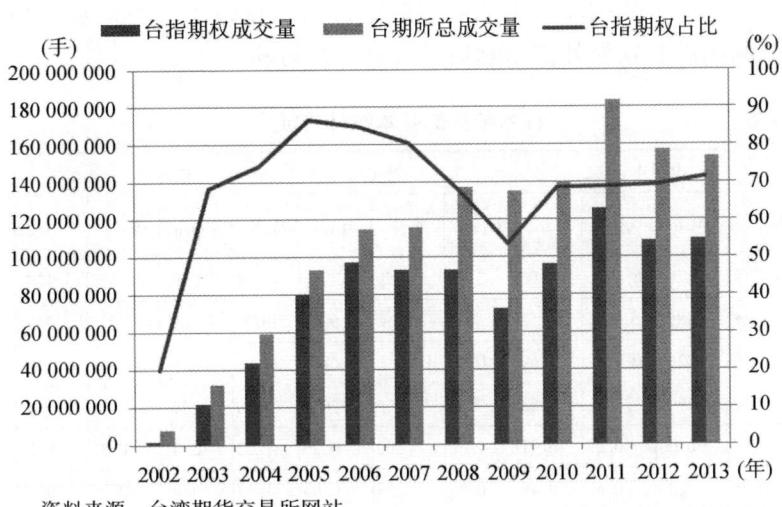

资料来源：台湾期货交易所网站。

图 3-12　台指期权历年成交量和占台期所总成交量比重

首先，在境内市场的波动率水平上，我们选择台湾 OTC 市场的台湾柜台买卖指数用以代表台湾境内市场因素的影响；为了反映亚洲市场变化对台湾加权指数的影响，我们选择在大中华地区具有代表性的香港恒生指数作为代理变量；而为了反映全球投资者的情绪变化，我们引入芝加哥期权交易所的标普 500 波动率指数（VIX 指数）作为代理变量。具体数据为：1999 年 12 月 24 日至 2003 年 12 月 25 日的台湾证券交易所发行量加权股价指数（TWII）每日收盘价、台湾柜台买卖指数（GTEX）每日收盘价、香港恒生指数（HSI）每日收盘价以及美国芝加哥期权交易所标普 500 波动率指数（VIX）每日收盘价。由于美国和亚洲地区的时差关系，本书将 VIX 指数滞后一期，以反映亚洲投资者对前一交易日（夜间）国际市场波动率的情绪。本书利用公式 $R_t = \ln P_t - \ln P_{t-1}$ 将台湾加权指数和恒生指数每日收盘价数据转化为指数每日收益率，分别记为 R_{TWII} 和 R_{HSI}。考虑到各个市场的休市日期不同，本书剔除了任一市场休市的日期数据，即仅保留四个市场同时开市的日期数据。经过上述调整过后，最终保留 740 组数据进行研究。

从表 3-5 的样本数据的统计特征来看，台湾加权指数在台指期权推出前的标准差为 2.00%，明显大于推出后的标准差（1.49%）；但同期代表台湾 OTC 市场表现的台湾柜买指数和代表亚洲市场的恒生指数的标准差也由推出前的 2.26% 和 1.78% 下降到推出后的 1.51% 和 1.14%，最大涨跌幅也与台湾加权指数的缩小类似。因此，台指期权推出对台湾加权指数波动性的影响还需要剔除外部影响后进行进一步分析。

表 3-5　　　　　　　　　　样本数据的基本统计特征

	全样本				推出前				推出后			
	R_{TWII}	R_{HSI}	R_{GTEX}	VIX	R_{TWII}	R_{HSI}	R_{GTEX}	VIX	R_{TWII}	R_{HSI}	R_{GTEX}	VIX
最大值	6.37%	5.17%	6.42%	45.08	6.37%	5.17%	6.42%	43.74	5.64%	4.13%	5.42%	45.08
最小值	-6.46%	-7.18%	-5.90%	15.58	-6.46%	-7.18%	-5.90%	16.54	-4.16%	-4.10%	-4.24%	15.58
均值	0.04%	0.02%	0.04%	24.69	0.07%	0.01%	0.08%	24.66	0.02%	0.03%	0.00%	24.71
标准差	1.76%	1.49%	1.92%	5.63	2.00%	1.78%	2.26%	4.30	1.49%	1.14%	1.51%	6.71
偏度	0.34	0.06	0.29	0.91	0.30	0.02	0.26	1.03	0.37	0.23	0.20	0.80
峰度	0.76	1.26	0.62	0.48	0.35	0.58	0.03	1.77	0.88	0.95	0.79	-0.34

2. 模型选取说明。

本书利用 Khelifa Mazouz（2004）等人使用的引入虚拟变量的 GARCH 模型，并进一步扩展其中的均值方程，以剔除国际市场收益率波动、投资者情绪等外界因素对台湾加权指数波动的影响。具体模型构建如下：

均值方程：

$$Rtwii_t = \gamma_0 + \gamma_1 \cdot Rhsi_t + \gamma_2 \cdot Rgtex_t + \gamma_3 \cdot VIX_t + u_t \quad (3.1)$$

其中 $Rtwii_t$ 表示第 t 期台湾加权指数的收益率，$Rhsi_t$ 表示第 t 期恒生指数收益率，$Rgtex_t$ 表示第 t 期台湾柜台买卖指数。VIX_t 表示第 t 期标普 500 波动率指数。β_0、β_1、β_2 为待估计参数，u_t 为随机扰动项。

方差方程：

$$\sigma_t^2 = \omega + \sum_{i=1}^{p} \alpha_i \cdot u_{t-i}^2 + \sum_{i=1}^{p} \beta_i \cdot \sigma_{t-i}^2 + \theta \cdot DUM \quad (3.2)$$

其中，方差方程前三项如一般的 GARCH 模型所述，σ_t^2 恒为正数，两个估计参数 $\sum_{i=1}^{p} \alpha_i + \sum_{j=1}^{p} \beta_j$ 之和应满足小于 1。最后一项 DUM 为新加入虚拟变量，在台指期权上市前，其取值为 0，台指期权上市后，其取值为 1；若 DUM 的系数 θ 的符号为正，且 t 检验显著异于 0，则可以判定在排除外生影响因素后，台指期权上市后台湾加权指数的波动率显著上升；若 DUM 的系数 θ 的符号为负，且 t 检验显著异于 0，则可以判定在排除外生影响因素后，台指期权上市后台湾加权指数的波动率显著下降。

3. 实证结果。

本书根据上述分析并结合模型适用性和回归结果的显著性，最后决定构建 GARCH（1，2）模型如下：

均值方程：$Rtwii_t = \gamma_0 + \gamma_1 \cdot Rhsi_t + \gamma_2 \cdot Rgtex_t + \gamma_3 \cdot VIX_t + u_t$ （3.3）

方差方程：$\sigma_t^2 = \omega + \alpha_1 \cdot u_{t-1}^2 + \beta_1 \cdot \sigma_{t-1}^2 + \beta_2 \cdot \sigma_{t-2}^2 + \theta \cdot DUM$ （3.4）

回归结果如下所示：

$Rtwii_t = -0.001402 + 0.14358 \cdot Rhsi_t + 0.79295 \cdot Rgtex_t + 0.0000574 \cdot VIX_t + u_t$ （3.5）

$z = (-1.296420)(7.184296^{***})\quad(50.39094^{***})\quad(1.341320)$

$\sigma_t^2 = 1.39E^{-7} + 0.003459 \cdot u_{t-1}^2 + 1.943252 \cdot \sigma_{t-1}^2 - 0.948408 \cdot \sigma_{t-2}^2 - 6.43E^{-8} DUM$ （3.6）

$z = (3.2794^{***})\quad(3.4116^{***})\quad(116.25^{***})\quad(-59.620^{***})\quad(-1.9846^{**})$

$R^2 = 0.796303$　　对数似然值 $= 2569.202$　　$AIC = -6.919466$　　$SC = -6.863439$

从回归结果来看，均值方程（3.5）的 R 方拟合度和个别自变量的系数显著性较强；方差方程（3.6）中，ARCH 项系数和 GARCH 项系数都在 1% 的置信度下统计显著；模型整体的对数似然值上升，AIC、SC 信息值都略为变小。综上，我们认为 GARCH（1，2）模型能够很好地拟合数据。

回归结果显示，加入虚拟变量 DUM 的回归系数在 5% 的置信度下显著为负，这表明在剔除可能影响波动率水平的其他因素后，台湾加权指数在台指期权推出后的波动率显著低于推出前的波动率水平。

4. 实证结果背后的原因。

针对台湾市场的投资者结构、交易机制等情况，本书认为，台指期权上市后能起到降低台湾加权指数波动性这一效果的主要原因在于：

一是资产管理优化。台指期权的上市使得台湾市场机构投资者能获得更为精细化的风险管理工具，机构投资者可以使用股指期权等产品进行避险保值，并逐步调整现货资产，从而避免在紧急行情中由于考核指标压力而出现止损杀跌的行为。

台湾共同基金业自 1999 年台指期货上市后的第二年就开始参与股指期货交易，利用股指期货进行套保。自 2001 年台指期权推出后，台湾基金业参与衍生品市场的力度进一步加强，尽管其主要以套期保值为交易目的，并没有贡献太大的交易量,但其基金管理方式的转变使得对现货市场的波动性下降有明显的作用。

二是投机转移正效应。股指期权市场由于其交易费用低、杠杆高、流动性强等特点,可以吸引更多的专业投机者参与其中,进而将投机压力分流到股指期权或股指期货市场。现货市场投机者的适当减少将使得其投机交易下降,进而降低现货市场的波动性。

台期所在1998年推出台指期货合约后,主要投资者以自然人为主,自然人成交量占比高达80%以上。而在推出股指期权初期,自然人成交量占比也高达68%,机构投资者成交量仅为32%。但自2002年开始,机构投资者成交占比明显上升,在2002年机构投资者成交占比上升至50.8%,随后虽有所回落,但逐渐上升至2006年67.8%的历史高位;2007年开始机构投资者成交占比有所回落,但仍基本维持在50%以上(见图3-13)。

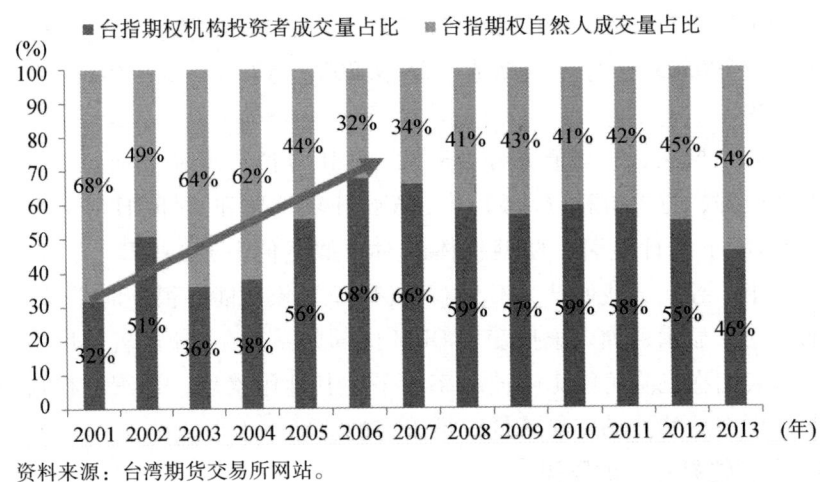

资料来源:台湾期货交易所网站。

图3-13　机构投资者和自然人投资者台指期权成交量占比

一方面,台指期权上市后,机构投资者比重呈上升趋势,这表明期权市场对专业投资者吸引力较强,更多以机构投资者为主的信息交易者参与到股指期权交易当中,不仅促进了股指期权的定价作用,也减轻了现货市场的投机压力。另一方面,从同期台湾证券交易所年成交量来看,股指期权推出后,台湾证券交易所总成交量不但没有下降,反而有明显上升,从2001年的5920亿股上升至2003年的8921亿股。因此,不存在股指期权市场会分流现货市场资金,进而影响现货市场流动性的负效应(见图3-14)。

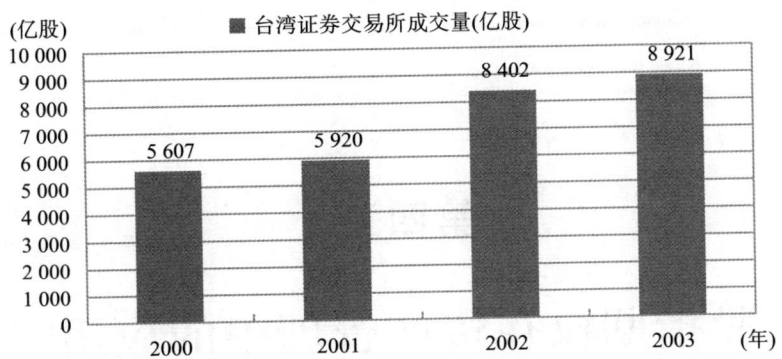

资料来源：台湾期货交易所网站。

图 3-14 台湾证券交易所在台指期权上市前后交易量对比

综上可以看出，在台湾市场，股指期权交易带来的资产管理行为优化、投机转移正效应很好地解释了实证分析中的台指期权推出后，台湾加权指数波动性下降的结论。

（五）小结

全球主要新兴市场股指期权产品实证结果显示，股指期权上市后，标的指数收益率序列并未发生显著变化；并未增加标的指数波动，多数标的指数波动率下降；一定程度上可以活跃现货市场。这些实证结果与美国《四方报告》结论相似，这应该也是期权发展如此之快、接受程度如此之高的原因之一。

第四章

股指期权在资产管理中的应用

股指期权自 1983 年在芝加哥期权交易所诞生以来，经历了 30 年的高速发展，已成为全球金融市场上不可或缺的避险工具，在风险管理、金融创新等方面发挥着重要作用。在境外成熟市场，随着对股指期权功能作用认识的逐渐深入，资产管理机构越来越普遍地参与股指期权交易，运用股指期权进行风险管理、构造投资策略以及产品创新等，并取得了显著效果，促进了整个资产管理行业的健康快速发展。本章将着重分析股指期权在公募基金、保险公司以及养老金等机构中的运用情况，借鉴成熟市场成功经验，以期对境内资产管理行业有一定启示。

第一节 股指期权在公募基金中的应用

根据中国基金业协会统计，截至 2014 年一季度末，我国基金业管理规模已达 4.74 万亿元，与如此巨大的资产规模对应的却是风险管理工具的极度匮乏，导致基金投资策略的单一性和基金产品的同质化，很大程度上阻碍了我国基金行业的进一步发展。随着境内股指期权产品上市步伐的临近，可以预见，在不久的将来，股指期权必将广泛应用于我国基金行业，为多样化的基金投资策略和产品创新提供必要的基础工具，有力地推动我国基金行业的发展壮大。同时，基金公司的广泛参与将有效地改善股指期权市场投资者结构，促进我国股指期权市场平稳健康发展。

一、境外基金公司运用股指期权的主要策略

股指期权是一种非对称性的风险管理工具，对于持有现货资产的基金管理者来说，运用股指期权构造不同的策略，可以达到风险管理、增强收益等不同的目的：一方面可以利用期权的"保险"功能，通过买入期权对所持有的资产进行风险管理，另一方面可以通过卖出期权获得权利金收入，以增加收益。欧美成熟市场股指期权产品上市较早，基金公司在合理运用股指期权方面积累了丰富的经验，值得境内市场借鉴。我们对境外市场股票型基金、量化型基金和保本型基金等运用股指期权较为广泛的基金进行研究，对其应用股指期权的主要策略进行梳理总结。

（一）股票及量化型基金应用股指期权策略

股票及量化型基金主要应用股指期权来对冲市场下跌风险，降低投资组合的波动率，获取更高的风险调整后收益。总体而言，境外股票及量化型基金的投资策略主要是卖出备兑看涨期权（Covered Call）、买入保护性看跌期权（Protective Put）以及卖出价差组合等静态期权策略。

1. 卖出备兑看涨期权。卖出备兑看涨期权指投资者持有股票现货组合的同时卖出看涨期权的策略。卖出备兑看涨期权策略通过卖出看涨期权获取权利金收入，使投资组合得到一定的下行保护，有效地降低投资组合的波动率，提升其夏普比率。该策略通常在预期后市出现温和走势时使用，但如果市场出现大幅下跌，卖空期权的权利金收入将不足以弥补市场下跌所带来的损失；如果市场出现大幅上涨，卖空期权导致对手方行权，进而丧失大盘上涨所带来的收益。

2. 买入保护性看跌期权。买入保护性看跌期权指投资者持有股票现货组合的同时买入看跌期权的策略。由于股指期权可以提供"保险"功能，当基金管理人持有现货多头时，买入看跌期权不仅可以实现管理现货价格风险的目的，同时还能不放弃整体组合获得收益的可能。当市场下跌时，看跌期权多头上的盈利能够对冲现货资产的损失，达到风险管理的目的；当市场上涨时，现货组合盈利，仅在看跌期权上损失一部分权利金，整体

组合仍然可以获得盈利。该策略适用于基金管理者预期市场将下跌,但不希望因为判断错误而使得投资组合丧失股票上涨收益的情况。

3. 熊市看涨价差组合。由于卖出备兑看涨期权策略丧失了市场出现大幅上涨时的收益,为此,部分基金管理者采用卖出看涨期权牛市价差组合策略作为替代,即在卖出一个看涨期权的同时,买入一个期限相同的更高行权价的看涨期权。相对于卖出备兑看涨期权策略,卖出看涨期权牛市价差组合策略虽然获得的权利金收入更少,但却保留了市场出现大幅上涨时的收益,对基金管理者具有一定的吸引力。

(二) 保本型基金应用股指期权策略

在欧美成熟市场,保本型基金运用期权也较为常见,其应用模式主要是通过投资于期权和固定收益组合的方式,在保本的基础上寻求收益的最大化。发行人或者担保人在产品条款中承诺保本或者保收益,投资者期末的收益根据挂钩标的表现按照一定的公式获取,因此,该类基金产品又被称为"公式化基金"。多数保本型基金产品采用"价值底线+期权"的模式,通常执行相对静态的投资策略,即将一定比例资金投资于无风险资产确保本金安全,再将剩余资金投资于期权产品产生潜在收益(见图4-1)。

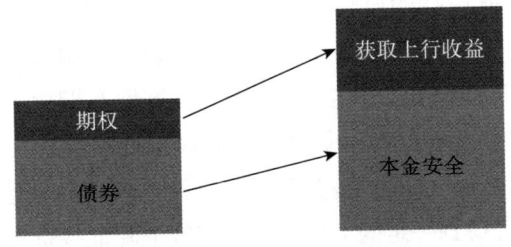

图4-1 保本型基金运用期权策略图示

保本型产品可以根据投资者具体需求,进行多样化设置,通常挂钩指数或者一揽子股票。正是由于境外成熟市场多种场内期权产品的存在,保本型基金的挂钩标的可以多样化,收益条款灵活多变,设计出的产品更能满足投资者的多样化需要,这极大地促进了境外保本型基金的快速发展。

二、美国共同基金期权应用经验

美国共同基金历史悠久,市场竞争激烈,基金管理者广泛地使用各种投资工具和投资策略,以实现资产高收益和低波动的主要目的。对期权的合理使用,是美国共同基金管理者构建高收益和低波动策略的主要手段。根据高盛对美国证监会相关文件的统计分析,美国共同基金普遍应用期权,近 200 只使用期权的共同基金管理资产规模约为 4600 亿美元,持有股指期权、ETF 期权、个股期权等头寸约 4300 个,并且取得了显著的效果。

(一)应用期权的共同基金类型

本部分从绝对资产规模和相对资产比例两个角度来比较美国各类共同基金使用期权的情况。绝对资产规模是指某类基金运用期权的基金总规模,相对资产比例是指某类基金中,运用期权的基金规模占该类基金总规模的比例。

1. 全球资产配置型基金运用期权的绝对资产规模最大。

在所有基金中,运用期权的绝对资产规模最大的是全球资产配置型基金,目前在美国约有 20 只左右,管理资产规模超过 1350 亿美元,约占全球资产配置型基金资产管理总额的 40%。成长型基金是应用期权第二大绝对规模的基金,目前美国约有 34 只相关基金,管理资产规模约为 730 亿美元,占专注成长型基金管理资产总额的 5% 左右。混合收益型基金和收益增长型基金分别是第三大和第四大类频繁运用期权的共同基金,其中相关基金管理资产规模之和分别约为 73 亿美元和 38 亿美元(见图 4-2)。

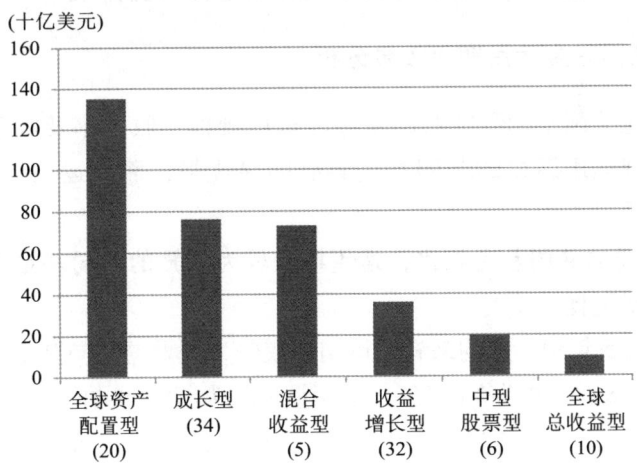

资料来源:高盛集团、EDGAR[①]。

图 4-2 使用期权的美国共同基金绝对规模情况

---

① 美国证监会电子化数据收集、分析及检索系统。

2. 混合收益型基金运用期权比例最高。

从相对比例来看，混合收益型基金运用期权的比例最高，其中运用期权的基金管理资产规模约占其总额的 60%；其次是全球资产配置型基金，该比例为 40%；再次是保本型基金，比例为 38%；最后是可转换债券基金和黄金基金，比例分别为 18% 和 17%（见图 4-3）。

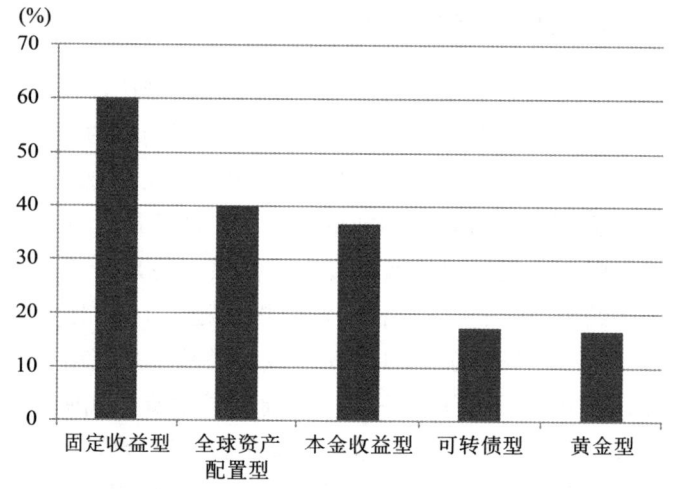

资料来源：高盛集团、EDGAR。

图 4-3　使用期权的美国共同基金相对比例情况

（二）共同基金运用期权效果分析

通过对比美国不同种类共同基金的资产规模、收益率及收益波动等情况，可以发现运用期权的共同基金具有明显优势，而且运用期权越频繁，其优势就越明显。

1. 与普通的共同基金相比，运用期权较为频繁的共同基金平均收益率更高、波动率更低。

在过去的 5 年中，平均来看，运用期权较为频繁的共同基金收益率比普通共同基金高 8%，波动率低 5%。运用期权较为频繁的共同基金风险调整后的收益为 1.27，普通共同基金经风险调整后的收益为 0.54，前者约为后者 2.35 倍，运用期权较为频繁的共同基金表现显著优于普通共同基金（见图 4-4）。

2. 运用期权较为频繁的共同基金资产规模经历较高增长，而普通基金管理资产规模呈现负增长。

在过去的 5 年中，运用期权较为频繁的共同基金管理资产规模增长了

第四章　股指期权在资产管理中的应用 | 117

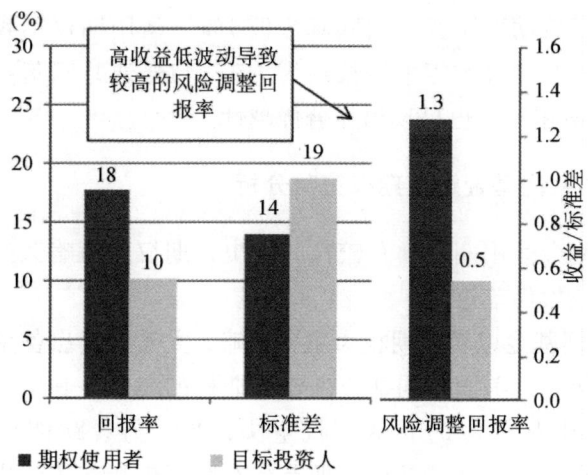

资料来源：高盛集团。

图4-4　使用期权较为频繁的美国共同基金收益和风险情况

580亿美元，资产增加约为47%，而不使用期权的共同基金管理资产规模，在过去5年平均降低20%。频繁运用期权的共同基金较高的风险调整后收益，在一定程度上是其资产规模高速增长的重要原因（见图4-5）。

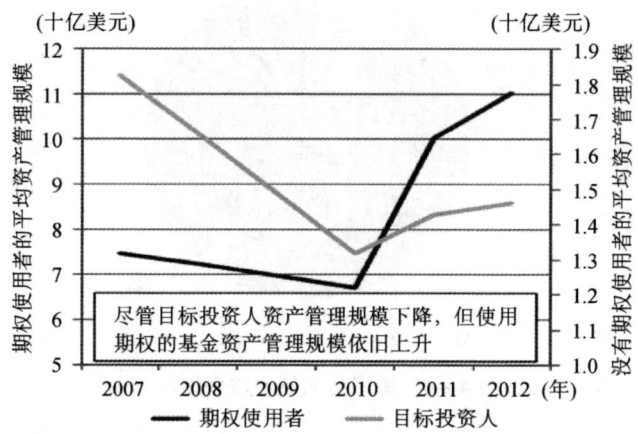

资料来源：高盛集团。

图4-5　使用期权较为频繁的美国共同基金资产规模情况

3. 运用期权不频繁的共同基金[①]的收益与普通共同基金相当，但是波动率较低，其管理资产规模也出现正增长。

运用期权不频繁的共同基金，在过去5年中平均收益率与普通共同基

---

① 持仓量小于30手的共同基金。

金相当，但是其波动率比普通共同基金低1%。运用期权不频繁的共同基金管理资产规模在过去5年中增长约为1%，与普通共同基金管理资产规模平均降低20%相比，也呈现出显著优越性。

（三）美国共同基金运用期权策略分析

美国共同基金运用期权具有较长的历史，期权的策略久经考验，对境内基金公司有较大借鉴意义。

1. 美国共同基金以卖空期权为主要策略，尤其是卖出备兑看涨期权。

在过去5年里，美国共同基金主要是期权的卖方，其空头持仓约占总持仓的85%，其中65%为看涨期权空头，20%为看跌期权空头，只有15%为期权多头。由于共同基金管理者持有股票现货多头，卖出备兑看涨期权是共同基金运用最为频繁的策略。另外，也有部分基金管理者把卖出看跌期权作为一种能够在特定价格获得股票现货的方法，同时也能够获得一部分权利金收入，降低持仓成本（见图4-6）。

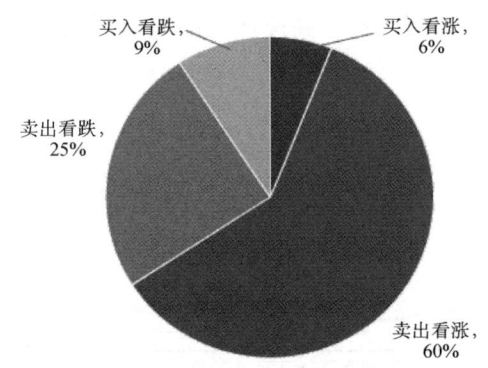

资料来源：高盛集团、EDGAR。

图4-6 美国共同基金持仓情况

2. 美国共同基金多头持仓中以看跌期权为主。

历史数据显示，期权的隐含波动率往往高于真实波动率，这使得投资者持有期权多头的成本较高，因而专业化程度较高的基金管理者通常不愿持有期权多头头寸，其期权多头持仓仅为总持仓的15%。然而出于对所持资产的套期保值的目的，基金管理者也会购买部分期权，通常以看跌为主，占其多头总持仓的60%。

3. 美国共同基金偏好卖空剩余期限较短的期权。

通过对期权持仓情况进行调查发现，从剩余期限来看，在共同基金期权持仓总量中，67%的比例在90天以内，39%在30天以内。与多头持仓相比，共同基金的空头持仓更偏好短期期权，其空头持仓总量中的42%是剩余期限在30天以内的短期期权，而多头持仓该比例为22%。这主要是由于随着剩余期限的减少，期权价值随时间的损耗速度将加快，因此专业的机构投资者更愿意卖空剩余期限较短的期权（见图4-7）。

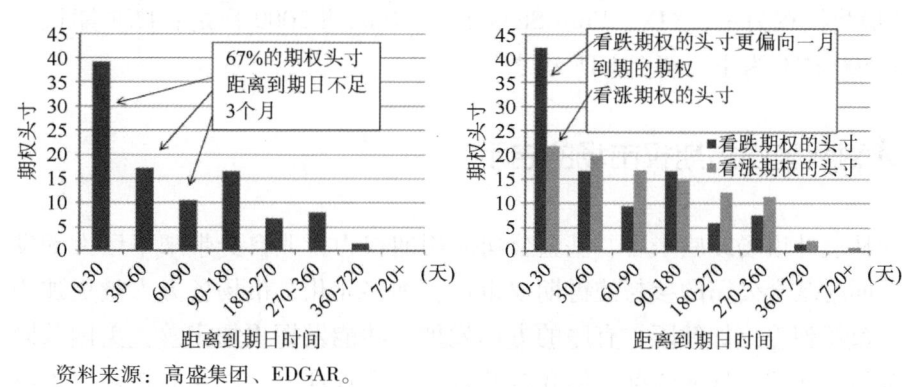

资料来源：高盛集团、EDGAR。

图4-7 美国共同基金持有不同剩余期限仓位情况

4. 美国共同基金的个股期权持仓量最大，股指期权持仓规模最大。

根据高盛统计，从持仓量角度来看，共同基金持有个股期权数量占比最大，约占期权持仓总量的83%；从持仓规模角度来看，共同基金持有股指期权持仓规模最大，占比约为42%（见图4-8）。

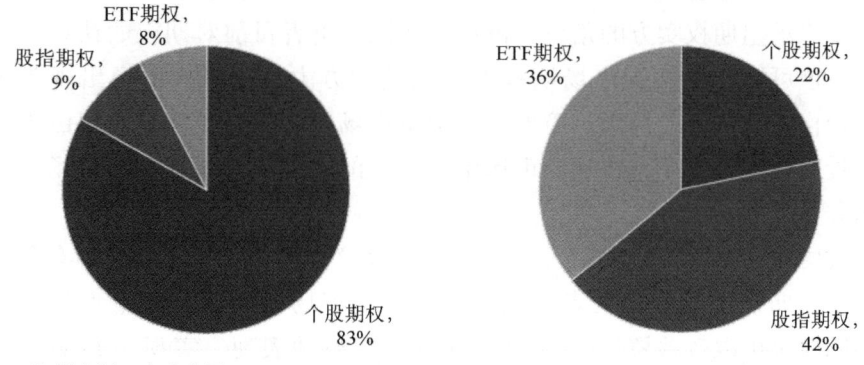

资料来源：高盛集团、EDGAR。

图4-8 美国共同基金股指、个股和ETF期权持仓情况

5. 美国共同基金主要通过卖出个股看涨期权增加收益,买入股指看跌期权进行保值。

根据统计结果,共同基金主要通过卖空个股备兑看涨期权来增加收益,个股看涨期权备兑开仓量约占备兑开仓总量的88%;主要通过买入股指和ETF看跌期权进行现货资产保值,持有股指和ETF看跌期权规模约占其买入看跌期权总规模的97%。根据统计结果,共同基金交易的个股期权主要集中于苹果、微软、辉瑞制药、英特尔和亚马逊;股指期权以S&P 500股指期权为主,VIX、Euro Stoxx 50和Russell 2000次之;ETF期权以S&P 500 ETF为主,黄金ETF次之。

三、对我国股指期权市场的启示

从境外市场经验来看,基金公司应用期权为行业自身带来了巨大的发展,同时基金公司的参与使得期权市场更加多元化,市场各方力量更加均衡,市场朝着更加健康、有序的方向发展,功能发挥更加完善。美国共同基金运用期权的现实情况,给我国基金等资产管理行业以及股指期权市场的发展以深刻启示。

(一)引入资产管理机构作为股指期权市场的主要卖方,是促进市场买卖力量均衡的有效途径

由于权利义务的不对等性,期权卖方在赚取权利金的同时,如果不能进行有效的风险管理,将承担较大的风险,因而专业化程度较低的投资者往往不愿承担期权卖方的角色,再加上我国投资者目前对期权的认识相对有限,这可能导致我国市场期权上市初期卖方力量不足,市场出现单边市,价格发生偏离的情形。境外成熟资本市场经验表明,基金公司由于持有大量股票现货资产,在期权市场中有较大的卖空需求,是期权市场重要的卖方力量之一。

我国股指期权市场中引入以基金公司为代表的资产管理机构,有利于完善股指期权市场的投资者结构,有效解决市场初期卖方力量不足的问题,同时也可以改善资产管理机构的收益和波动表现,实现"共赢"的局面。

（二）积极培育国内资产管理机构应用股指期权的意识和能力，合理利用股指期权进行资产管理

从境外成熟资本市场经验来看，绝大多数基金公司能较合理地运用期权进行有效的风险管理和增强收益。然而，我国场内期权产品尚未上市，国内基金公司普遍缺乏期权交易的实战经验，对相关期权策略了解相对有限，运用期权进行风险管理和增强收益的意识相对不足。因此，应借鉴境外市场的成功经验，积极培养国内基金等资产管理机构应用期权的意识，合理引导其参与股指期权市场交易，提升应用股指期权进行资产管理的能力，促进我国基金行业的发展壮大。

（三）积极推动股指期权业务规则和监管政策的完善，便于机构投资者参与

我国金融衍生品市场起步较晚，相关业务规则和监管政策制定时，更多地从控制风险的角度出发，相对较为严格，这在一定程度上不利于机构投资者参与。从股指期权市场功能发挥和健康运行角度来看，应在守住不发生系统性风险底线的前提下，适当"松绑"，鼓励机构投资者参与期权市场。一方面，在进行股指期权保证金等相关业务规则的制定时，应充分考虑机构投资者的需求，提高其市场参与的效率；另一方面，应适当放宽机构参与期权的相关监管政策，例如机构投资者普遍反映，现行制度中有关金融期货的"套保"认定及会计处理过于严格，部分风险监控指标过于保守，这极大束缚了机构投资者，降低其参与新产品的积极性，进而阻碍其创新步伐。因此，应积极推动股指期权相关业务规则和监管政策的完善，为机构投资者参与股指期权市场创造良好的政策环境。

第二节 期权在保险业中的应用

保险公司是市场中较为重要的一类机构投资者，其投资范围较为广泛，风险管理需求较为旺盛。分析美国保险公司运用期权的总体情况，了解其运用期权的主要目的和常用策略，有助于境内保险公司未来科学、合理地运用期权，提高其风险管理水平，实现更加稳健的收益。

一、美国保险公司应用衍生品总体情况

美国保险业协会每年发布美国保险业应用衍生品情况的报告。根据美国保险业协会2013年的报告，保险公司在资产组合中已广泛使用各类衍生品，互换与期权是美国保险业使用比例最大的两类衍生品，随后是期货与远期。在使用期权的保险公司中，不同类型的保险公司使用期权的偏好大相径庭，人寿保险与财产保险更偏好使用期权，互助保险仅使用很小份额的期权，而健康保险则完全不使用期权（见图4-9）。

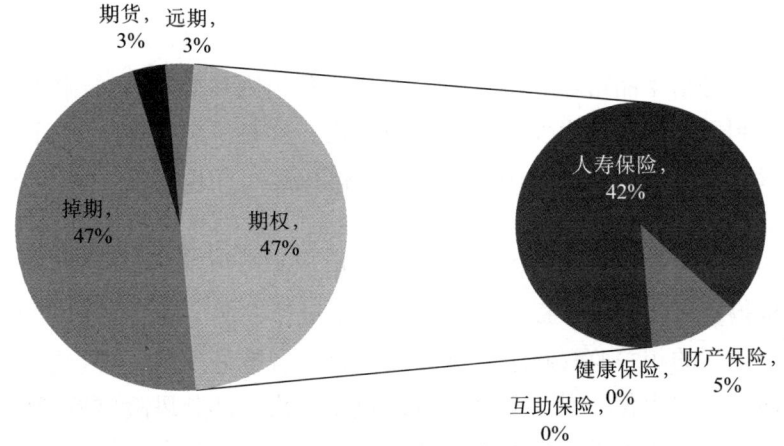

图4-9　2013年保险业衍生品运用情况

二、美国保险公司运用期权的主要目的

保险行业运用期权的目的主要包括风险对冲（Hedging）、资产替代（Replication）、收益增强（Income Generation）等。风险对冲是指通过买入或卖出期权合约来规避标的资产潜在损失。资产替代是指通过构建期权策略组合，以产生与其他资产组合相同预期收益。收益增强是指通过持有或卖出期权合约，以增强收益。

保险业使用股指期权最主要的目的是风险对冲，截至2013年底，保险

业使用期权中的92%是用来对冲风险。其他目的约占期权总量的7%，还有1%左右的份额用于收益增强，使用期权进行资产替代的占比最低，几乎为0（见表4-1）。

表4-1　　　　保险业使用期权目的情况（百万美元）

类别	对冲	资产替代	产生收益	其他	总计
期权	803092	314	6786	65357	875549
占比	92%	0%	1%	7%	100%

根据SSAP第86号会计准则——衍生品和对冲行为会计准则，对冲行为可分为有效对冲和其他对冲，满足以下两种标准的对冲行为，可以被视为是有效对冲：（1）标的资产面值变化的80%-125%可以由对冲产品覆盖；（2）标的资产与对冲产品之间进行回归分析，产生的R值应大于等于0.8。另外，有效对冲的认定需进行事前计算和登记，并进行季度跟踪。

有效对冲的认定条件和登记过程过于严格，因此，很多对冲并没有被认定为会计意义上的有效对冲，但事实上已经达到了实际效果。这类仅仅由于不符合会计定义或者登记要求的对冲头寸被归为"其他对冲"，但实际上起到了降低资产组合风险的作用。截至2013年底，美国保险业中94.1%（约合面值1.7万亿美元）的衍生品是用于对冲目的。基于对冲目的使用的衍生品头寸中，93%的期权被归为"其他对冲"，仅有7%的市场份额被归为有效对冲。在所有对冲头寸中，互换占比最高，名义面值约为8346亿美元，占比约为48%；期权占比次之，名义面值约为8030亿美元，占比约为46%（见表4-2）。

表4-2　　保险行业对冲头寸中各类衍生品占比情况（百万美元）

类别	有效对冲	其他对冲	总计	总计占比
互换	103493	731126	834619	48%
期权	5726	797366	803092	46%
期货	70	56278	56348	3%
远期	13137	37994	51131	3%
总计	122426	1622764	1745190	100%
总计占比	7%	93%	100%	

保险业使用衍生品对冲各种风险，包括利率风险、信用风险、汇率风

险和权益风险。保险公司购买大量固定收益产品，因此它们对利率变动较为敏感，利率风险也就成为保险公司最需要对冲的风险。保险公司持有的对冲头寸中56%的份额用于对冲利率风险，与2012年底的68.4%相比，这一比例下降了10个百分点以上。保险公司对冲的第二大类风险是权益风险，其持仓额占比约为22%，比2012年底的18.4%略有提高。最后是汇率风险和信用风险（见表4-3）。

表4-3 保险行业不同风险类别对冲头寸持仓情况（百万美元）

类别	有效对冲	其他对冲	总计	总计占比
利率风险	48156	926072	974228	56%
权益风险	10337	370260	380597	22%
外汇风险	63793	252846	316639	18%
其他	140	55839	55979	3%
信用风险	-	17747	17747	1%
总计	122426	1622764	1745190	100%
总计占比	7%	93%	100%	

三、美国保险公司运用期权的主要策略

保险业使用期权策略主要包括：看跌期权（Put Options）、封顶期权（Caps）、看涨期权和权证（Call Options and Warrants）、封底期权（Floors）、普通领式期权（Collars）等。看跌期权赋予持有者以预先规定价格，卖出标的资产的权利而非义务。封顶期权是指卖出执行价格高于标的资产当前价格的看涨期权。看涨期权和权证赋予持有者以预先规定价格买入标的资产的权利而非义务。封底期权是指买入行权价格低于标的资产当前价格的看跌期权。普通领式期权是指买入标的资产，同时买入行权价格低于标的资产当前价格的看跌期权，卖出行权价格高于标的资产当前价格的看涨期权。

买卖看跌期权是保险业使用最为频繁的策略，保险公司看跌期权持仓量占看跌期权持仓总量的29%左右。据分析，这主要由于2012年市场上涨，保险公司需要购买看跌期权，以对冲市场可能的下跌风险。封顶期权策略次之，其持仓量占到保险业所有期权持仓量的18%。再次是买卖看涨期权和权证，其持仓量占比约为17%。封底期权策略排名第四，其持仓量

约为13%。普通领式期权策略最少,其占比约为8%(见表4-4)。

表4-4　　　　2013年保险业期权持仓额情况(百万美元)

合约类型	人寿保险	财产保险	互助保险	健康保险	总计	总计占比
看跌期权	248700	6662	-	-	255361	29%
封顶期权	161450	321	50	-	161821	18%
看涨期权和权证	151909	128	-	1	152038	17%
其他	70357	50609	3	0	120969	14%
封底期权	70107	43363	-	-	113470	13%
普通领式期权	71888	-	-	-	71888	8%
总计	774411	101083	53	0	875547	100%
总计占比	88%	12%	0%	0%	100%	

从各类保险公司运用期权的情况来看,人寿保险期权持有量占绝大部分,约为88%左右;财产保险期权持有量约为12%。互助保险期权持有量较少,健康保险几乎不使用期权。

四、我国保险业使用股指期权的现状

与境外保险业的投资环境相比,我国境内保险业可投资的衍生品种类较为有限,境内尚未有场内股指期权产品推出,但保险业使用期权进行资产管理的监管指引已在《保险资金境外投资管理暂行办法实施细则》中有所体现。

2012年10月22日,保监会印发《保险资金境外投资管理暂行办法实施细则》[①],其中第四章风险控制第29条指出:

保险资金境外投资,可以运用利率远期、利率掉期、利率期货、外汇远期、外汇掉期、股指期货、买入股指期权等衍生产品规避投资风险,并遵守下列规定:

(一)不得进行投机,衍生产品合约标的物价值总额,不得超过需对冲风险基础资产的102%;

(二)运用金融衍生产品支付的各项费用、期权费和保证金等的总额,

---

① 细则详见:http://www.circ.gov.cn/web/site0/tab5225/info224574.htm。

不超过各项需对冲风险基础资产的 10%；

（三）每个工作日应当对场外交易合约进行估值，与任一场外交易对手的市值计价敞口，不超过上年末总资产的 1%；

（四）场外交易对手已与受托人签订《国际掉期与衍生品主合同》（ISDA Master Agreement），并经委托人认可和授权。利率期货、股指期货和买入股指期权限于附件 2 所列交易所上市交易。

投资指引应当明确衍生品交易的范围、种类、风险限额要求、交易对手选择、特别事项审批、信息提供与报告制度等事项。

第三节　境外养老基金使用衍生品的情况

养老基金是以机构投资者为主导的证券市场中的最重要的力量，据 2008 年 1 月《经济学家》杂志报道，摩根士丹利测算表明，养老基金是市场中最大的机构投资者，超过共同基金、保险公司、外汇储备、主权基金、对冲基金或私募股权基金。日本政府年金投资基金是世界最大的公有养老基金[1]。养老基金通常将管理资产分为三大类：证券、债券和另类投资，另类投资又包括：房地产、对冲基金和私人股权投资。期权和其他衍生品通常被划分在另类投资中，另类投资规模在资产总规模中占比一般不超过 20%[2]。由于各国各地区养老基金的托管人差异，受用的监管法律不同，公有和私有的属性不同，导致缺乏养老基金行业性的市场报告。本章结合境外多篇问卷调查报告，讨论养老基金对于衍生品的运用情况。

一、养老金运用衍生品基本情况

境外机构投资者，尤其是养老基金，对于衍生品的运用经历了一个由不熟悉到了解，由拒绝到欢迎的过程。20 世纪 90 年代的数项调研报告显

---

[1] 详见 http://en.wikipedia.org/wiki/Pension_fund。
[2] http://marketsmedia.com/pensions-warm-options-slowly-2/。

示（见表 4-5），境外养老基金使用衍生品的比例在 50% 左右，唯一例外的是 Record Treasury Management 杂志的问卷调查结果，有超过 90% 的养老基金经理使用衍生品。另外，还有部分的养老基金管理人不被允许使用衍生品。在问及养老基金经理使用衍生品的目的方面，首要目的是用作风险管理，其次是用作对冲。2011 年 Greenwich Associates 的问卷调查显示，超过 1/3 的机构投资经理期望增加对权益类衍生品的应用，45% 的受访机构表示会更多地使用期权，大部分的受访者认为他们对于衍生品，尤其是期权的使用，会保持在稳定的水平。

表 4-5　　　　　　　　　　问卷调查结果

问卷调查报告	问卷调查国家	时间	是否使用衍生品	使用衍生品的首要原因
NYU/Stern	美国	1995	67%	风险管理—70%
Record Treasury Mgmt	美国	1994/1995	92%	风险管理—31%
Institutional Investor	美国	1995	52%	风险管理—35%
Watson-Wyatt	英国和欧洲 10 国	1995	54%	风险管理—54%
Record Treasury Mgmt	美国	1996	NA	对冲/降低风险—62%
Pensionforum-II	美国	1997	47.50%	对冲收益—48%
Greenwich Associates	加拿大	1998	47%	NA

资料来源：Smithson、Hayt 和 Song（1996）、《管理金融风险》，以及 CIBC 1997、1998、1999 年鉴。

1998 年纽约大学 Stern 商学院、CIBC World Markets 和毕马威投资咨询集团，针对美国机构投资者使用衍生品的情况，开展了联合问卷调查，调查对象为美国机构投资者，具体包括共同基金、养老基金、大学基金和私人基金会。针对这四大类机构投资者，1998 年 6 月，共有 2346 份问卷调查被寄出，对于部分未回应的机构，在 9 月又再次进行投寄问卷，最终共同基金由于反馈比例过低（2.8%）被排除出问卷报告中。

根据调查显示，46% 的机构允许他们的投资经理使用衍生品，在养老基金中这一比例是 63%，而在大学基金和私人基金会中，这一比例分别为 38% 和 28%。类似的，大型机构中允许使用衍生品的比例达到了 70%，而在中型机构和小型机构中比例则分别降为 49% 和 26%。这一趋势直到近期仍在延续，大多数大型养老基金早已开始运用期权等衍生品，中型养老基金和小型养老基金或者因为不被允许期权等衍生品交易，或者因为不愿意参与期权交易，而远离衍生品市场（见图4-10）。

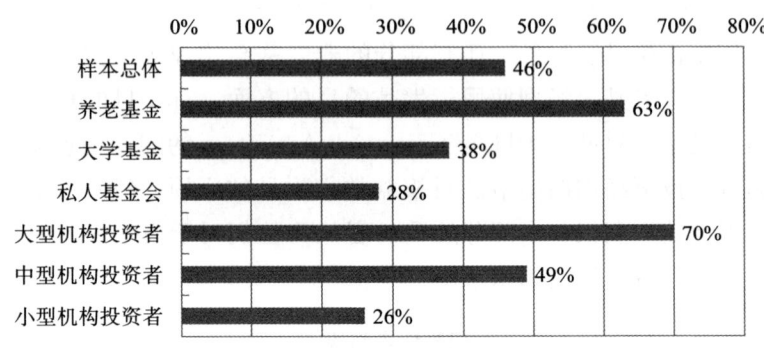

图4-10 问卷调查结果

尽管养老基金和大型机构投资者在使用衍生品的比例限制相较为接近，但在被问及实际是否持有衍生品仓位时，两方的差距较大。在允许使用衍生品的养老金中，有69%的养老金实际持有该衍生品仓位；在允许使用衍生品的大型机构投资者，有88%的大型机构实际持有衍生品仓位；在中型机构投资者中，这一比例为61%；而在小型机构投资者中，这一比例仅为9%（见表4-6）。

表4-6　　　　　　　　问卷调查结果

	允许使用衍生品	允许使用衍生品并持有衍生品仓位	允许使用衍生品，不持有衍生品仓位或无答案
样本总体	135	79（59%）	56（41%）
养老基金	77	53（69%）	24（31%）
大学基金	37	18（49%）	19（51%）
私人基金会	21	8（38%）	13（62%）
大型机构投资者	33	29（88%）	4（12%）
中型机构投资者	79	48（61%）	31（39%）
小型机构投资者	23	2（9%）	21（91%）

在被问及不使用衍生品的原因时，有5类答案被给出，其中"投资目标可以通过不使用衍生品实现"被32%的投资机构列为不使用衍生品的最主要原因，并被20%的投资机构列为次要原因。有22%的投资机构认为，不使用衍生品的最主要原因是"使用衍生品会增加投资风险"，有24%的

投资机构将其列为不使用衍生品的次要原因。有趣的是，使用衍生品的投资机构称，"使用衍生品能降低风险"是他们使用衍生品的首要原因。交易衍生品需要更专业的知识储备和风险控制能力，调查显示在不使用衍生品的机构中，10%的机构将"无法监督或控制衍生品的使用"列为最主要原因，另有14%的机构将其列为次要原因。将"缺乏使用或管理衍生品的知识和能力"列为最主要原因和次要原因的机构各占12%（见图4-11）。该调查结果在一定程度上解释了大型机构投资者使用衍生品交易的比例要远高于中型机构投资者和小型机构投资者的原因。"公众和监管层的看法"分别被7%和15%的机构列为最主要和次要不使用衍生品的原因，这反映即使在国外相对成熟的资本市场，进行衍生品方面的投资教育工作仍具有相当重要的意义。

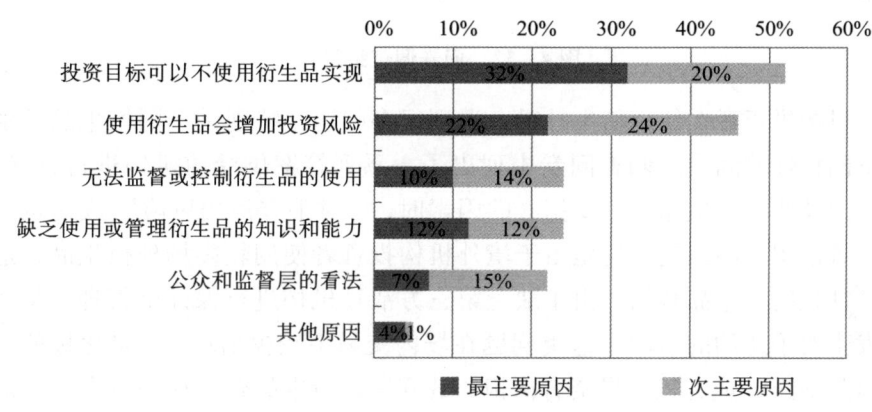

图4-11 问卷调查结果

在被问及使用衍生品的原因时，超过50%的机构投资者认为使用衍生品能"降低风险/对冲"，这一比例与接近50%的机构投资者认为"使用衍生品会增加投资风险"相仿。这反映出即使在较专业的机构投资者群体内，对于衍生品的认识仍然存在很大分歧。其次，有合计超过20%的受访机构选择使用衍生品是因为"资产配置"的需求。再次，有15%左右的受访机构使用衍生品为了"收益增强"。第四，有12%左右的机构投资者因为"市场择时"的原因使用衍生品。第五，有近7%的机构投资者使用衍生品是为了"增加杠杆"。第六，由于无法直接投资标的市场，而选择投资其衍生品市场的机构占比达到5%左右。最后，有1%的机构使用衍生品是出于避税目的（见图4-12）。

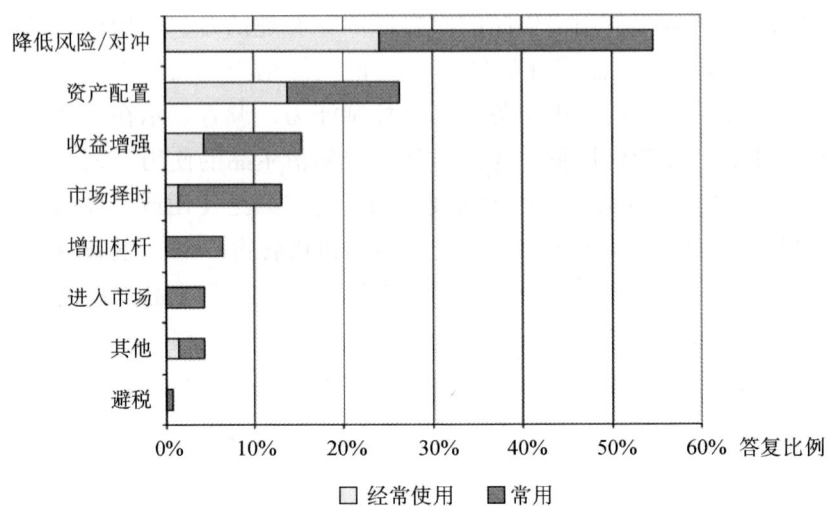

图 4-12　问卷调查结果

机构投资者在使用衍生品时会遇到很多问题，特别是不同衍生品类别有不同特性的问题。调查问卷中列出了一系列答案供受访机构进行选择。在被问及使用衍生品时主要担心的因素时，"对手方信用风险"成为机构投资者最担心的问题，这是由于境外机构投资者使用较多场外衍生品，这类个性化的衍生品合约，由于缺乏第三方清算机构进行保证金管理，从而易发生对手违约的风险。这类问题在场内交易中较少出现。"量化标的资产风险暴露"成为机构投资者次担心的问题，衍生品合约往往具有复杂的结构和非线性的价格波动特性，使得衍生品交易具有定量计算的要求，这就给传统的风险控制结算带来了挑战。"衡量衍生品对风险暴露的影响"是投资者第三大担忧的问题。"监督投资经理的操作"是投资者第四大担心的问题。事实上，如果缩小样本规模，只关注那些以"高度担心"和"中度担心"来评判担心程度的机构，"监督投资经理的操作"一跃而成为投资机构最为担心的问题。正如前文所述，由于衍生品价格呈现非线性变动的特性，衍生品的"定价"成为机构较为担心的问题，这通常更集中于场外市场由交易双方谈判进行定价的交易中。另外，不同于广为接受的传统投资标的，"规则制定者、委托人、媒体等的反应"也成为机构投资者担心的因素之一，这依然是由于衍生品较不为市场参与者熟知。由于衍生品市场，尤其是场外部分，交易活跃度较低，"流动性"也成为受访机构较为担心的因素。机构投资者最后担心的问题是"税收和法律问题"（见

图4-13)。

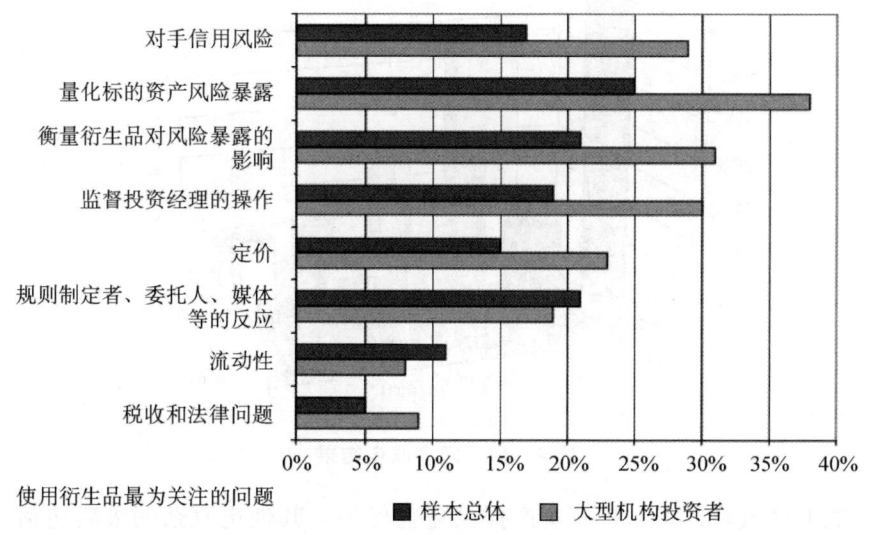

图4-13 问卷调查结果

最后,问卷还调查了各类衍生品在不同资产上的使用情况。远期主要应用在货币资产中,在利率和证券资产也有一定程度的应用。期货的使用较为广泛,证券、利率都有较大比例使用期货,货币资产和商品资产也有一定程度的使用。场内期权在证券资产中运用较多,其次是利率资产,货币资产中也有少量应用。场外期权在各类资产中的使用较为平均,证券资产和货币资产使用场外期权比例略高,随后是利率资产。互换主要应用在利率资产中,证券和货币资产中也有部分应用(见图4-14)。

二、养老基金运用期权策略

养老基金使用期权的主要目的在于防范尾端风险,即指资产组合在当前价格基础上波动超过3个标准差的风险,持有证券资产的投资者可以通过买入看跌期权来防范向下的尾端风险,或者持有现金的投资者可以通过买入看涨期权来防范向上的尾端风险。然而正如巴菲特卖出看跌期权中的对手机构所做的那样,养老基金更关注向下波动的风险。

机构投资者管理尾端风险的方法有很多,比如市场中性策略、偏空型对冲基金、可转换股票和黄金等,但是只有买入平值看跌期权才是完全对

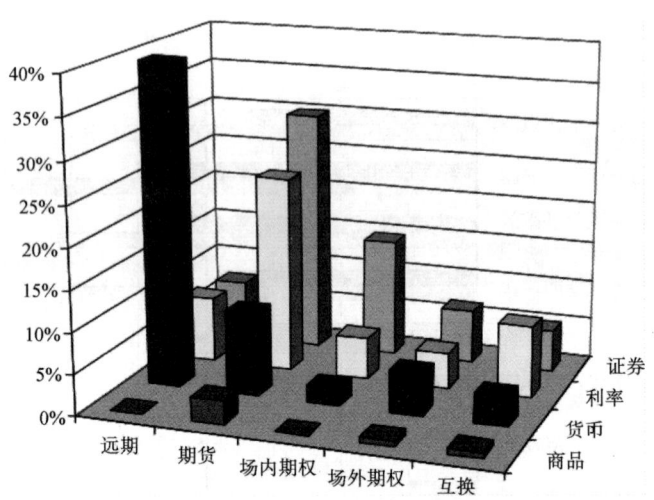

图 4–14 问卷调查结果

冲尾端下跌风险，为所持有资产提供完美保护。其他更复杂的策略包括买入看跌期权的领式组合、看跌价差组合和看跌价差领式组合等。美世咨询有限公司高级合伙人 Dennison 指出，使用期权持续防范尾端风险的代价是昂贵的，因为期权会到期。如果市场参与者都认为市场即将显著下跌，那么此时看跌期权的权利金则会非常昂贵。

由于直接买入看跌期权成本可能过于昂贵，近年来越来越多的养老基金开始采取卖出看涨期权的方式进行尾端风险的控制，包括圣巴巴拉郡雇员退休系统、夏威夷雇员退休系统、洛杉矶供水和能源部门雇员退休计划、西雅图市雇员退休系统以及阿拉斯加退休管理会。对于持有证券资产组合的机构投资者而言，卖出看涨期权是可以一直循环进行的，尤其是在市场无趋势的情况下。因为如果证券市场上涨，持有的证券资产组合也在增值，可以对冲卖出看涨期权造成的损失，而如果证券市场下跌，卖出看涨期权收到的权利金则可以弥补证券资产组合部分的亏损。据测算，在 2011 年美国股市经历了大幅波动但最终年内以平盘收盘的行情下，卖出看涨期权的策略能为单边看涨美国股市策略增加 5% –8% 的收益。

2010 年，养老基金使用最多的期权策略则是领式期权组合，这一组合策略是通过买入虚值看跌期权进行尾端风险防范，同时再卖出虚值看涨期权收取权利金。通过卖出虚值看涨期权收取的权利金，支付买入虚值看跌期权的权利金，可以规避资产组合大幅下跌的风险，但不能规避市场小幅下跌的风险。

第五章

股指期权与机构业务创新

伴随着我国经济结构调整的日益深化、国民财富的收入持续增长以及市场的进一步开放，资本市场投融资需求多样化态势日益显现，精细化风险管理的需求日益增多。与此同时，互联网金融发展日新月异，给传统金融带来了巨大冲击，金融行业创新和整合加剧，业务逐步多元化，金融产品不断丰富。2014年，证监会发布了《关于进一步推进证券经营机构创新发展的意见》，明确了推进证券经营机构创新发展的主要任务，明确指出支持业务产品创新，推动资产管理业务发展，稳妥开展衍生品业务，发展柜台业务等。在此背景下，金融产品创新步伐加快，股指期权等旨在满足市场需求、有效管控风险、提高资源配置效率的金融衍生品将为我国金融市场注入新的活力，为各项业务创新提供基础。通过创新，机构有望摆脱业务模式单一、同质化现象严重的窘境，实现从"以牌照为中心"向"以客户为中心"的转变，发展成为具有国际竞争力的金融机构。

第一节 股指期权与机构风险管理的自由度

股指期权作为基础衍生产品，从海外近30年的实践经验来看，是一种行之有效的风险管理工具,并广泛应用于精细化的风险管理当中。股指期权是一种简便易行、精细化、二元化的风险管理工具,为股票市场提供了一种更加灵活的风险管理方式,对完善我国股票市场风险管理体系,提升财富管理行业竞争力意义重大。机构可根据客户的风险管理需求灵活定制解决方案,提供广泛深入的投资咨询和执行服务,带动投资咨询、自营、场外、经纪、衍生品等业务的协调发展,实现从"以牌照为中心"向"以客户为中心"的业务模式转变。

一、风险管理任重道远

我国资本市场已取得举世瞩目的巨大成就,但目前仍处于新兴加转轨的发展阶段,股票市场波动较大、系统性风险偏高,加之风险对冲工具的相对缺乏,往往难以实现长期、稳定的收益。沪深 300 股指期货上市以来,运行平稳健康,功能逐步发挥,已成功嵌入资本市场运行与发展之中,促进了期货业、证券业和基金业的大融合,标志着我国资本市场风险管理体系建设迈出了关键的一步。但不容忽视的是,伴随着我国资本市场的迅猛发展和国际化进程,单一的股指期货产品已无法满足我国资本市场规模进一步扩大、结构进一步优化、功能进一步发挥的内在发展要求,与我国资本市场在经济发展中的功能定位不相匹配。纵观国际市场,期货市场和期权市场相辅相成,作为风险管理的两块基石,共同形成了一个完整的场内市场风险管理体系,能更好地服务于实体经济,满足其多元化投融资需求和多样化、复杂化的风险管理需求。

伴随着全球金融风险的加剧,金融机构也面临着业绩的巨大挑战,告别靠天吃饭的窘境,资产管理机构在追求绝对收益的同时保持投资组合的价值稳定、降低收益波动成为极为重要的目标。股指期权因此也发挥着越来越重要的作用,作为风险管理的重要工具,股指期权能对冲投资组合风险,辅助资产管理机构获得长期稳定收益。据 2010 年美国期权业协会(OIC)的一项调查显示,48% 的投资顾问机构利用期权管理其客户资产,其中管理资产规模超过 1000 万美元的投资顾问机构中,使用期权的比例高达 85%。而对于使用股指期权的目的,2010 年 Tower Group 的调查显示(见图 5-1),风险对冲是机构使用股指期权的主要原因:79% 的机构投资者将避险目的列为使用期权的原因,61% 的机构投资者表示使用期权是为了构建一种现金流中性策略来防范投资组合价值下降的风险。2000年至2012年期间，美国场内期权市场年均增长率达15%，股指看跌期权交易量约为股指看涨期权交易量的两倍，这也与机构风险管理的需求密不可分。

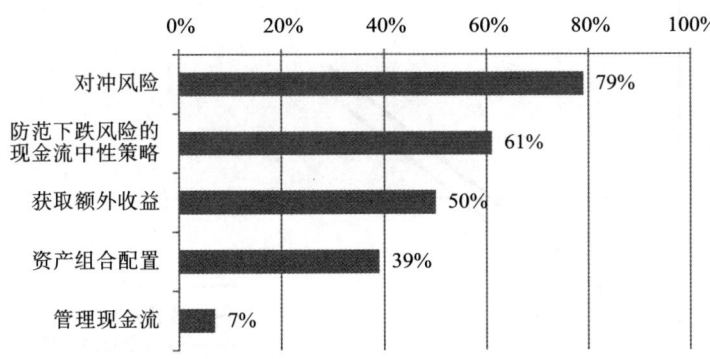

图 5-1　2010年机构投资者使用期权原因的调查

二、股票市场风险管理工具的不二选择

（一）简便易行的风险管理工具

股指期权在管理股票市场风险时相对股指期货而言，更加简便易行，在实现保值目标的同时不放弃投资组合增值的机会。

利用股指期货管理风险时，交易双方都必须开立保证金账户，严格按照保证金制度缴纳保证金，当行情波动较大时，可能需要追缴保证金，甚至被强制平仓，因此利用期货避险需要时刻关注合约持仓和现金头寸，管理起来比较复杂，操作相对烦琐。而股指期权则不同，交易时双方的权利与义务互相分离：对期权买方而言，只拥有权利而没有履约的义务；对期权卖方而言，只有履约的义务而没有权利。因此股指期权的买方不需要缴纳保证金，采用买入期权方式来避险，在交易开始时支付权利金后，不用担心后续保证金管理问题。

与此同时，股指期权在发挥"保险"功能的同时保留了股票市场上涨时的获利机会。图5-2所示为利用股指期货与股指看跌期权进行股市对冲损益的对比。可以看出，不论是股指期货还是股指期权，都可以锁定股市下行的最大风险，但股指期货在规避了股市下行风险的同时也放弃了盈利的空间，股指期权则不同，通过支付一定的权利金，股指期权的买方能在锁定风险的同时保留股票市场上涨的获益空间。

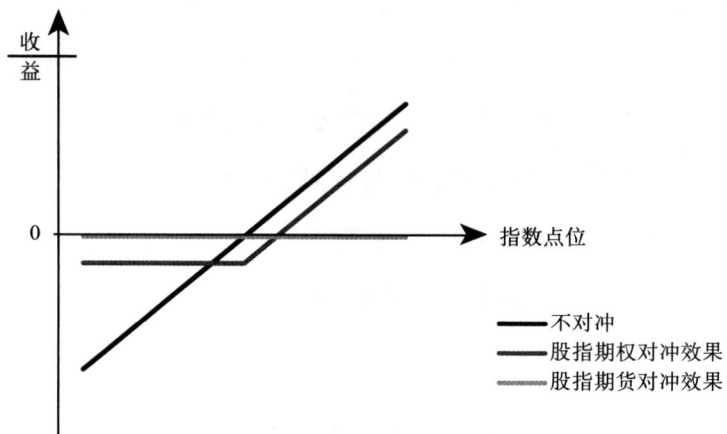

图 5-2　股指期货与股指期权套保效果对比

（二）精细化的风险管理工具

股指期权作为可双向交易及高度标准化的产品，多个行权价格和多个期限的完整的合约系列，能为投资者提供更加丰富的交易策略，使投资者套期保值操作更加精准和便利。例如，沪深 300 股指期权行权价覆盖区间超过 300 点，以平值期权为基础，按照执行价格间距上下各挂出若干个执行价格的合约，在进行股票市场风险管理时，能通过选择不同的行权价格自由控制杠杆比率；此外，通过不同合约的灵活组合，能够针对特定价格区间实现对冲。这是股指期货这一固定杠杆率的产品所不能比拟的。图 5-3 所示为使用熊市价差策略为股市进行对冲的收益情况，通过买入相同期限执行价格较高的期权合约，卖出执行价格较低期权合约，能实现对特定价格区间进行的套期保值的目的。相较于直接买入期权，卖出期权部分能减少权利金的支出，从而降低了机构对冲的成本，提高了资金利用效率，实现更为精细化的风险管理。

（三）二元的风险管理工具

经典的 Black-Scholes 期权定价模型中，期权价值的决定因素有标的价格、执行价格、距到期日时间、利率、波动率以及股息。股指期权在实

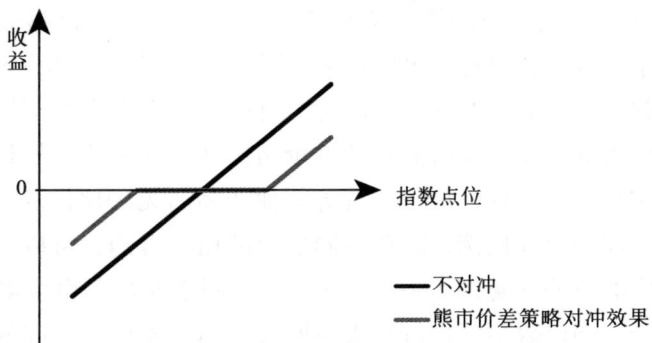

图 5-3　熊市价差策略套保效果

现股市方向性风险管理的同时也创造了波动率这一资产类别。通过股指期权，能实现对股市波动率的管理。例如，机构认为股票市场后市波动将增大，但波动方向受宏观经济政策等因素的影响尚不明朗，则可通过构建跨式组合策略实现对波动率的管理。图 5-4 为跨式组合策略与持有一揽子股票的收益对比，可以看出，通过期权组合，能够将波动率这一风险分离出来，通过对波动率的交易，实现股票市场更为细致的风险管理。

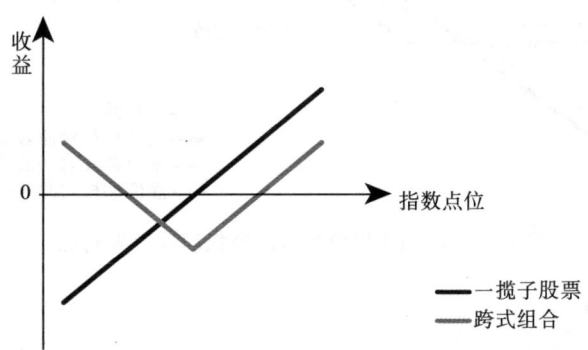

图 5-4　跨式组合策略与持有一篮子股票收益对比

三、量身定制的风险管理解决方案

股指期权的推出，将为证券、期货行业带来新的发展契机，为股票市场风险管理提供无限可能，金融机构将告别以股指期货对冲股市风险的单一产品时代，根据机构的风险控制以及投资需求设计风险管理解决方案，实现更为精细化的风险管理。例如，针对股票市场风险，可设计出种类繁多的对冲方案，以最简单的买入看跌期权为例，通过选择不同的行权价格、不同数量的合约，对冲效果则不尽相同。图5-5所示为选择实值、平值、虚值期权对冲的方案对比，可以看出机构能够根据资金配置要求以及对股票市场后市的判断选择所需对冲的价格区间，并使股指期权行权价格的选择得以实现对冲目标，这是期货等其他产品所无法比拟的；同样，通过灵活选择不同的对冲比例，配置不同份数的期权合约，可以实现对下行风险不同程度的对冲（见图5-6）；此外，在用于对冲的资金额度确定的情况下，选择不同份数不同执行价格的期权合约也能产生不同的风险管理效果，图5-7所示为使用相同资金额度用于购买不同份数的平值、实值和虚值看跌期权的对冲效果，不难看出，针对股市下行风险，使用股指期权能构建出各式各样有针对性的对冲策略，以适应不同的资金配置需求、不同的价格对冲区间，尽显其灵活特性。

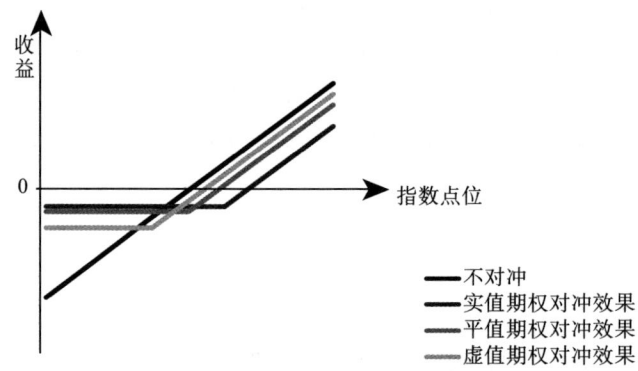

图5-5 不同行权价格看跌期权对冲效果对比

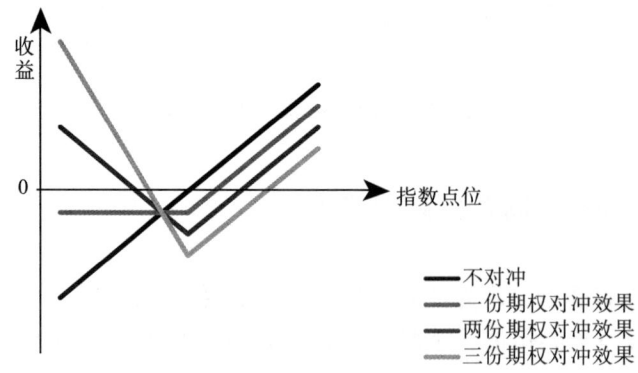

图5-6 不同份数平值看跌期权对冲效果对比

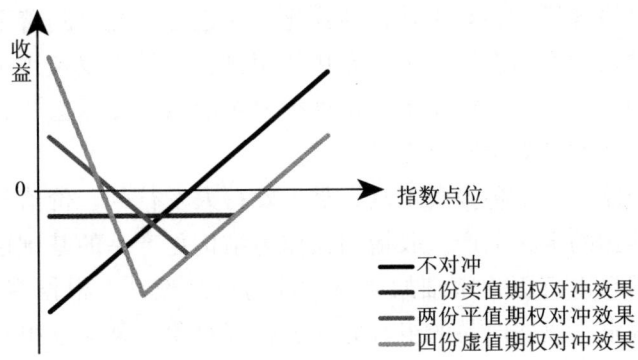

图 5-7 相同资金额度下不同期权合约对冲效果对比

综上，股指期权为股票市场风险管理提供了无限可能，也为券商、期货等机构带来了新的契机，根据客户以及自身的风险承受能力、资金配置、对股票市场的预期等特点量身定制风险管理解决方案，提供广泛深入的投资咨询服务，并协助客户进行策略的规划和执行，以客户为中心，带动投资咨询、自营、场外、经纪、衍生品等各项业务的协调发展。

第二节 股指期权与结构化产品

自 1990 年以来，结构化金融产品已陆续出现于国际金融市场。金融机构根据不同投资人对风险、收益的需求，推出种类繁多的结构化产品。结构化产品的普及对于投资者进行风险管理、资产配置意义重大。股指期权是结构化产品的基础组件之一。金融机构可以利用股指期权构建多元化的结构化产品，满足投资者的各类定制化需求。不断深入研究并开发结构化产品，可以推动金融行业的业务变革与创新，促进资产管理和资本中介业务发展，提升金融机构盈利的稳定性和竞争能力。

一、结构化产品

如果将金融工程学比作建筑学，结构化产品比作摩天大楼，那么期权、股票、债券等各类金融工具则是建造摩天大楼必需的基础建材。世上的摩天大楼风格各异、各有千秋，结构化产品也是如此。随着金融工程技术的成熟，结构化产品发展出了多元化的用途，它们不仅被用于增强投资收益、减少融资成本，也被用于管理种类繁多的风险暴露敞口，甚至还被用来满足投资者的各类定制化需求。

结构化产品作为一种投资工具，是由发行人发行的，价值与一个或多个标的资产挂钩的金融资产。股指期权作为结构化产品的基础性构件，金融机构可以用它进行更为精细的风险对冲与产品设计，根据客户对收益、风险的不同需求，改变产品的组合方式、投资对象、风险承担和利益分配模式，设计出不同风险收益特征的结构化产品，从而为风险偏好各不相同的客户提供契合的产品。

二、结构化产品的发行

（一）结构化产品的买方与卖方

结构化产品的经营模式通常较为灵活。高净值客户和机构客户作为结构化产品买方时，通常定制化要求较高，需要发行方有较强的定价和对冲能力。而当散户作为买方时，结构化产品发行方就需要做足市场调研，使设计的产品有足够的吸引力，让产品能够推而广之。国际上，结构化产品的发行方可以是银行、保险公司、资产管理公司等各类金融机构，根据产品的复杂程度，发行方会选择自行对冲，或是找其他机构外包对冲服务。

图5－8介绍的是一种结构化产品的业务模式。模式中包含了客户、中介机构、衍生品公司三部分。衍生品公司既可以是独立的公司，也可以是投资银行的衍生品部等部门。衍生品公司也可以兼任中介机构的角色。目前大多投行的前台除了传统的投资银行部（IBD）、交易销售部（Sales & Trading），也将结构化产品部（Structured Product）独立设作前台一大部门，这个部门也可兼具中介机构和衍生品公司的功能。

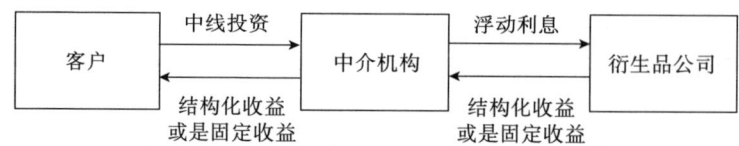

图5－8 结构化产品的一种业务模式图

以图 5-8 中的业务模式为例，假设客户的需求是中线投资，且希望获取一个结构化收益或是固定收益，而中介机构由私人银行担任。在私人银行发行产品给客户时，私人银行会有风险敞口的暴露，从风险管理的角度，此时私人银行可以通过衍生品公司做互换对冲风险。银行分期偿付浮动利息，而在到期时收入结构化收益或是固定收益。衍生品公司在对冲风险方面则有几种不同的选择。衍生品公司可以用互换中获取的收益承担风险敞口，或者是承担一定的对冲成本在市场对冲该风险，也可以找一家信用评级更低的衍生品公司再做一次互换，赚取差价。而案例中的结构化收益部分，可以变为各类与股指挂钩的收益，也可以在收益中加入不同程度的杠杆、敲出敲入以及保底封顶等条款。

（二）结构化产品的构建流程

结构化产品的构建中包含了各类的远期、互换、期权、债券。衍生品公司会以客户或是中介机构的需求为基础，构建出各类复杂的结构化产品。以下四步为衍生品公司构建结构化产品的流程示意（见图 5-9）。

第四步结束后，衍生品公司的产品定价部分就完成了，剩下的就是发行方（例子中的私人银行）再将销售的成本和发行方的利润加入产品中，一个完整的结构化产品流程就结束了，打包好的产品就会被提供给有对应需求的客户。

三、结构化产品介绍

（一）杠杆型产品

带有基准线的常规牛市票据是一种杠杆型产品，涉及参与度以及基准线这两个结构化产品的相关概念。参与度是产品参与跟踪标的（以下均以股指为例）的程度，也就是杠杆的大小。基准线是投资者收入线的起始位置，基准线收入（又称先发收入）指的是产品起始时，投资者就已知的一份固定收入，即产品到期时股指不涨也不跌，除本金外投资者会得到的收入。

当银行想让投资者有一个简单明了的参与投资牛市的工具时，带有基准线的常规牛市票据最能达到目的，且投资者可以根据自身需求，在参与

第一步

了解并理解客户的投资期待，构建对应的收益结构。其中包括投资是否分期、到期日是否固定、收益是否与股指挂钩、收益为到期偿付还是连续偿付、收益的保底程度等多个维度。

第二步

将预期的收益结构拆分为不同的合约，且这些合约必须是衍生品公司知道如何去定价的。这里拆分出的合约并不需要是现有的产品，只要确认衍生品公司可以为其定价即可。

第三步

将发行方需要付息的现值、衍生品公司需要偿付的收益折现值联立计算，使两边可以画上等号。

第四步

代入不同的参数，将打包好的一揽子产品进行定价，这其中包含了衍生品公司的利润、对冲成本（某些情况下，拆分完成的合约价格中已包含了对冲成本）。

图 5-9　衍生品公司构建结构化产品流程图

度和基准线方面直接自由地调节。

参与这种结构化产品就像是参加一个奇特的跑步比赛。在比赛时，如果参赛者选择的赛道比其余参赛者的赛道短，那么他就有了先发优势（有基准线收入），但为公平起见，他的赛道就会由平路改为山路，于是参赛者的速度就慢下来了（参与度降低）。该产品给予了参赛者或投资者选择的权利。比赛中以坡度升高换取距离缩短，而产品中是用杠杆降低换取先发收入。如果参赛者更擅长跑山路，那他就会喜欢这样的比赛，同样，如果客户喜欢降低一些杠杆，那他也会欣然接受这个结构化产品。不同参与度下的常规牛市票据见图 5-10。

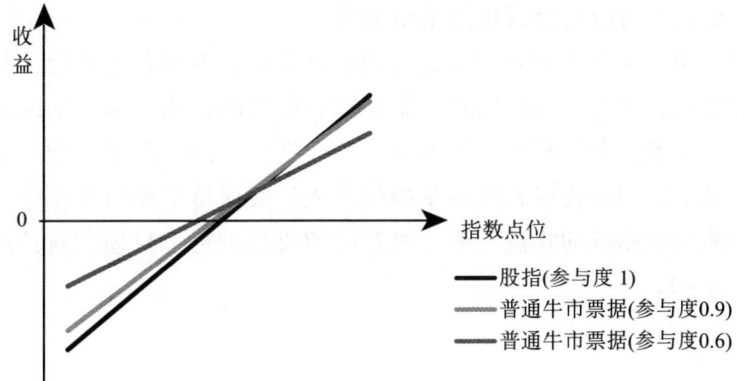

图 5-10　不同参与度下的常规牛市票据图

带有基准线的常规牛市票据具体公式如下：

$$CF_T = N \times \left(1 + \alpha \times \frac{I_T - b \times I_0}{I_0}\right), \quad b < 1$$

式中，CF_T 表示到期收入的现金流，N 表示本金，α 表示参与度，I_T 表示到期日的股指点位，I_0 表示初始股指点位，b 表示基准率。

将公式中到期日的 I_T 等同于初始指数点位 I_0，不难发现收入除了本金 N，还有 ($\alpha N(1-b)$)，这部分就是先发收入。即使到期时股指下跌，只要下跌造成的损失小于先发收入，投资者就仍会处于盈利状态。

对于衍生品公司而言，需要考虑的首先是资金成本[1]，其次如果预计对冲买入的指数产品现金分红，衍生品公司也应将其考虑进计算中，最后衍生品公司结合自身成本和利润、买方对基准线的要求、银行收取的点差，就能提供出相应的参与度。

（二）增强收益型产品

1. 封顶的牛市票据。

封顶的牛市票据是一种温和的看多型结构化产品。它让投资者参与投资牛市，但当市场涨到一定阶段后，投资者就不再参与获利，以此换取一份固定收益。购买带有基准线的常规牛市票据时，如果投资者想提升对牛市的参与度，那么就会放弃一部分先发收入。但如果投资者希望保持住先

---

[1]　如果产品期限为三年，对冲这种产品的衍生品公司就会借钱并买入跟踪股指 I_0 的资产，三年后得到 I_3，资金成本则为 $e^{3r}I_0$（r 为估算的无风险利率，此处计算未包含手续费、冲击成本等）。

发收入，那么则可以选择封顶的牛市票据。

仍然以跑步比赛为例来理解封顶的牛市票据：参赛者的赛道比其余参赛者的赛道短，同时又不被额外安排去跑有坡度的山路，那么他或许就是答应了裁判或者其余参赛者，如果获胜就会把奖金的一部分上缴。对应到结构化产品上，则是投资者既有基准线收入，又保持了参与度不变，那么投资者可能是将超额的收益上缴，给自己的收益进行了封顶。封顶的牛市票据见图5–11。

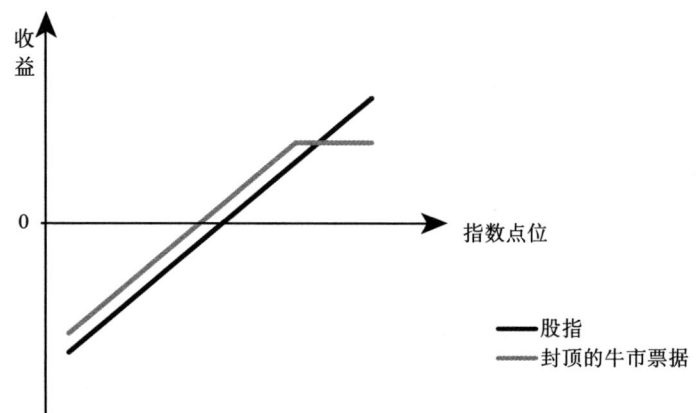

图5–11 封顶的牛市票据图

封顶的牛市票据可以让投资者在封顶比例、参与度、基准线直接进行自由的调动，公式如下：

$$CF_T = N \times \left(1 + Min\left[H, \alpha \times \frac{I_T - b \times I_0}{I_0}\right]\right), \ b < 1$$

式中，Min表示最小值，H表示除本金外的封顶收益率。

在到期日时，投资者的回报被封顶，最高收益会被设置的H影响，连本带利收到$N + N \times H$，在封顶未被触及时，投资者仍然保持先发优势，获得额外资金奖励（$\alpha N(1-b)$），而市场的参与度α会被相应设置。

封顶比例、参与度、基准线之间的关系在图5–12的三维图中展现，每当基准线提高（基准率b减小）或是参与度提高，那么预期收益会相应提高，为了保持平衡，封顶比例也就相应降低以降低预期收益。

2. 封顶的牛市票据实例。

位于CBOE四大主流股指期权策略指数之首的标普500买卖指数（BXM）是一个参与度为1的封顶牛市票据。

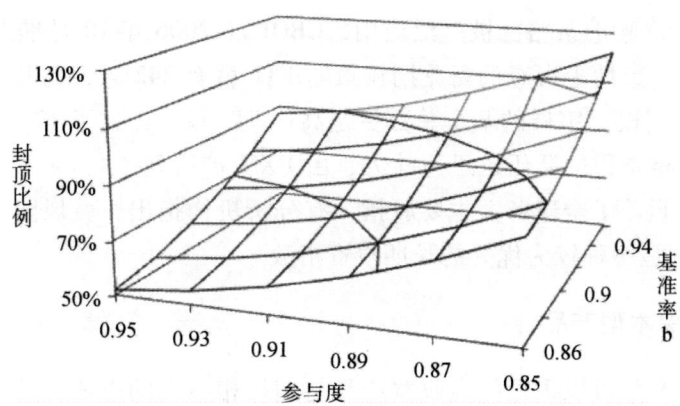

图 5-12　封顶比例、参与度、基准率之前的关系示意图

BXM 是一种增强收益型指数，它的期权部分是卖出标普 500 股指距离到期日一个月的平值或轻度虚值看涨期权，现货部分是跟踪标普 500 股指的投资组合，而股票产生的分红与卖出期权所收权利金都会自动再投入于该策略中。

BXM 是一种教科书式的股指期权备兑策略（见图 5-13），它由两条虚线合成：美股股指、卖出看涨期权。从损益情况看，投资者在买入美股股指看多的同时，又卖出看涨期权，将自己当月的上涨幅度封顶来换取一份定额收益，由此构成一个增强收益型的适度看多策略。

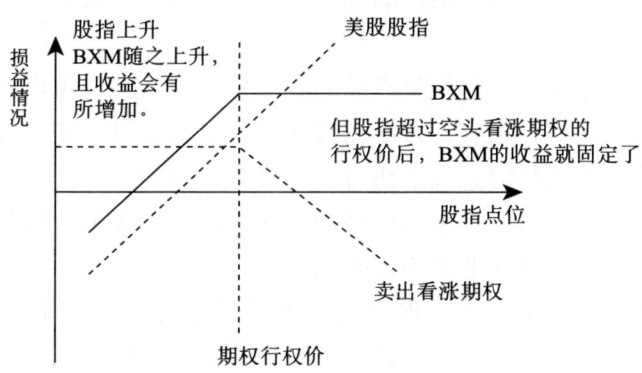

图 5-13　BXM 到期日损益图

CBOE 定义了 BXM 的三种适用投资人群范围：一是对市场持中性和适度看多观点的投资者；二是愿意对上涨获利空间作出有限的让步，以换取有限的下跌保护的投资者；三是希望持有投资组合能有类似于股息的额外收益的投资者。

如今，BXM 的策略已被广泛应用，CBOE 于 2006 年 10 月推出了 BMX 的指数期货。彭博上可查的备兑期权策略 ETF 就有 242 只，而基金名称中带有"备兑期权"字样的基金总数更是高达 547 只。经过了 12 年的时间，备兑期权策略指数的队伍也迅速壮大，由 BXM 扩展到了共 84 个备兑期权策略指数，涵盖了全球各大主要股指。有分析机构指出，就风险调整收益而言，BXM 是一种较为优秀的长期投资指数[①]。

（三）保本型产品

保本型产品可以采用固定收益产品与期权相结合的方法构建。将一部分本金用以购买固定收益产品，确保到期时能获取预期规模的现金收入，将剩余的本金用于购买股指期权，利用期权买方仅具有权利而不具有义务的特点，在标的方向与预期相反时，确保到期时最大损失仅为全部权利金，而当标的方向与预期一致时，利用期权的杠杆特性获取收益。

1. 保底的牛市票据。

保底的牛市票据可以理解为将牛市票据加上了一个保底条款。对于固定收益产品而言，若到期时至少能获得 100% 初始本金规模，则该产品为完全保本型产品，若能获得部分初始本金规模，则该产品为部分保本型产品。结构化产品的发行机构可根据目标客户的风险承受能力灵活设计保本率，分配投资于固定收益与期权部分的资金，并确定产品的收益相对于挂钩指数的比例。

图 5-14 展示了完全保本型产品的收益特点，从图中可以看出，不论股票市场如何变化，该组合都可以在到期时对本金提供一定程度甚至是完全的保护，当股指上扬时，又能获得一定参与比例的收益。对于养老金等有保本需求的机构而言，保本型产品能在锁定股票市场下行风险的同时参与了上涨的获利，无疑是非常不错的选择。

根据投资者的不同需求，保底的牛市票据可以让投资者在封顶比例、参与度、基准线直接进行自由的调节。调节的公式如下：

[①] 在伊博森协会、Callan 协会、Asset Consulting Group（ACG）发表的三份对于 BXM 等主要股指策略的关键研究指出：在长线投资中，BXM 被认为风险调整收益率比标普 500 高出 33%－42%；BXM 每月收到的期权费约 1.8%，而长期来看美股股指期权的波动率平均偏高，因此收获的期权费也比理论更为丰厚。

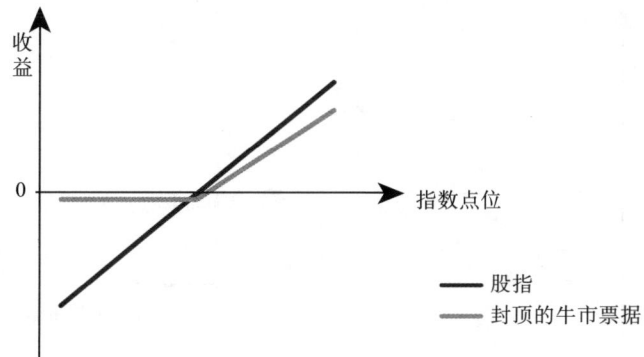

图 5-14 保本参与型产品收益图

$$CF_T = N \times \left(1 + \text{Max}\left[F, \alpha \times \frac{I_T - b \times I_0}{I_0}\right]\right), \ b < 1$$

式中，Max 表示最大值，F 表示除本金外的保底收益率，F 可取负值。

在到期日时，投资者的回报被保底，保底收益会被设置为 F 影响，即使股指大跌，仍会收到 N + N × F。保本度越高，则参与度越低，以极端情况说明，当投资者要求的保本等于本金加上固定收益端的利息时，参与度则为零。

2. 封顶保底型牛市票据实例。

标普 500 领口策略指数（CLL[①]）也是芝加哥期权交易所（CBOE）四大主流股指期权策略指数之一。CLL 运用的是一种叫领子期权（Collar）的策略，对收益进行封顶保底，区别于一般的保底型策略，它旨在保底同时尽可能的不付出保底费用（见如图 5-15）。

投资人通常在股票仓位持续上涨一段时间后，会选择使用领子期权策略（买入虚值看跌期权，同时卖出虚值看涨期权）将投资组合进行封顶保底。领子期权策略有个更易理解的别名，对冲包裹（hedge wrapper），其本质就是锁定资产的最大上涨程度，同时锁定资产的最大下跌程度，将投资组合包裹起来进行对冲。

对于基金经理们而言，不用额外支付保底费用的策略——零溢价领子

[①] CLL 英文全称为 CBOE S&P 500 95-10 Collar Index。CBOE 于 2008 年 9 月推出 CLL，该指数旨在跟踪如下投资策略组合：（1）买入跟踪标普 500 的股票组合；（2）滚动买入三个月到期的虚值看跌股指期权（行权价在股指点位的 95%）；（3）滚动卖出三个月到期的虚值看涨股指期权（行权价在股指点位的 110%）。

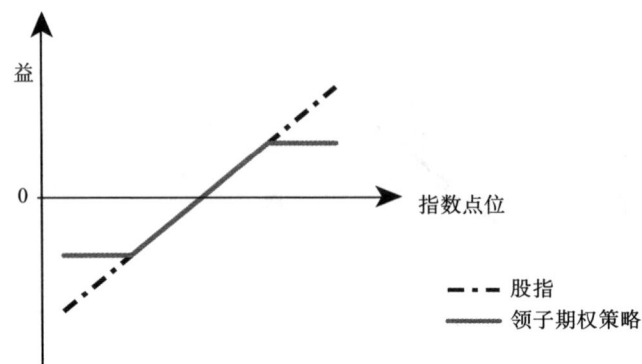

图 5-15　领子期权策略到期收益图

期权（Zero Premium Collar）是一个较为流行的策略。基金经理横向排名的压力使得他们在使用保底型策略时较为谨慎。使用保底策略的基金经理会不断支出保底费用，这令他们在绝大多数时间内持续跑输不使用保底策略对手。然而使用封顶保底策略的基金经理则没有这个困扰，他们可以在买入看跌期权保底的同时，卖出看涨期权收回等量的保费。

领子期权策略的主要优势在于它的左尾风险（Left Tail Risk）小，在1986年7月至2014年5月间，CLL没有一个月亏损超过10%，最大亏损为9.4%。而标普500股指和BXM均有多个月份亏损超过10%，且亏损最大的分别为27.8%和21.1%（见如图5-16）。

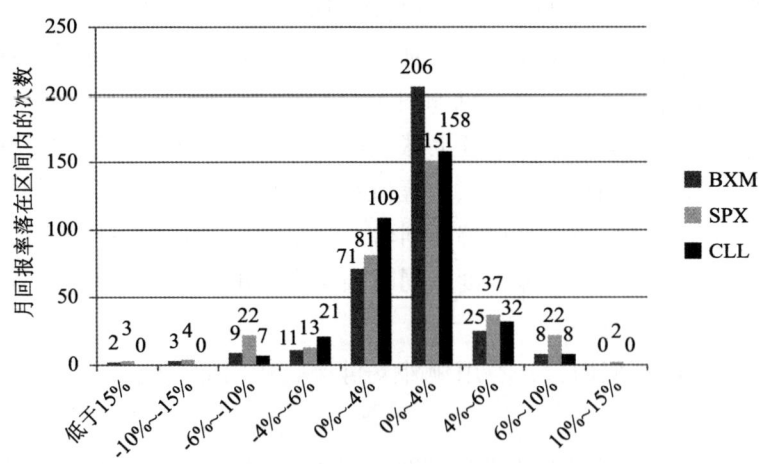

图 5-16　左尾风险示例—几种指数的月回报率直方图
（1986 年 7 月 ~ 2014 年 5 月）

(四）时机掌握型产品

时机掌握型产品是一类路径相关型的产品，它能够解决投资者经常会遇到的两个问题：（1）把握不准卖出时机，做多时股市先涨起来，但是尚未卖出时股市又跌了，时机掌握型产品可以让投资者卖在高点；（2）把握不准买入时机，做多时买在高点，虽然股市回调后涨幅很大，但是盈利却很少，时机掌握型产品可以让投资者买在低点。

时机掌握型产品通常使用了回望期权（Lookback Option）和梯式期权（Ladder Option）等路径相关期权，给予了投资者在历史的高点卖出、历史的低点买入的可能。另外，回望和梯式期权通常在场外交易，在实际交易中除了场外对冲，也可以选择用股指期权等场内期权产品对冲回望和梯式期权。

1. 保底的牛市回望票据—卖出时机型。保底的牛市回望票据（卖出时机型）在对投资者本金进行保护的同时，将"卖出时机"定格在牛市的最高点。

为了保护投资者的一定本金，产品可以加入保底条款，投资者到期时最低收入 $N + N \times F$。而相对于单纯的保本型产品，将非保底项中收益挂钩的指数点位由到期时指数点位替换，改成了在产品最后 $T-t$ 段时期之中观察[①]到的最高指数点位。

$$CF_T = N \times \left(1 + \text{Max}\left[F, \alpha \times \frac{X^+_{T-t,T} - I_0}{I_0}\right]\right)$$

式中：$X^+_{T-t,T}$ 表示距离到期日 t 段时期内观察到的最高指数点位。

保底的牛市回望票据解决了卖出时机的问题，投资者不用担心做多时股市先涨后跌，因为如果投资者判断牛市的预期正确，不触碰保底条款，收益仅仅和约定时期内的涨幅的最高点有关系，而如果投资者判断牛市的预期未达到，那么触发保底条款投资者可以获得本金保护。

2. 保底的牛市回望票据—买入时机型。保底的牛市回望票据（买入时机型）在对投资者本金进行保护的同时，将"买入时机"定格在股指下探的最低处。

[①] 需要注意的是产品可以设置观察点为每月或是每周最后一个交易日的收盘价，也可以是每天的收盘价。如果观察点为每月的收盘价，那么最高指数点位极大概率会不同于产品期限内牛市最高的日收盘价。

保底条款仍然取让投资者到期时最低收入 $N + N \times F$。而计算投资者的收益的"买入点"是定位指数在产品第 t 段时期之中观察到的最低股指收盘点位。

$$CF_T = N \times \left(1 + \text{Max}\left[F, \alpha \times \frac{I_T - X_{0,t}^-}{I_0}\right]\right)$$

式中：$X_{0,t}^-$ 表示起始日开始后 t 段时期内观察到的最低指数点位。

保底的牛市回望票据解决了买入时机的问题，投资者不用担心做多时买在高点，因为在此产品到期时上涨幅度越高，或是约定时期中股指回调越大，投资者均可获益。

如果投资者对牛市信心较强，可以去掉保底条款，也可以加入杠杆，甚至可以同时加入增强收益的条款。

四、多元化的结构化产品

随着投资方需求的多样化，结构化产品在设计时的思路也越来越多元化，叠加的各类奇异期权也越来越多。在特定情况下，奇异期权比常规期权更能契合投资者的实际需求。奇异期权通常在场外交易，它的对冲可以由股指期权、股指期货等常规场内产品组合，也可以由场外奇异期权与场内常规期权组合完成。

（一）一揽子打包、价差、比率

结构化产品的构建本身是源自于客户的需求，因此许多采用简单逻辑的结构化产品广受欢迎。客户一致看好却又不能便利投资的一些投资想法，都是结构化产品的发行方会去尝试的方向。

一揽子打包（Baskets）[①] 是最常用的结构化产品之一，它将到期收获的现金流等同于很多的指数相叠加，并且还可以通过调节各自对应的乘数来自由调节各个指数的权重。这种将不同指数自由组合的结构化产品广受欢迎，由于其定制化要求较多，通常还可以将其中的指数换为个股。如果是全球化的指数组合，还可以将汇率加进一揽子打包的公式之中。

---

① $CF_T = M^1 \times I_T^1 + M^2 \times I_T^2 + M^3 \times I_T^3 + \cdots + M^N \times I_T^N$，M 表示乘数，上标 N 表示第 N 个指数。

不同于一揽子打包，价差（Spreads）① 是将到期收获的现金流等同于不同的标的相减，价差通常用于让客户方便地投资于不同板块与股指之间的差异，或是热点股票与股指之间的差异。

财富比率（Wealth Ratio）② 是比率（Ratios）结构化产品中较为有名的一种结构化方式。财富比率反映的是一个指数和另一指数的点位关系，当财富比率上升时，说明产品看涨的指数相对于看跌的指数有所上升，这种比率结构化产品可以让投资者自由投资两种指数之间的差异。

除此之外还有其他实用的结构化产品构建方式，诸如用现金流对应两种指数相乘、单种指数的回报率、一揽子指数的平均价、一揽子指数的平均回报率等。

（二）二元期权

二元期权是奇异期权的一种，是结构化产品的主力构件。二元期权较常规期权更为便宜，因为它只在特定情况下才具备常规期权的功能。买入常规期权的费用通常较高，因此有投资者会意愿用二元期权等方式降低资金成本。二元期权是结构化产品的重要构建元素，它可以和前面章节中介绍的各类结构化产品组合，例如组成带有敲出敲入条件的封顶牛市票据，或是带有敲出敲入条件的保本牛市票据。

如果指数在所有时刻都达到指定条件（敲出条件），则收入一定指数关联现金流，这就构成了敲出期权③。如果指数在任一时刻达到了指定条件（敲入条件），则收入一定指数关联现金流，这就构成了敲入期权。另外，如图 5-17 所示，将敲入看涨期权叠加上敲出看涨期权，则合成了常规的看涨期权。

二元期权又可以细分为两类，第一类是现金或空（cash-or-nothing）④，如果指数达到一定条件，就对应收入一定的定额现金流。第二类

---

① $CF_T = M^1 \times I_T^1 - M^2 \times I_T^2$。

② $CF_T = \dfrac{M^1 \times I_T^1}{M^2 \times I_T^2}$，当两份现金流相除时，最大公约数以及货币单位都会消失，因此需要重新代入对应的货币单位。

③ $CF_T = M \times D \times I_T$：$D = 0$ 如果 $\exists j\, I_j \geq H$；$D = 1$ 如果 $\forall j\, I_j < H$。

④ $CF_T = M \times D$；$D = 0$ 如果 $\exists j\, I_j \geq H$；$D = 1$ 如果 $\forall j\, I_j < H$。（$\exists$ 表示任意，$\forall$ 表示所有，M 表示乘数，D 表示单位收入，j 表示观察点，H 表示敲出条件）

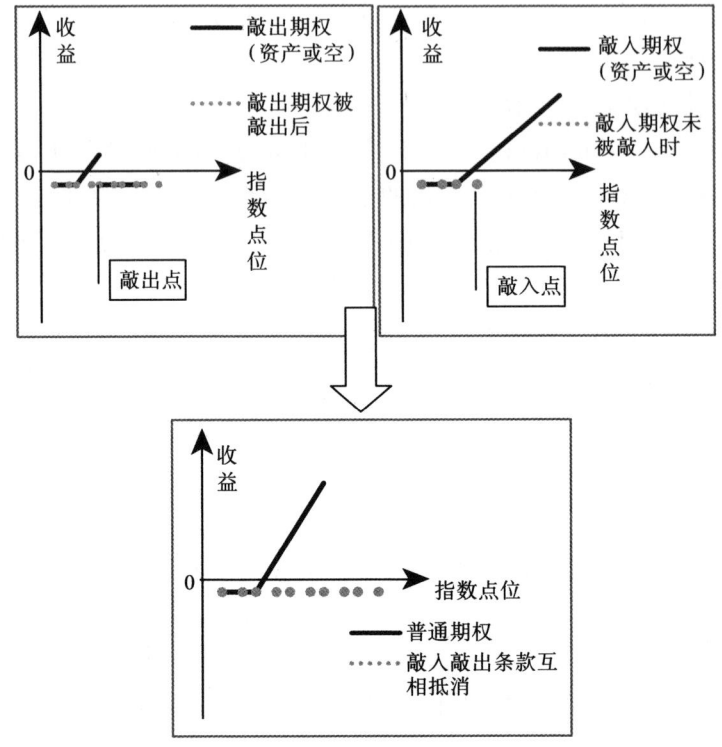

图 5–17 敲出和敲入期权合成常规期权

是资产或空（asset - or - nothing），如果指数达到一定条件，就对应收入一定的指数关联现金流（另一类结构化产品则是收入固定额度的现金流）。

二元期权还可以分为五种制式。

制式一：欧式二元。由指数关联现金流和欧式障碍组成，欧式二元会产生收入的条件是：在观察点时，标的达到约定点位之上（欧式二元看涨），或者达到约定点位之下（欧式二元看跌）。

制式二：美式二元。由指数关联现金流和美式障碍组成，美式期权也被称为一触即付障碍期权，或者被投资者直接称为障碍期权。

制式三：二元价差。由指数关联现金流和双重欧式敲出障碍组成，二元价差会产生收入的条件是：在观察点时，标的在约定区间之内。

制式四：砖（Brick）。指数关联现金流和欧式双变量敲出障碍期权，砖会产生收入的条件是：在观察点时，两个标的都在约定区间之内。

制式五：混合二元。欧式的二元叠加一个额外的美式障碍，当美式障碍条件达成时，仍然需要满足欧式障碍的条件才能产生收入。

(三) 常规极值

在结构化产品的构建中，常规极值以回望期权为组成元件，打开了结构化产品与时间挂钩的领域，构成了各类时机掌握型产品。回望期权是奇异期权之中较多变化的一种，其作用是将现金流与不同时期的股指走势路径关联（path – dependent）。

最高型结构化产品是常规极值的一种，从字面上理解它，就是从多个指数中获取最高的作为收入。最低型结构化产品则是以最低的作为收入。而这种结构化产品还常常会被附加进上限下限、敲入敲出的条件，这种叠加将会运用前面提到的二元期权。

以立定跳远打个比方，跳远的成绩不是一锤定音，而是三次取最好成绩。常规极值产品也就是这个道理，站在到期日，回头看股指曾经在什么点位，从中取最好的成绩。

以一个最高型的产品举例说明[1]，它回望三次观察点指数所处点位，付给买方金额为最高一次的点位乘以乘数 M。该产品买方到期时会回望过去三次观察点，收入的现金流为三个观察点中股指最高的点位并乘以乘数。如果是常规的指数最高[2]结构化产品，最后收入的现金流是几个指数最大的部分。在构建这种结构化产品时，构建者还需要考虑各个指数的波动性不同，并谨慎选择乘数，以确定每部分都具有可比较的影响力，使得各个指数产生的上涨下跌对最终期望收入有适度的影响。

最高最低还可以组合为相对复杂的结构化产品，以其中一种指数最高附加保底、敲出条件[3]的结构产品为例：产品买方在当指数到达一定低点时，会收获到一定的保底金额，但这份保底金额有一个条件，就是指数不能在任何观察点超过 H 点，一旦超过保底条款则失效。

---

[1] $CF_T = M \times Max[\ I_1,\ I_2,\ I_3\ ]$。

[2] $CF_T = Max[\ M^1 \times I_T^1,\ M^2 \times I_T^2,\ \cdots,\ M^N \times I_T^N\ ]$。

[3] $CF_T = Max[\ D \times K,\ M \times I_T\ ]$：$D = 0$ 如果 $\exists j\, I_j \geq H$；$D = 1$ 如果 $\forall j\, I_j < H$。

第三节 股指期权与投资策略创新

股指期权作为非线性产品,其推出将引领股票市场从传统的单一的方向性投资时代进入方向和波动率的二元投资时代,为非方向性投资提供了可能。对资产管理机构、自营机构而言,股指期权作为对冲风险、增强投资收益的基础工具,将极大地丰富投资策略,投资机构将通过期权大展身手,增强收益。

一、投机策略创新

股票市场的线性收益的特点使得投资人对股市未来方向性的判断尤为重要。股指期货推出后,对冲的理念逐步发展,应用日益广泛,但股指期货的线性特性使得股票市场投资仍然摆脱不了对方向性判断的束缚。股指期权作为二元投资工具,既可以替代一揽子股票以及股指期货进行方向性投机,同时其特有的波动率概念使得股指期权能够将股票市场波动的风险独立出来进行波动率交易。此外,股指期权的杠杆性和非线性以及合约多样化的特点使得其能够增强投资组合收益,为投资机构实现投资目标添砖加瓦。

(一)波动率交易

波动率是衡量标的价格变化幅度的指标,不需要考虑价格变化的方向。波动率交易的核心是赚取隐含波动率与已实现波动率之间的价差,最为常见的策略即为风险中性策略,也称 Delta 中性策略。这是一种非方向性交易技术,该策略在持有期权仓位的同时通过现货或期货动态对冲股票市场的方向性风险,从而实现仅对波动率进行交易的目的。

跨式组合属于最典型的期权波动率交易策略,该策略由相同执行价格、相同到期日、相同数量的看涨期权和看跌期权构成。图 5-18 所示为跨式组合多头的到期损益,当预期未来标的价格将会有较大波动,如公司年报即将发布,但又不确定波动方向时即可采取买入跨式组合的策略。

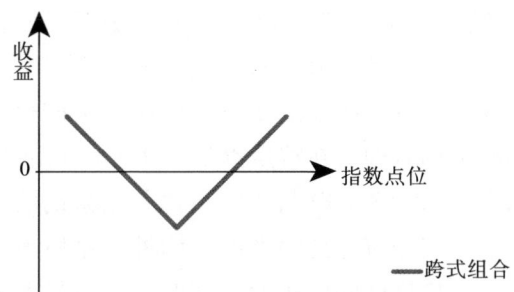

图 5-18　跨式组合到期收益图

当预期波动率将降低时，通过股指期权同样能构建出理想的策略。图 5-19 所示为蝶式价差策略，由一份较低执行价格的股指期权多头，两份中间执行价格的股指期权空头，一份较高执行价格的股指期权多头构成。当预期波动率降低即股票指数在一定范围内波动时，蝶式价差策略能够获得一定额度的收益。与跨式组合卖方不同，在行情判断错误即股票市场出现大幅单边行情时，蝶式价差策略锁定了最大损失。对于投机机构而言，蝶式套利策略实现了在震荡市场能够获利，在突破后最大损失可控的目标。

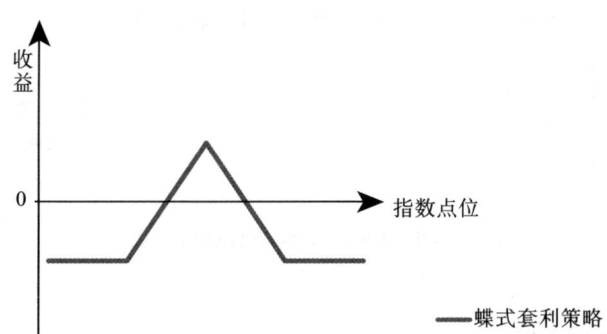

图 5-19　蝶式套利策略到期收益图

（二）增强投资收益

在风险可控的前提下追求收益最大化是所有资产管理以及自营机构的目标。股指期权一方面作为精细化的风险管理工具，能对冲特定价格区间的风险；另一方面作为具有杠杆性的投资工具，能够起到四两拨千斤放大投资收益的作用。通过这两方面的巧妙组合，投资机构如虎添翼，能够设计出针对不同行情的投资策略，实现增强收益的目的。

$1 \times 2 \times 3$ 策略是非常典型的收益增强型策略，适用于一定价格区间内的牛市行情,具体来讲,1×2×3策略由买入1份额标的资产,买入2份额平值看涨期权,卖出3份额虚值看涨期权构成。为了降低投资于股指期权的成本,建仓时通常通过选择虚值期权的行权价格使得该投资趋于现金流中性,当标的小幅上扬时即可在特定价格区间内获取超额收益。

图5-20所示为1×2×3策略与买入一揽子股票的收益对比,可以看出,当投资于期权上的现金流保持中性时,两种策略所承受的下行风险相同。当股票市场在一定价格区间内小幅上涨时,原本平值期权变为实值状态,杠杆性将使得整体收益有较大幅度的提升;当股市上涨超过一定区间时,原本虚值期权变为实值状态,组合整体收益达到最大值。该策略对于投资机构而言,在小幅上涨行情中能放大投资收益,在市场没有行情时无疑是难能可贵的一类投资策略。

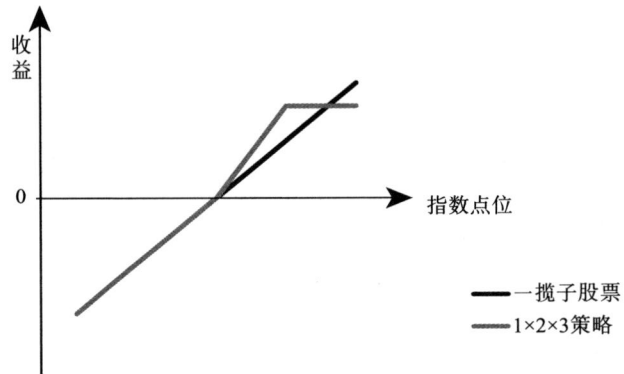

图5-20　1×2×3策略收益对比图

二、套利策略创新

股指期货套利策略以期现正向套利和跨期套利为主,其中以Alpha套利策略最为普遍,通过买入一揽子股票,卖出股指期货进行套利。股指期权的推出将极大地丰富套利策略,不仅可以实现股指期货所具备的套利功能,同时由于股指期权合约众多,不同行权价格、不同到期日间以及看涨、看跌期权间均可以进行套利,相对于股指期货而言,更加灵活。

(一)转换/反转组合

转换组合(Conversion)和反转组合(Reversal)是最基本的期权套利

策略,由无套利原理衍生而来。具体来讲,无套利原理确定了看涨期权、看跌期权以及标的资产三者间的几个关系,即看涨—看跌平价公式:

$$C + K e^{-rT} = P + S$$

其中,C 为看涨期权价格,P 为看跌期权价格,S 为标的资产价格,K 为看涨和看跌期权行权价,r 为无风险利率,T 为离到期日时间。当看涨期权、看跌期权以及标的资产市场价格不满足平价关系时,即存在套利机会,当等式左边大于右边时即可卖出看涨期权,买入看跌期权和标的资产,反之亦然。图 5-21 所示为股指期权转换组合,通过卖出看涨期权,买入看跌期权和一揽子股票构成,当市场价格回归平价关系或到期时平仓即可实现套利。

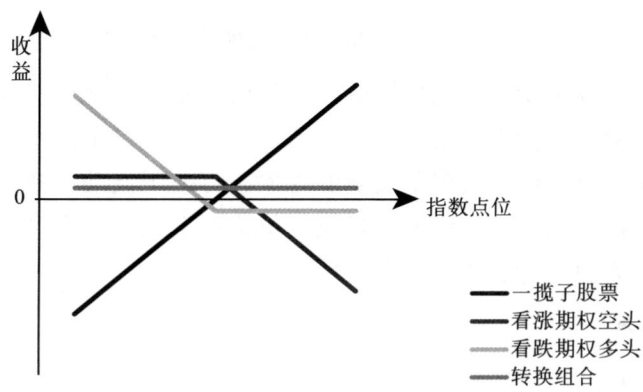

图 5-21　股指期权转换组合收益图

(二) 波动率套利

自由市场中价格是由供求关系和力量决定的,对于价格的高或低,不同的市场有不同的评判标准,例如在股票市场中通常采用市盈率判断一只股票的价值。期权市场也一样,供求决定价格,而隐含波动率则是判断期权价格高低的主要指标。隐含波动率是把期权价格代入定价公式后反推出来的波动率,是使期权市场价格等于其理论价格的波动率,隐含波动率反映了投资者对于未来标的物波动的预期。

虽然 Black-Scholes 定价公式里隐含波动率采用的是恒定常数,但市场中隐含波动率并非如此。当不存在套利机会时,相同到期日不同行权价格合约的隐含波动率通常以平滑曲线的形式呈现,如图 5-22 所示,以平值期权为基准,随着行权价格的降低,隐含波动率逐渐升高,显示出市场对于大幅下跌的恐惧,随着行权价格的上升,波动率趋于平稳,整条曲线呈现出光滑的特点。

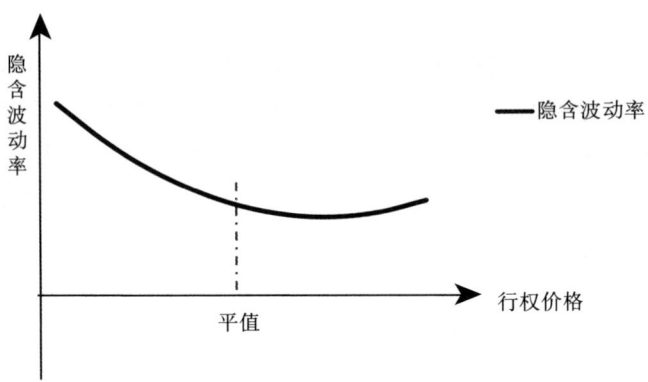

图 5-22　无套利机会下隐含波动率曲线

当供求关系发生变化,期权价格所反映出的隐含波动率曲线在不平滑的时候相应的套利机会也随之出现。如图 5-23 所示,平值期权的隐含波动率相较于相邻行权价格出现了突起的现象,打破了波动率曲线平滑的形态。此时可卖出平值期权,买入邻近执行价格的期权进行套利,并根据实际情况选择是否对冲标的资产的方向性风险。

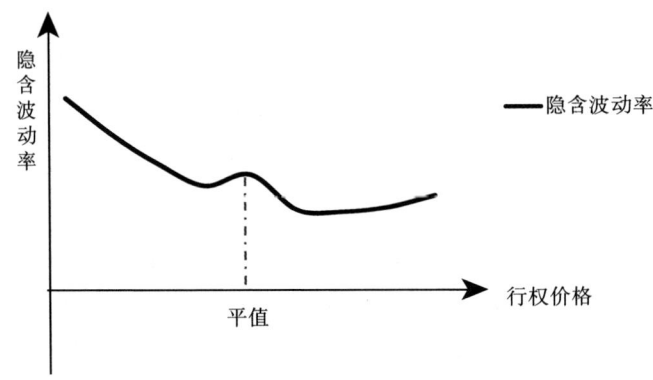

图 5-23　存在套利机会的隐含波动率曲线

综上,股指期权作为对冲风险、增强投资收益的基础工具,依赖于其自身的杠杆性、非线性以及合约多样化的特点,能够实现股票市场方向性与波动率的二元交易理念,将极大地丰富机构的投资策略,增强投资收益,并提供更加广泛的套利机会,将为资产管理、自营等投资机构带来期待已久的福音。

第六章

波动率指数的发展与运用

1987年10月19日美国股市崩盘,道琼斯指数一天之内重挫了508.32点,跌幅达22.6%。股灾发生时,市场投资者难以及时准确地判断市场风险,遭受巨大损失。经历此次事件后,人们越发认识到单一的股票指数涨跌指标无法揭示市场情绪和风险大小,而传统的基于历史数据计算的波动率指标具有滞后性,并不能在危机发生时提供有益帮助。市场和监管机构都强烈期盼能找到一种能够及时监测市场情绪变化、反映市场风险大小的指标。此时,随着期权,特别是股指期权的蓬勃发展,远在美国中部的芝加哥期权交易所给出了问题的解决之道。

第一节 波动率指数的含义

1993年,杜克大学的Whaley教授发表著名的论文"Derivatives on Market Volatility: Hedging Tools Long Overdue[①]",首次提出可以利用期权隐含波动率编制能反映市场预期波动率的指数。同年,芝加哥期权交易所

---

① The Journal of Derivatives Fall 1993, Vol. 1.

（CBOE）利用 S&P 100 股指期权的隐含波动率编制出全球首个波动率指数，并命名为 VIX 指数[①]。VIX 指数反映了 S&P 100 未来 1 个月内的预期波动率，在推出后获得市场的广泛认可，成为衡量市场运行状况的关键指标之一。自此，波动率指数广为市场接受与应用，全球主要金融市场也纷纷基于各自的旗舰股指期权合约编制了相应的波动率指数。

一、波动率指数的定义

波动率指数是基于股指期权价格编制，反映投资者对市场在未来一段时间内（通常为 30 天）年化波动率预期的指数。类似于股票价格指数是对股票市场价格水平的一个代表，波动率指数代表了股指期权市场众多期权合约的加权平均波动率，反映投资者对股票市场价格波动率的预期。一般情况下，波动率指数上升，说明投资者认为未来市场可能波动加剧，市场的恐慌或者贪婪情绪正在高涨；反之，波动率指数的下降则代表投资者的情绪开始缓和。也就是说，波动率指数往往是市场情绪的表征：波动率指数水平越高，说明市场情绪越紧张，风险水平越高；反之，说明市场风险水平较低。近 30 年美国 VIX 在正常市场环境中，大都在 10 点至 30 点之间变化，如果波动率指数超出了这一合理范围，预示着市场波动风险将急剧上升。例如，2008 年金融危机期间，VIX 指数一度突破 80 点高位，说明市场投资者极度紧张，市场波动风险巨大。

波动率指数的编制方法经历过一次革命性的调整。1993 年，CBOE 根据 Whaley 教授的方法推出全球首个波动率指数，计算方法是将八个近月与次近月且最接近平值的看涨与看跌期权的隐含波动率进行加权平均。隐含波动率是依据期权的市场价格采用二项式期权定价模型倒推所得。这种方法存在两个重大缺点：其一，只有接近平价的期权合约参与计算，忽略了其他期权价格中蕴含的市场信息；其二，这种方法采用二项式期权定价公式，存在模型风险。目前全球仅有早期的波动率指数如 CBOE 的 VXO 和德国的 VDAX 采用了这种编制方法。

十年后，CBOE 联合高盛公司更新了 VIX 指数的算法，并以新算法计

---

① CBOE 于 2003 年更新了 VIX 指数的计算方法和样本，并将基于 S&P 500 股指期权计算的波动率指数重新命名为 VIX 指数，将原 S&P 100 股指期权的波动率指数重新命名为 VXO。

算美国标普 500 指数期权的波动率指数。为了区分新旧波动率指数编制方法，CBOE 将以旧算法计算的波动率指数更名为 VXO，新方法计算的指数简称 VIX。新算法以方差互换定价原理为基础，在无套利条件下，波动率的平方可以表示成一系列不同行权价格的看涨和看跌期权价格的加权平均。相对于早期的方法，新方法不但避免了特定期权定价模型带来的误差，还充分利用了市场大量期权的价格信息，提高了波动率指数对期权市场信息反映的准确性。目前几乎所有国家的波动率指数都基于新方法进行编制。

二、波动率指数的特征

人们最初开发波动率指数是为了及时、准确地衡量金融市场压力水平和反映投资者情绪状况，经过 20 余年的实践运行，波动率指数不仅成为股市灵敏的压力计，并且还表现出与标的指数的负相关性、变化的非对称性以及均值回复性等特征。

（一）预测的前瞻性

波动率指数是一个前瞻性指标。这是因为，用于编制波动率指数的股指期权隐含波动率本身就包含了投资者对未来一段时间波动率水平的预期。因此，波动率指数水平代表了市场对标的指数收益率在未来一定时间内的变动范围，以 CBOE 的 VIX 指数为例，通过简单的假设①，我们可以根据 VIX 指数推导出标普 500 指数预期变化范围。考虑到对于标准正态分布的随机变量：偏离平均值 0.6745 个标准差的概率为 50%；偏离平均值 1.1504 个标准差的概率为 75%；偏离平均值 1.9600 个标准差的概率为 95%，那么 VIX 指数与预期标普 500 指数变化范围之间存在以下关系：

（1）变化范围（50% 可能） $= 0.6745/\sqrt{12} \times \text{VIX}$；

（2）变化范围（75% 可能） $= 1.1504/\sqrt{12} \times \text{VIX}$；

（3）变化范围（95% 可能） $= 1.9600/\sqrt{12} \times \text{VIX}$。

假设我们观察到 VIX 指数位于 30 点的水平，这就意味着：未来 30 天内，标普 500 指数上涨或下跌的幅度低于 5.84%（$0.6745/\sqrt{12} \times 30 =$

---

① 假设：(a) 标普 500 指数在未来 30 天的收益率是正态分布的；(b) 标普 500 指数在未来 30 天的预期收益率为 0。

5.84)的概率是50%；未来30天内，标普500指数上涨或下跌的幅度低于9.96%的概率是75%；未来30天内，标普500指数上涨或下跌的幅度低于16.9%的概率是95%。

通过对VIX指数与其标的指数真实走势的研究可以发现，VIX指数对未来市场变动的预测能力很强，市场实际走势超出VIX预测范围的情况较少，VIX指数能有效预测股票指数未来变化的幅度。因此，与历史波动率"向后看"不一样，波动率指数是市场的先行指标，具有较强的前瞻性。

（二）与标的指数负相关性

波动率指数与标的指数一般具有负相关性。波动率指数的实质是市场交易较为活跃的股指期权的隐含波动率的加权平均，反映市场对未来一段时间内波动率的预期。当预期股票市场有较大波动或担忧下跌时，持有现货资产的投资者倾向于购买股指期权避险，因此推升股指期权价格，进而使得其平均隐含波动率上升，即波动率指数上升；反之当投资者预期股市平稳或上涨时，则会减少对冲头寸，压低股指期权价格，进而使得波动率指数下降。从历史数据来看，美国、欧洲、日本、韩国、印度以及中国香港等市场的波动率指数都支持该结论，即波动率指数与标的指数在大部分时间都呈现出明显的负相关关系。例如，自2003年以来，VIX指数与S&P 500指数的负相关性较强，基本维持在-0.8左右的均值附近（见图6-1）。当然，在某些特殊市场环境下，市场可能出现急涨的情况，此时，波动率指数与标的大盘蓝筹指数就可能呈现正相关关系，但这样的情况比较少见。

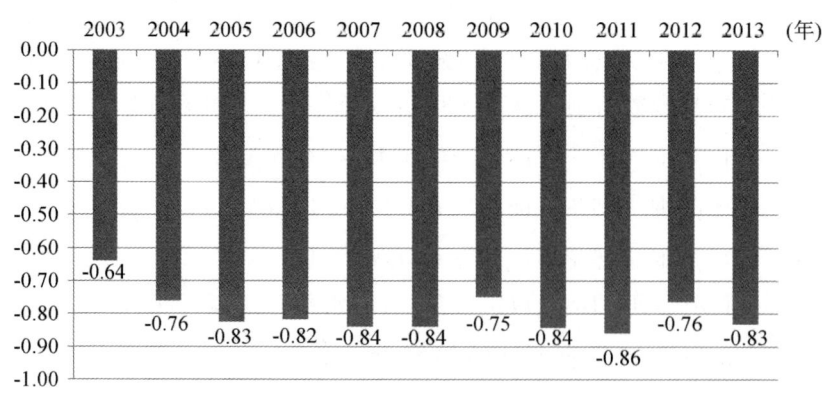

资料来源：根据路透数据计算。

图6-1 VIX指数与S&P 500指数负相关性较强

（三）变化的非对称性

波动率指数不仅与股票指数负相关，并且其负相关性是非对称的，即在标的指数上涨时，波动率指数的下降幅度远低于标的指数下跌时波动率指数的上升幅度。这主要是因为，股市下跌时，投资者通常过度恐慌，进而产生非理性的抛售现货或高价购买看跌期权行为，这使得股市下跌时波动率指数上涨幅度显著较大；反之，当股市上涨时，市场情绪得到释放，波动率指数将下降，但这一过程相对平缓（见表6-1），我们选取1993年以来S&P 500指数涨幅最大的10个交易日和跌幅最大的10个交易日。分析这些交易日 VIX 指数的表现可以发现，在跌幅最大的10个交易日中，S&P 500 指数平均下跌7.36%，VIX 指数平均上涨24.11%；而在涨幅最大的10个交易日中，S&P 500 指数平均上涨7.21%，VIX 指数平均仅下跌12.40%。这表明，VIX 指数在股市大幅下跌时的涨幅为股市上涨时跌幅的两倍左右，这也正是 VIX 指数被人们称作"恐慌指数"的原因所在。

表6-1　VIX 指数与 S&P 500 指数的负相关性具有明显非对称性

同样 S&P 500 股市大涨情形			股市大跌情形		
日期	S&P 500 收益率	VIX 下跌	日期	S&P 500 收益率	VIX 上涨
2002/7/24	5.73%	-11.26%	1997/10/27	-6.87%	34.31%
2002/7/29	5.41%	-11.77%	1998/8/31	-6.80%	11.82%
2008/9/30	5.42%	-15.69%	2008/9/29	-8.79%	34.48%
2008/10/13	11.58%	-21.39%	2008/10/9	-7.62%	11.11%
2008/10/28	10.79%	-16.36%	2008/10/15	-9.03%	25.61%
2008/11/13	6.92%	-9.98%	2008/10/22	-6.10%	31.14%
2008/11/21	6.32%	-10.13%	2008/11/19	-6.12%	9.79%
2008/11/24	6.47%	-10.97%	2008/11/20	-6.71%	8.89%
2009/3/10	6.37%	-10.69%	2008/12/1	-8.93%	23.93%
2009/3/23	7.08%	-5.80%	2011/8/8	-6.66%	50.00%
平均值	7.21%	-12.40%	平均值	-7.36%	24.11%

资料来源：根据路透数据计算。

有学者认为这与期权市场微观结构有关，由于投资者普遍害怕下跌而非上涨，人们普遍倾向于在市场下跌，而非上涨时购买股指期权产品进行套期保值，导致期权产品的供不应求，进而引发了非对称现象。

(四) 均值回复性

除了前瞻性、与标的指数负相关性以及变化的非对称性，波动率指数还具有均值回复性。波动率指数揭示了连续交易的市场价格里蕴藏的信息，随着股指期权市场价格的变动而变动。但是，波动率指数并非"肆无忌惮"地波动。波动率指数相当于市场的加速度，通常快速上涨或下跌之后都会趋于稳定，即使持续上涨也很难做到持续地急速拉升。因此，无论波动率上涨到多高或者下降到多低，最终都会回到一个均衡的水平。一般而言，波动率指数在10-30点之间来回波动，但不同市场的均衡水平可能不同。

第二节 波动率指数境外市场的发展历史

波动率指数自从1993年在美国诞生以来，历经20多年的发展，全球各主要市场也根据其旗舰股指期权产品编制和发布了相应的波动率指数。截至目前，美国、欧洲以及亚洲各主要期权市场均拥有各自的波动率指数。从上市时间来看，欧洲和中国台湾市场分别在2005年和2006年就已经开始了波动率指数的编制工作，其余大部分市场都在2008年金融危机之后才开始编制自身市场大盘蓝筹指数的波动率指数（见表6-2）。目前，波动率指数已经成为境外主要市场重要的经济运行指标。

表6-2　　　　　　　　全球主要市场波动率指数概况

国家/地区	交易所	波动率指数名称	指数发布时间（年）
美国	CBOE	VIX指数	1993
欧洲	欧洲期货交易所	STOXX 50波动率指数	2005
中国台湾	台湾期货交易所	台指期权波动率指数	2006
印度	印度国家交易所	India VIX波动率指数	2008
韩国	韩国交易所	KOSPI 200波动率指数	2009
日本	大阪证券交易所	Nikkei 225波动率指数	2010
中国香港	香港交易所	恒指波动率指数	2011

资料来源：各交易所网站。

一、美国市场

波动率指数最早诞生于美国芝加哥期权交易所（CBOE）。1993年，CBOE借鉴杜克大学Whaley教授的方法，利用S&P 100股指期权的隐含波动率编制出S&P 100波动率指数，并命名为VIX指数（采用新方法后，旧方法计算的波动率改称VXO）。VIX指数推出后获得市场的广泛认可，成为衡量市场运行状况的关键指标之一。

2003年，CBOE启用了全新的波动率指数编制方法。新算法以标准普尔500指数期权市场价格为基础，并用方差互换（Variance Swap）方法替代先前的指数计算方法。CBOE将VIX指数的历史数据追溯到1990年，将VXO指数的历史数据追溯到1986年，并同时发布VXO与VIX指数的数据。

从VIX指数的运行来看（见图6-2），其在绝大部时间都在10点至30点之间波动。2008年金融危机期间，VIX指数一再突破80点，但还没有达到1987年10月股灾期间创下的峰值。2010年欧债危机期间，VIX指数再度突破50点。最近10年以来，VIX指数都与标普500指数呈现明显的负相关关系，所有年份的负相关关系都在-0.60以上。

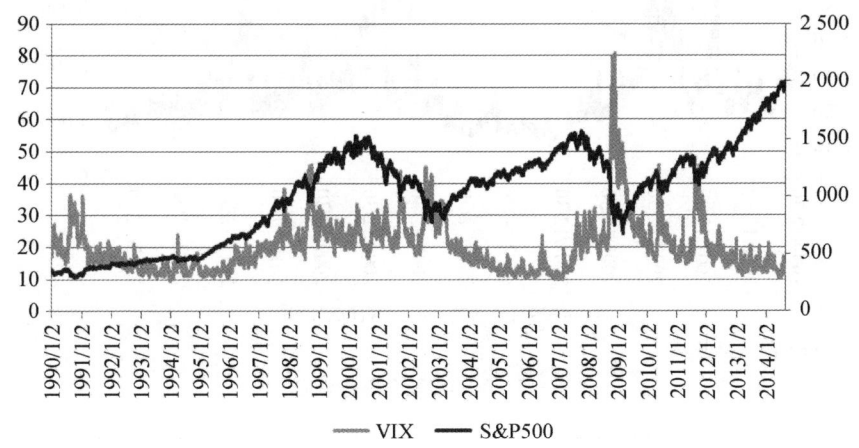

资料来源：CBOE。

图6-2 美国市场波动率指数走势

二、欧洲市场

2005年4月20日，斯托克公司（STOXX）宣布发布 EURO STOXX 的30天波动率指数，该指数是以 EUREX 的 EURO STOXX 50 股指期权的实时交易数据为计算基准，其计算方法与 VIX 指数类似，只是在合约的选择与筛选规则上做出了部分调整。2010年5月31日，STOXX 进一步增加了 VSTOXX 的品种，发布了不同期限（从60天到360天不等）的 VSTOXX 附属指数。

2008年金融危机期间，VSTOXX 指数在2008年10月16日达到最大值87.51点；其最小值为2005年4月2日的11.6点，见图6-3。经计算，1999年到2013年间，VSTOXX 与 STOXX 50 指数的相关系数达到 -0.5083。在2008年至2011年期间，金融危机和欧债危机等风险较大时期，两者有非常明显的负相关性，而在2007年时负相关性较小，主要可能由于经济增长强劲、就业市场稳定改善，使得投资者信心指数较高。

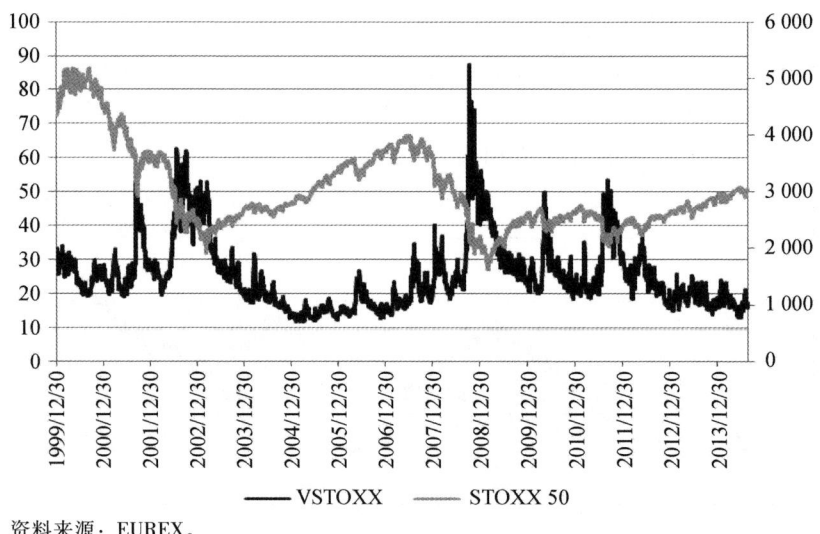

资料来源：EUREX。

图6-3　VSTOXX 指数走势

三、亚洲市场

从亚洲范围来看，除了中国内地，其他主要市场都已经成功推出波动率指数，包括日本、韩国、印度以及中国香港和台湾地区等。

（一）日本市场

日经公司于 2010 年 11 月 19 日正式推出日本日经股票波动率指数（Nikkei Stock Average Volatility Index，以下简称 Nikkei 225 VI），并依据历史数据计算回溯到了 1989 年 6 月 11 日。计算所需的数据是选取大阪证券交易所上市的 Nikkei 225 期货和期权的价格。Nikkei 225 VI 的编制原理与 VIX 相似。该指数在 9 点公开竞价开始后的 15 秒钟第一次计算，以后每 15 秒更新一次，并且在结束竞价后也会持续计算。

自 Nikkei 225VI 上市后，该指数于 2011 年 2 月达到最高值 70 点，除此之外，该指数整体运行较为平稳，在 17－45 点之间波动。该指数与 Nikkei 225 之间有较强的负相关性：在指数实际运行以来，其最高年相关性达到－0.54，而在正式发布之前根据回测数据计算，Nikkei 225 VI 与 Nikkei 225 指数之间的相关性在－0.9 以上，见图 6－4。

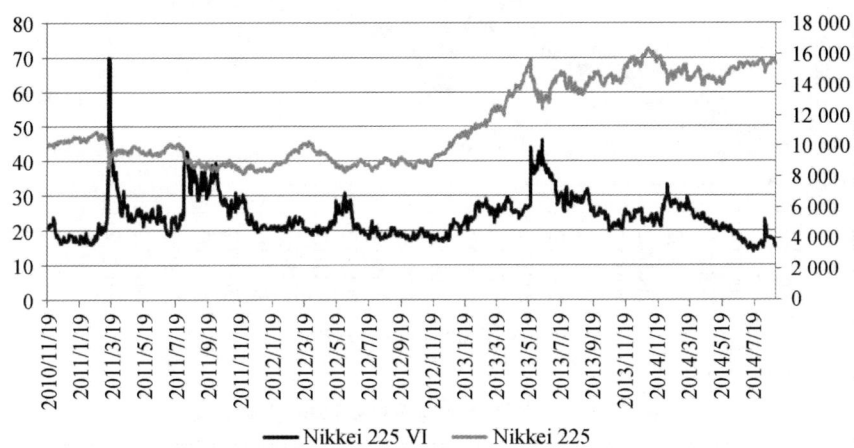

资料来源：大阪证券交易所。

图 6－4　Nikkei225 指数与对应波动率指数的走势

（二）韩国市场

韩国交易所基于国内学者的研究成果于 2009 年 4 月 13 日推出了 KOSPI 波动率指数（Volatility index of KOSPI 200，以下简称 VKOSPI）。该指数反映了 KOSPI 200 指数的预期波动率，可用于管理证券投资组合面临的潜在风险。VKOSPI 的计算公式基本与 VIX 一致，通过线性插值法计算近月和次近月合约的 30 天波动率，同样也只使用平值期权和虚值期权。为了保证有充足的期权合约参与 VKOSPI 指数的计算，当上市合约数量不足时，韩交所在计算期权合约波动率之前，先采用布莱克－舒尔茨定价公式计算未上市 KOSPI 200 期权的价格。这是 VKOSPI 指数与 VIX 在合约选择上的重大差别。VKOSPI 在 KOSPI 200 期权市场开市后 15 分钟开始计算，一直到市场结束，每 30 秒计算一次（KOSPI 200 每两秒计算一次）。

VKOSPI 在 2003 年至 2007 年期间一直处于 20 点到 40 点之间，见图 6－5。随着 2008 年金融危机的到来，VKOSPI 开始攀升，在 2008 年 10 月 9 日达到最高点，而在 2009 年快速回落之后，在 2011 年 8 月又达到一个小高峰，但之后一直处于回落状态。自 2012 年以后，VKOSPI 一直处于 10 点到 30 点之间。从图中可看出，VKOSPI 和 KOSPI 200 指数存在显著的负相关性。

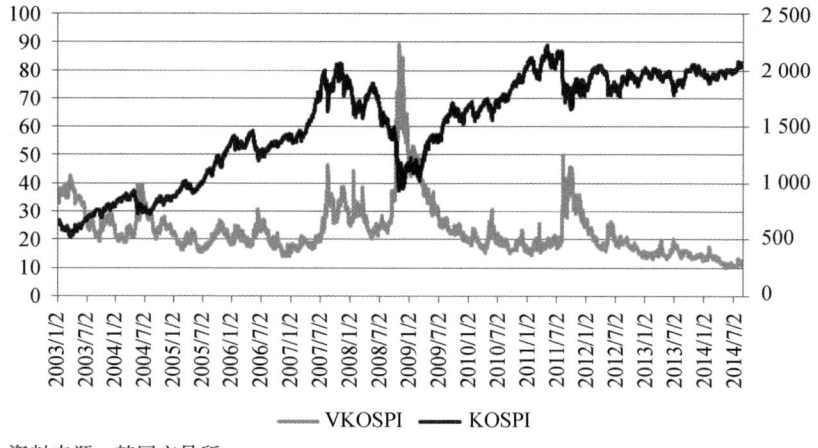

资料来源：韩国交易所。

图 6－5　VKOSPI 指数与 KOSPI 200 指数走势

（三）中国香港市场

香港恒生指数有限公司于 2011 年 2 月 21 日推出了恒指波动率指数（HSI Volatility Index，以下简称 VHSI），该指数主要反映恒生指数的预期价格波动率，为投资者进行策略交易提供重要的参考指标。VHSI 是根据恒生指数期权市场价格所推演得出的波动率指数，该指数将期权的隐含波动率转换为 30 天的年化波动率，以反映投资者对恒生指数未来波动水平的预期。根据对香港交易所相关资料的分析，VHSI 的计算方法与 CBOE 推出的 VIX 较为相似，但在用于计算指数的期权选择条件、期权合约临近到期时的转换、无风险利率以及期权到期期限等细节方面进行了一些调整。VHSI 每15秒钟更新一次。

自发布以来，VHSI 指数在大都在 20 点左右变动。2011 年，受欧债危机影响，VHSI 突破 50 点，见图 6-6。从香港交易所提供的历史回测 VHSI 数据来看，2008 年金融危机期间，VHSI 一度超过 100 点，市场恐慌情绪较为浓重。自 2008 年以来，恒指波动率指数与恒生指数的历史走势表现出显著的负相关性：大多数年份里，两者的相关性都在 -0.5 以上。

资料来源：香港交易所。

图 6-6　VHSI 指数走势图

（四）中国台湾市场

台湾期货交易所自 2003 年开始研究 VIX 指数的编制工作，并于 2006 年 12 月 18 日正式完成台指期权波动率指数的编制，每日收盘后对外公布，其跟踪指数为台湾加权指数（TWSE）。交易所自 2007 年 12 月 17 日起推出 VIX 盘中即时走势信息，公布频率为每分钟一次。台湾 VIX 编制方法与 CBOE 一致，除无风险利率采用本地市场指数外，其余完全相同。与 CBOE 类似，台湾交易所同时公布采用新方法与旧方法计算的 VIX 指数。

如图 6-7 所示，在公布初期，台指期权波动率指数（新算法）在 10-20 范围内波动，而自 2007 年末开始大幅上升至 40 以上的水平。金融危机蔓延期间，波动率指数一直在高位震荡，虽然在 2008 年有过短暂下降，但随后一路攀升至 60 的历史最高水平。同一时期台湾加权指数也出现崩盘式下跌，在短短半年时间内跌幅超过 50%。2009 年开始，VIX 指数开始自高位逐步回落，并在 20 左右的中枢值震荡整理，台指也在 2009 年至 2011 年期间步入牛途，重新站上 8000 点大关。2011 年，由于欧债危机的扩散，台指 VIX 指数陡增至 40 左右的水平，但很快回落至低位，而台指也先跌后涨、窄幅波动。自 2012 年下半年开始，台湾 VIX 指数进一步下探到 10－20 区间内运行，显示投资者对未来风险的看淡，台指也一路温和上涨。台湾 VIX 指数与台湾加权指数一直保持了较为明显的负相关性。

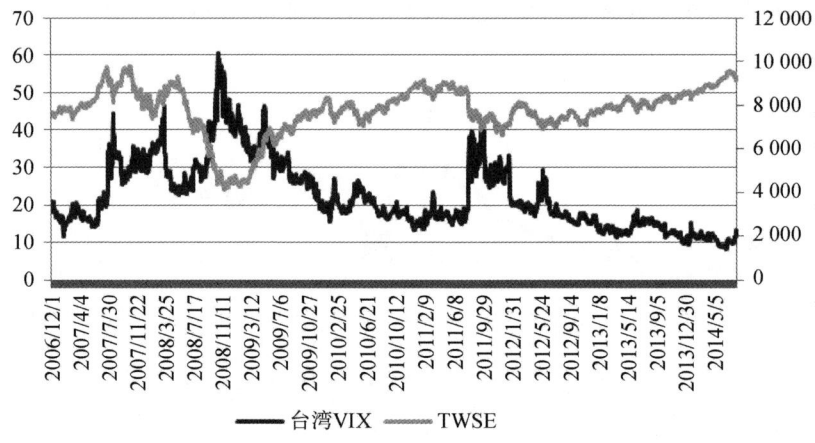

资料来源：台湾期货交易所。

图 6－7 台湾市场 VIX 指数的走势图

(五) 印度市场

印度国家股票交易所（NSE）于 2008 年 4 月推出 India VIX 指数。India VIX 是根据 CBOE 的 VIX 编制方法计算而来的波动率指数，但是 NSE 根据 Nifty 期权的订单簿结构对算法进行了调整，二者的主要区别在于展期的设置与无风险利率的选择。India VIX 指数被用来捕捉未来 30 天的印度股票市场价格的波动。

如图 6－8 所示，India VIX 指数自 2008 年 4 月推出以来快速上行，至 2009 年 5 月 19 日达到最高点 56.07，此后迅速下跌至 15 点左右，并一直在 13 至 38 点之间平稳震荡，于 2012 年 10 月 22 日达到最低 13.04 点。整体而言，自 2010 年 9 月后，印度期权市场波动率趋于平稳。自 India VIX 指数推出以来，其风险识别功能得到了良好的展现。

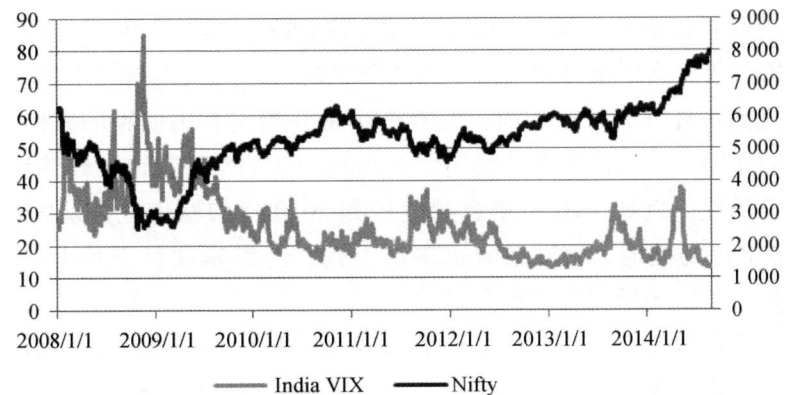

资料来源：印度国家股票交易所。

图 6-8　2008 年 4 月到 2014 年 7 月 India VIX 指数走势

第三节　境外波动率指数的运用情况

波动率指数在境外的应用主要包括两部分：一方面是波动率指数本身的应用，波动率指数是市场情绪的表征，能够有效度量市场风险，帮助决策当局判断宏观走势并制定相应的政策；另一方面，波动率指数的金融衍生品，比如 VIX 期货和 VIX 期权等，在金融危机期间发挥了不可替代的风险管理作用。

一、波动率指数广为市场用于度量市场风险

如果说股票指数是实体经济的晴雨表，那么波动率指数就是股票市场的情绪压力表。波动率指数精确测量了市场的情绪，为市场参与者提供了重要的参考指标。根据多个境外市场的运行经验来看，在市场正常交易环境下，波动率指数大都在 30 点以下。如果波动率指数没有超出这个范围，可以认为市场处于平稳运行的区间内，否则便可认为市场情绪紧张、风险水平增大。

正因为波动率指数能够衡量市场的情绪，因此往往能够在大事件爆发

前给予投资者以重大预警。例如，根据回测数据表明，1987 年股灾爆发时，VIX 指数一路狂飙直冲至 150 点的历史高位，反映出当时市场投资者情绪极度紧张且市场风险空前，证券市场也开始向着不健康的方向运行。同样，对于随后的几次严重的经济、金融危机，VIX 指数也同样体现出了敏锐的前瞻性。例如，2008 年金融危机和 2010 年的欧债危机期间，S&P 500 指数下行的同时，VIX 指数也多次上扬，上涨幅度虽不及 1987 年股灾，但依然给市场投资者以重大启示。

波动率指数这一"恐慌指数"的出现和发展，进一步深化了人们对证券市场的认识，为市场参与者提供了新的风险管理指标，让投资者清楚认识到当前市场情绪与风险水平。当前，波动率指数已经成为境外各主要市场的关键运行指标之一，在各大专业财经媒体报道中都占据了重要地位。目前，华尔街日报、巴伦周刊、CNBC、Bloomberg、CNN/money 都在显著位置发布 CBOE 的波动率指数。

二、波动率指数是宏观决策的重要参考指标

波动率指数不但被市场用于预测风险，还为政府出台各类宏观政策提供重要的参考。从 2008 年全球金融危机来看，美国政府的关键救市政策出台时点与 VIX 指数之间存在密切的关系，见图 6-9。2008 年 9 月，随着雷曼兄弟宣布破产保护，VIX 指数突破 50 点高位，美国政府逐步开始了针对"两房"和 AIG 的救助计划，但是 VIX 指数仍然维持高位，美国政府随后几个月内先后出台了 7 000 亿美元的援助计划、8 000 亿美元信贷市场刺激计划和 3 000 亿美元的减税计划，同时还联合全球央行一起降息，将利率水平下调至 0.25% 的历史最低水平。随着各项措施的出台，投资者情绪得到了缓解，VIX 指数开始掉头向下，并于 2009 年 6 月左右重新回到了 30 点的水平之下，政府调控措施也进入了平缓期。

2010 年欧洲债务危机期间，欧盟救助情况也较为类似，见图 6-10。2010 年 4 月，希腊主权债务危机全面发酵，希腊政府正式向欧盟与 IMF 申请援助，同期欧洲波动率指数 VSTOXX 开始持续攀升。5 月 2 日希腊救助计划全面启动，欧盟与 IMF 提供总共 1100 亿欧元的资金；援助开始后 VSTOXX 在短暂回落后继续攀升，5 月 7 日由前一天的 37.85 点大涨至 56.42 点，5 月 10 日欧盟及时批准 7 500 亿欧元希腊援助计划；之后波动率指数

第六章 波动率指数的发展与运用 | 173

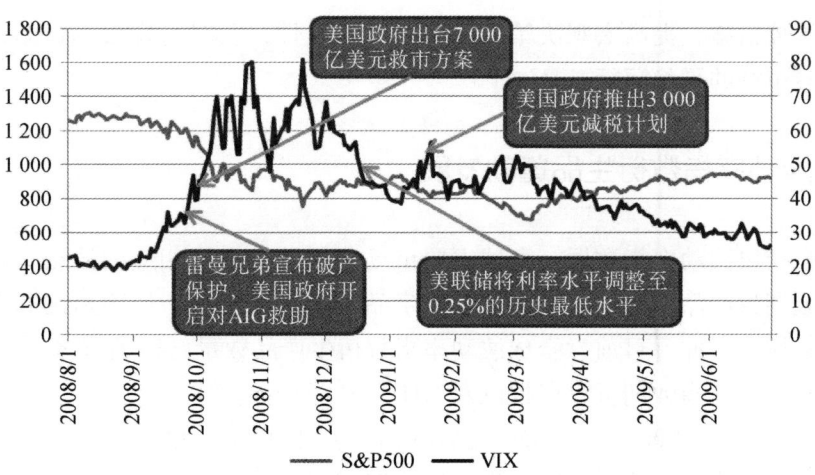

图 6-9　2008 年金融危机期间 VIX 指数与标普 500 指数的走势

一路下行，回归到 20 点附近的平均水平，欧盟也没有继续发布大型的救助计划，直至 2011 年 7 月 VSTOXX 又开始出现大幅震荡。当月 21 日，欧元区便通过紧急峰会向希腊提供 1 090 亿欧元贷款的第二次援助。此后 VS-TOXX 依旧上行，更是在 9 月 12 日达到了 68.72 点的最高水平，并持续在高位震荡，10 月 27 日欧盟各国领导人召开第 14 次峰会，延长了一项 1 300 亿欧元的最新援助计划，在此之后欧债危机才得以缓解，VSTOXX 开始缓和，政府调控措施也进入了平缓期。

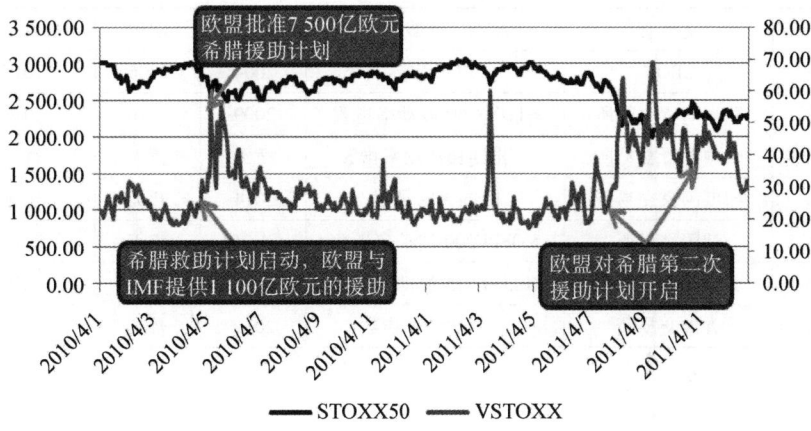

图 6-10　2010 年欧债危机期间 VSTOXX 指数与 STOXX 50 指数走势图

综合来看，波动率指标已经成为境外市场评估和管理证券市场风险的重要指标，利用波动率指数的预测能力，政府往往能在情况恶化之前发布宏观调控措施，提高宏观决策的前瞻性和有效性，及时管理市场情绪，维护证券市场的平稳运行。

三、波动率指数衍生品蓬勃发展

在推出波动率指数后，全球主要市场还相继推出了相应的波动率指数期货或期权产品，这些波动率指数衍生品被广泛地应用于风险监测和股票市场的风险对冲。目前，全球波动率指数衍生产品数量已达到20余个，主要包括波动率指数期货、期权以及ETF等三类产品。

2004年和2006年，CBOE先后推出了基于VIX指数的期货和期权产品。VIX指数期权推出之后，成交量快速增长，一跃成为CBOE重要的期权品种。2013年，VIX指数期权的总成交量占CBOE全部指数期权成交量的38.6%，仅次于S&P 500股指期权。其余市场也纷纷效仿，积极推出基于波动率指数的期货和期权产品，欧洲EUREX、香港交易所以及日本大阪交易所均已推出了相应的产品，韩国交易所也计划尽快推出波动率指数期货。自2010年起，欧洲、日本、中国香港以及美国等市场上，许多基金公司也开始关注波动率指数，逐步发行基于波动率指数的指数基金（ETF）产品（见表6-3）。

表6-3　　　　　　全球主要市场波动率指数衍生品概况

国家/地区	交易所	波动率指数名称	期货	期权	指数基金
美国	CBOE	VIX指数	2004	2006	2011
欧洲	欧洲期货交易所	STOXX 50波动率指数	2009	2010	2010
中国台湾	台湾期货交易所	台指期权波动率指数	暂无	暂无	暂无
印度	印度国家交易所	India VIX指数	2014	暂无	暂无
韩国	韩国交易所	KOSPI 200波动率指数	预计2014	暂无	2011
日本	大阪证券交易所	Nikkei 225波动率指数	2012	暂无	2010
中国香港	香港交易所	恒指波动率指数	2012	暂无	暂无

资料来源：各交易所网站。

（一）波动率指数期权

2006年，CBOE推出了全球第一个波动率指数期权合约，开创了波动率指数期权交易的先河。欧洲期货交易所（Eurex）于2010年上市了欧洲

STOXX 50 波动率指数（EURO STOXX 50 Volatility Index，以下简称 VS-TOXX）期权。从全球范围来看，目前只有美国与欧洲推出了波动率指数期权产品。二者自推出以来得到了市场的普遍关注与运用，成交量已经初具规模。

1. VIX 指数期权。自 2006 年推出之后，VIX 指数期权成交量迅速攀升（见图 6-11）。2006 年，VIX 指数期权的年成交量仅有 505 万手，尚不及 S&P 500 指数期权年成交量的 5%。经过 9 年的发展，VIX 指数期权的年成交量发生了跨越式的增长，2014 年成交量达到了 1.59 亿手，而同期 S&P 500 指数期权的成交量为 2.07 亿手，二者的差距越来越小。进一步考察两类期权合约的年增长率，S&P 500 指数期权合约年增长率波动较大，最大年增长率达到 2007 年的 51%，而 2009 年与 2012 年增长率分别为 -13% 和 -12%，其他年份的增长率大概在 15% 左右的水平；但 VIX 指数期权合约的年交易量体现持续增长的趋势，最大年增长率达到 2007 年的 363%，2010 年和 2011 年的增长率分别为 87% 和 57%，其他年份也基本达到 20% 左右的增长水平。

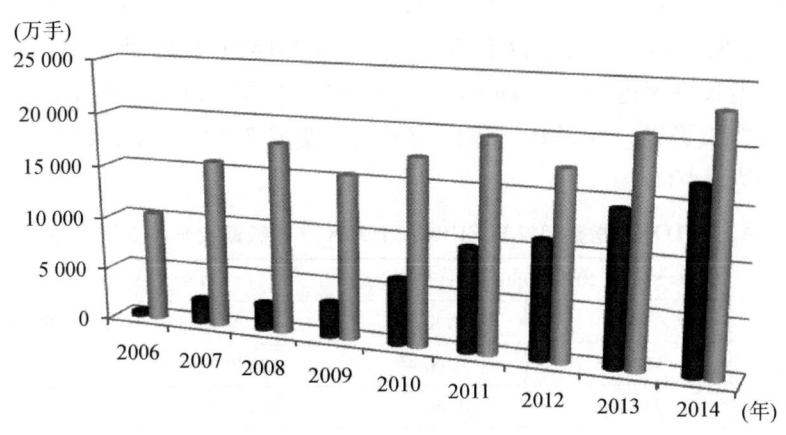

资料来源：CBOE 网站。

图 6-11 VIX 指数期权与 S&P 500 指数期权年成交量

VIX 指数期权历经 9 年的发展，目前已成为 CBOE 指数类期权中第二大活跃品种，2014 年成交量占 CBOE 指数类期权总成交量的 39.3%，仅次于 S&P 500 指数期权，并远超过其他指数期权品种（见图 6-12）。

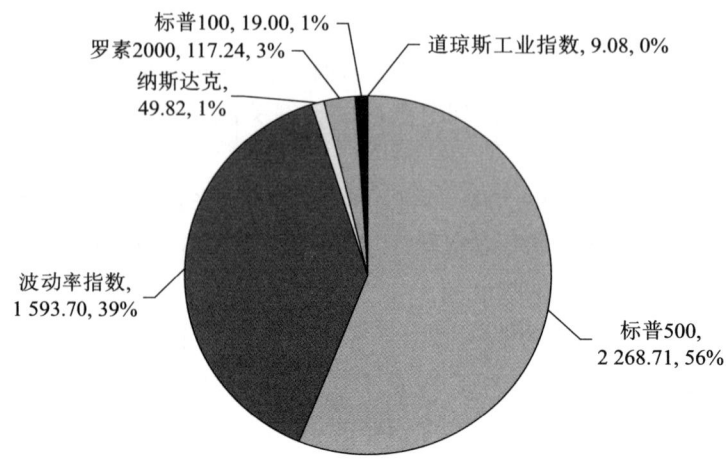

资料来源：CBOE 网站。

图 6-12　2014 年 CBOE 期权成交量及其比重（单位：十万手）

2. VSTOXX 指数期权。相对于 VIX 指数期权，欧洲期货交易所推出的 VSTOXX 指数期权成交量还偏小，其中一个原因可能是起步较晚，市场潜力还有待挖掘。但是，自 2009 年推出后，VSTOXX 指数期权的年成交量增长速度惊人，远远高于其标的指数期权合约。如表 6-4 所示，2010 年 VSTOXX 指数期权的年交易量仅有 56 万手，到 2014 年增长到了 339 万手左右，年均增长率超过 57%，而 EURO STOXX 50 指数期权的成交量近几年却呈现负增长趋势，从 2010 年的 2.84 亿手变成 2014 年的 2.41 亿手，年均增长率为 -4%。

表 6-4　VSTOXX 指数期权与 EURO STOXX50 指数期权年成交量（单位：手）

	EURO STOXX 50 Volatility Index (VSTOXX)		EURO STOXX 50® Index	
年份	期权	增长率	期权	增长率
2010	562 745	0.00%	284 707 318	-5.16%
2011	553 463	-1.60%	369 241 952	29.69%
2012	1 437 759	159.80%	280 610 954	-24.00%
2013	1 917 037	33.34%	208 243 217	-25.79%
2014	3 385 217	76.59%	241 300 000	15.87%
平均		57%		-4%

（二）波动率指数期货

相对波动率指数期权而言，波动率指数期货在全球的交易更为普遍。

CBOE 与 EUREX 分别于 2004 年和 2009 年推出了 VIX 指数期货和 VSTOXX 指数期货。此外，日本与中国香港地区均在 2012 年分别推出了 Nikkei 225 VI 指数期货和 VSHI 指数期货，印度则在 2014 年推出了 India VIX 指数期货，而韩国也预计在 2014 年推出 VKOSPI 指数期货产品。

1. VIX 指数期货。相对 VIX 指数期权的成交量，VIX 指数期货略逊一筹，但近年成交量增长迅速。统计显示（见表 6-5），2014 年 VIX 指数期货的成交量为 5 053 万手，虽然小于 VIX 指数期权的 1.6 亿手，但近几年，VIX 指数期货成交量保持极高的增长率，大大高于同期 VIX 指数期权成交量的增长率。

表 6-5　　　　VIX 指数期货和期权上市以来年交易量　　　　（单位：万手）

年份	VIX 期货	期货增长率	VIX 期权	期权增长率
2004	8.96	—	—	—
2005	12.90	43.91%	—	—
2006	43.45	236.86%	505.06	—
2007	104.65	140.86%	2 338.84	363.08%
2008	108.81	3.98%	2 594.77	10.94%
2009	114.49	5.22%	3 332.82	28.44%
2010	439.28	283.70%	6 245.22	87.39%
2011	1 203.15	173.89%	9 798.90	56.90%
2012	2 378.58	97.70%	11 073.98	13.01%
2013	3 994.40	67.93%	14 300.00	29.13%
2014	5 053.13	26.51%	15 936.96	11.45%

资料来源：CBOE 网站。

2004 年，S&P 500 指数期货的年交易量达到 1.6 亿手左右，而 VIX 指数期货年交易量仅有 8.96 万手，不及 S&P 500 指数期货的 1%。但是，2004 年到 2014 年期间，VIX 指数期货一路上扬，增速惊人（见图 6-13）。2011 年，VIX 指数期货的成交量首次超过 S&P 500 指数期货，之后也一直保持领先地位，其年均增长速度达到 88%。相比而言，S&P 500 指数期货年交易量则持续萎缩，2014 年成交量仅为 339 万手，最大跌幅达到 38%，年均增长率为 -32%。

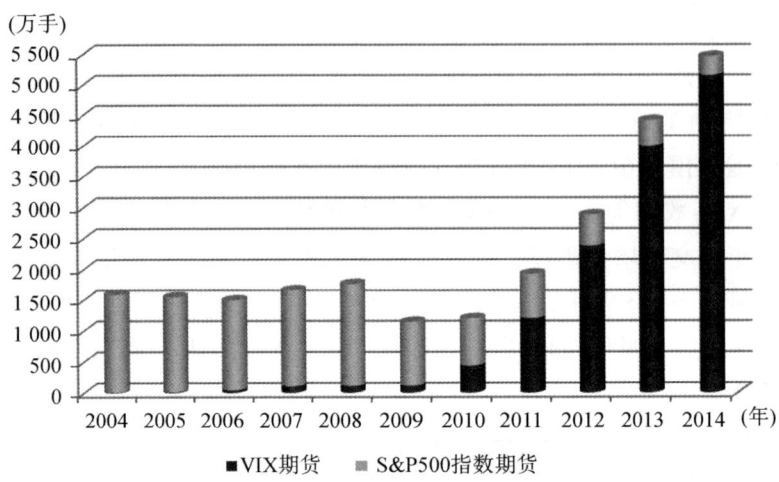

资料来源：CBOE 网站。

图 6-13　VIX 指数期货与 S&P 500 指数期货

2. VSTOXX 迷你指数期货。与 CBOE 不同，Eurex 推出的 VSTOXX 迷你指数期货比期权成交更加活跃，最近三年同期比较，VSTOXX 迷你指数期货的成交量是期权成交量的 2 倍左右。自 2009 年推出以来，经过四五年的发展，VSTOXX 迷你指数期货的成交量初具规模，如表 6-6 所示，2010 年和 2011 年 VSTOXX 迷你指数期货交易量分别增长了 1000% 和 337%，之后也保持了高速增长的态势，其年交易量由 2009 年 1.47 万手增长到 2014 年的 696 万手，年均增长率为 243%。相比之下，EURO STOXX 50 指数期货的年交易量却从 2009 年的 3.33 亿手下降到 2014 年的 2.94 亿手，年均增长率为 -2.5%。因此，市场对 VSTOXX 迷你指数期货存在强劲的需求，其发展前景良好。

表 6-6　VSTOXX 指数期货和 EURO STOXX50 指数期货年成交量

年份	EURO STOXX 50 Volatility Index(VSTOXX)		EURO STOXX 50® Index	
	年交易量	增长率	年交易量	增长率
2009	14 715	—	333 407 299	—
2010	431 669	1 000.00%	372 229 766	11.64%
2011	1 889 492	337.70%	408 860 002	9.84%
2012	3 901 530	106.50%	315 179 597	-22.91%
2013	4 858 253	24.52%	245 145 890	-22.22%
2014	6 960 491	43.27%	29 390 000	19.89%

资料来源：EUREX 网站。

3. 其他波动率指数期货。日本大阪证券交易所于 2012 年 2 月 27 日推出了以 Nikkei Stock Average Volatility Index（Nikkei 225 VI）为标的的期货产品。自 Nikkei 225 VI 期货产品推出以来，由于产品新出，受关注程度还不高，因此交投并不十分活跃，2012 年全年成交量为 12 959 手，成交金额 26.5 亿日元，日均成交 61 手。进入 2013 年以来，交易量有所上升，日均成交量上升至 71 手。

中国香港交易所于 2012 年 2 月 20 日正式推出该波动率指数的期货合约，成为亚洲市场第一只基于波动率指数的衍生产品，但至今交易仍较为清淡。

印度国家交易所也在总结美国 CBOE 推出 VIX 指数衍生品成功案例的基础上推出了 India VIX 指数期货，但由于推出时间尚短，交易暂不活跃。

韩交所一直在进行波动率指数产品的研究，并计划在 2014 年推出基于 KOSPI 200 的波动率指数（VKOSPI）期货。

（三）波动率指数 ETF

波动率指数 ETF 的推出是近年来的创新。为实现对 VIX 指数的跟踪，各大指数公司基于 VIX 指数期货合约的价格编制了一系列波动率指数期货的价格指数，如 VIX 短期期货指数等。随后，各基金公司开始基于波动率指数期货的价格指数进行了产品开发，逐步发行了许多波动率指数 ETF。

目前，北美、欧洲和亚洲市场上均有波动率指数 ETF 上市交易，共挂牌 ETF 产品 18 只，资产规模合计 27.8 亿美元（见表 6-7）。

表 6-7　　　　　　　　波动率指数相关 ETF

产品符号	名称	最新价格（美元）	资产规模（千美元）	上市日期
IVOP	iPath 标普 500 波动率指数短期期货反向 ETN	37.92	1 896	2011 年 9 月 19 日
VXX	iPath 标普 500 波动率指数短期期货 ETN	47.40	1 042 885	2009 年 1 月 29 日
VIXY	ProShares 波动率指数短期期货 ETF	31.60	128 250	2011 年 1 月 3 日
VIIZ		21.98	1 981	
XIV	Velocity Shares 每日波动率指数短期方向 ETN	28.44	567 465	2010 年 11 月 29 日

续表

产品符号	名称	最新价格（美元）	资产规模（千美元）	上市日期
UVXY	ProShares 超长波动率指数短期期货 ETN	76.20	293 773	2011年10月4日
SVXY	ProShares 短期波动率指数期货 ETF	55.77	209 291	2011年10月4日
TVIX	VelocityShares 每日二倍短期波动率指数 ETN	8.39	195 156	2010年11月29日
VXZ	iPath 标普 500 波动率指数中期期货 ETN	15.82	91 338	2009年1月29日
ZIV	VelocityShares 每日波动率指数中期方向 ETN	37.52	85 307	2010年11月29日
VIXM	ProShares 波动率指数中期期货 ETF	19.35	61 142	2011年1月3日
XVZ	iPath 标普 500 动态波动率指数 ETN	31.63	44 643	2011年8月17日
TRSK	VelocityShares 尾部风险对冲型大型股 ETF	27.26	24 327	2013年6月21日
XVIX	瑞银 E-tracks 每日做多做空波动率指数 ETN	16.56	12 420	2010年12月1日
VIIX	VelocityShares 短期波动率指数 ETN	64.03	10 452	2010年11月29日
XXV	巴克莱 ETN 标普 500 波动率指数短期期货反向 ETF	38.42	3 700	2010年7月16日
CVOL	C-Tracks ETN 花旗波动率完全收益指数	3.27	3 760	2010年11月12日
TVIZ	VelocityShares 每日二倍中期波动率指数 ETN	34.44	3 537	2010年11月29日
总计			2 781 323	

注：表中数据截至 2014 年 3 月 16 日。

四、波动率指数衍生品是高效的风险管理工具

自 2008 年金融危机以来，极端情况下的风险管理成为市场关心的热点问题。传统的资产管理使用分散化投资来降低非系统性风险，其主要投资种类包括股票类、债券类、商品类、房地产类等。2007—2008 年美国金融

危机期间，各主要资产种类都遭受了较大损失，传统的分散化投资在面临剧烈的系统性风险时并不能有效保护投资组合。因此，具备良好特性的波动率指数衍生品作为新兴的风险对冲工具逐渐走入资产管理者的视野。

（一）传统资产组合在危机时期普遍表现不佳

2008 年 8 月美国金融危机恶化开始，至 2008 年底的 5 个月时间内，传统资产投资除债券、管理型期货基金以外全线暴跌（见表 6-8）。在危机时期，唯有 VIX 期货投资①取得了惊人的 159.5% 回报率。由此可见，在持有传统投资组合同时，适当投入较小资金购买 VIX 指数衍生品就可以有效对冲市场下跌的不利风险。此外，实证表明，即便将资金分散投资于股票、债券和另类资产②，在面临巨大的系统性风险时，投资组合仍然遭受巨额损失。

表 6-8　　　　2008 年 8-12 月各类资产表现情况

2008 年 8 月 1 日~2008 年 12 月 31 日	股票	债券	高收益债券	对冲基金	管理型期货基金	大宗商品	私募股权投资	房地产	VIX 期货产品
期间收益率	-27.9%	4.2%	-24.2%	-20.2%	7.3%	-56.9%	-57.4%	-37.9%	159.5%
期间标准差	37.7%	4.0%	10.2%	5.5%	5.1%	33.8%	40.2%	69.5%	62.9%
最大回撤	-41.9%	-5.1%	-32.1%	-20.2%	-3.1%	-62.0%	-62.7%	-63.3%	-35.3%
期间夏普比率	-0.75	0.93	-2.41	-3.73	1.36	-1.69	-1.44	-0.55	2.53
上涨天数占比	54%	54%	58%	55%	58%	51%	48%	49%	45%
下跌天数占比	46%	46%	42%	45%	42%	49%	52%	51%	55%

资料来源：CBOE 网站，根据 Edward Szado 在 VIX Futures and Options-A Case Study of Portfolio Diversification During the 2008 Financial Crisis 一文中整理得出。

（二）VIX 期货能有效增加危机时期投资收益，并降低收益波动性

实证表明，分散化的投资组合在危机期间也无法实现保值的目标。为探寻更有效的资产配置方式，我们进一步将部分资金（10% 或 2.5%）投

---

① 投资于最近月 VIX 期货多头，每月展期，同时持有期货合约面值的国债作为全额保证金抵押。

② 另类资产包括：1.3% 投资于高收益债券，1.2% 投资于对冲基金，0.1% 投资于管理型期货基金，0.3% 投资于大宗商品，1.6% 投资于私募股权投资，4.5% 投资于房地产。

资 VIX 期货多头头寸①,其余投资于传统投资组合,同样选取 2006 年至 2008 年时期进行模拟。结果表明,尽管新组合 2006—2007 年之间表现一直不如传统组合,但在危机期间下跌较为平缓,最终基本实现了资产组合的保值需求(见图 6—14)。此外,波动率指数期货不仅可以提升投资组合在危机时期的收益率,还能有效降低投资组合波动性(见表 6—9)。

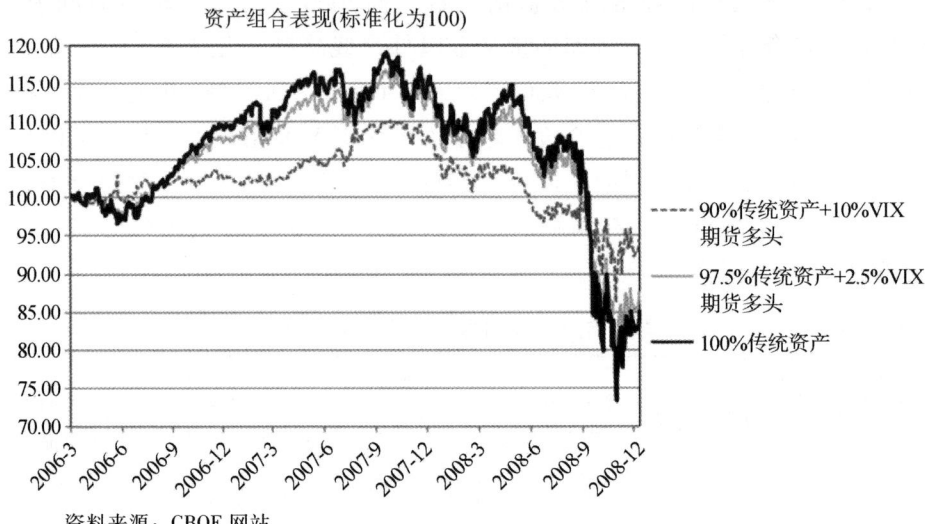

资料来源:CBOE 网站。

图 6—14　2006—2008 年加入 VIX 期货后投资组合表现情况

表 6—9　2006—2008 年加入 VIX 期货后投资组合详细统计

2006 年 3 月 至 2008 年 12 月	100% 传统资产 (股票+债券+另类投资)	97.5% 传统资产 +2.5% VIX 期货	90% 传统资产 +10% VIX 期货
年化收益率	-5.56%	-4.59%	-2.05%
年化标准差	17.86%	15.80%	11.34%
最大回撤	-38.32%	-34.32%	-21.65%
年化夏普比率	-0.45	-0.44	-0.39
上涨天数	54%	53%	50%
下跌天数	46%	47%	50%

资料来源:CBOE 网站。

---

① 投资于最近月份 VIX 期货合约,按合约规模全额匹配相应的国库券,每月展期,考虑 bid-ask 价差作为交易成本,下同。

（三）波动率指数期权更具紧急避险功能

波动率指数期权在危机时期"保险"效果更优于波动率指数期货。为简便起见，我们分别将总资产的1%和3%用于持续购买当月波动率指数平值看涨期权，每月展期①。模拟结果表明，当配置1%和3%的波动率指数看涨期权时，投资组合的整体收益率在2006－2007年期间明显低于传统资产组合，但在2008年危机恶化时，在波动指数看涨期权多头上产生了巨额盈利，大幅提升了资产组合的收益水平（见图6－15）。波动率指数看涨期权在投资组合最需要保护的时候，充分发挥了保险功能。

资料来源：CBOE 网站。

图6－15　2006－2008年加入 VIX 期权后投资组合表现情况

（四）波动率指数衍生品比股指期权更适合管理极端风险

波动率指数衍生品与传统风险管理工具相比，具有成本更低，危机时刻更有效率的优势。投资者在持有一揽子股票资产时，最常用的风险管理方式就是买入相应的股指看跌期权，这一方式在大多数情况下简便易行、富有成效。但是在成熟期权市场，由于需求较大，平值或虚值看跌期权定价普遍偏高，用于对冲成本较高。此外，股指看跌期权的对冲效果平稳，在危机时期无法提供波动率指数衍生品的超额保护效果。相反，波动率指

---

①　展期时，考虑买卖价差作为交易成本。

数衍生品在危机爆发时体现的保险效果非常出色。

金融危机时期美国市场 VIX 指数衍生品的风险管理功效表明，VIX 指数衍生品不仅能有效增强投资组合收益率，同时还能降低收益波动性，尤其能在最需要的时刻提供最有效保护。总体而言，波动率指数衍生品在危机时期比传统风险管理工具更高效、更有力，为风险管理提供了一种全新的模式。

第四节　波动率指数与宏观审慎监管指标体系

金融系统性风险防范一直是学术界和监管部门的热门话题，大量学者、专家都在从事相关的研究。波动率指数不仅广为市场参与者用于预测、防范风险，同时还在国家宏观监管部门构建金融风险评估指标体系中起着举足轻重的作用。

一、波动率指数与金融监管指标体系

自 2003 年起，美国财政部和美联储就把波动率指数（VIX）、信用违约互换指数（CDX）和泰德利差（TED）等指标作为观察金融市场压力的重要参考[①]。近年来，波动率指数已经成为国际货币基金组织、国际清算银行、欧洲央行、英国央行、美联储和美国财政部等重要金融监管机构进行金融决策的重要参考指标之一[②]。2010 年新成立的欧洲系统性风险管理委员会也将波动率指数包含在评估市场运行风险的指标体系内。

（一）国际货币基金组织

国际货币基金组织（IMF）从 2002 年开始每半年向全球提供《全球金融稳定报告》，以监测全球金融的稳定性。

---

① 信用违约互换指数（CDX）是根据一系列信用违约互换（CDS）价格编制而成的指数，反映公司债券市场压力和风险。泰德利差（TED）指的是短期银行间市场 LIBOR 利率与短期美国国库券利率之差，反映银行间市场的压力和风险。

② 《借助投资者恐惧指数提高宏观决策的前瞻性》。

IMF 在分析全球金融稳定时采用一套标准图形分析系统，它以六大因素为坐标轴，形象地展示了不同因素对于全球金融稳定的影响。IMF 选择的六大因素包括：市场和流动性风险、货币政策与金融状况、投资者风险态度、宏观风险、新兴市场风险和信用风险（见表 6-10）。这些因素可以向监管者清晰直观地展现不同风险状况的变化，从而使得监管者可以按图索骥，针对风险结构的变化，有针对性地制定风险管理措施。其中，反映投资者情绪指标的波动率指数是六大因素中市场和流动性风险因素的重要指标之一。

表 6-10　　　　国际货币基金组织六大参考因素具体指标

六大风险分类	序号	具体参考指标	指标说明
市场和流动性风险	1	对冲基金预期杠杆率	对冲基金收益率相对房产投资收益率的回归系数（36 月期滑动）
	2	非商业机构在美国期货市场净持仓	非商业机构投资者在美国 17 个期货市场中净持仓的绝对合约数目，越高表明市场投机性越强
	3	预期资产组合收益组成部分	资产组合收益中变动部分的比率
	4	全球隐含股票风险溢价	使用三阶段股利贴现模型计算
	5	综合波动率指数	由股指期权、利率期权、外汇期权等编制的波动率指数加权综合而成
	6	资金和市场流动性指数	包括主权债券收益与银行间利率价差、银行间利率期限价差、汇率买卖价差等指标，越大表示市场流动性越紧
货币政策与金融状况	1	G7 国家短期利率指标	美国、欧元区、日本、加拿大、英国等七国短期利率，GDP 加权
	2	G3 国家家庭与企业流动性指标	美国、欧元区、日本家庭与企业流动性调查指标
	3	高盛全球金融状况指数	包括中国、欧元区、美国、日本四国的利率、信用价差、汇率等指标
	4	美联储保管储备	美联储纽约保管储备变动情况
	5	G3 国家银行贷款状况指标	调查指标
风险态度	1	美林基金经理调查指标	调查指标
	2	美国道富银行投资者信心指数	调查指标
	3	新兴市场债券和股票基金净流入额	

续表

六大风险分类	序号	具体参考指标	指标说明
宏观风险	1	全球真实 GDP 增长率	由 IMF 统计或估计
	2	G3 国家信心指标	调查指标
	3	OECD 国家领先指标	包括 PMI 等指标
	4	隐含全球贸易增长率	通过波罗的海干散货指数计算得出
	5	全球临界比率指数	澳大利亚、巴西、加拿大、法国、德国、日本等国家的预期通胀率的 GDP 加权平均
	6	成熟市场主权 CDS 价差	法国、德国、意大利、日本、西班牙、英国、美国 CDS 价差的 GDP 加权
新兴市场风险	1	全球新兴市场债券指数	数据包括 32 个新兴市场国家债券情况
	2	新兴市场主权信用质量	主权信用评级净变化
	3	新兴市场私人部门信用增长	包括 44 个新兴市场国家
	4	新兴市场国家通胀波动率均值	36 个新兴市场国家 CPI 的 12 个月移动标准差
	5	新兴市场对外企业信用价差	
信用风险	1	美林全球企业债券指数价差	
	2	CCC 及以下评级企业证券在美林全球高收益指数中的比重	
	3	穆迪投机评级债券违约比率	
	4	极端情况下预期违约银行数目	考查 15 家银行,若排名最后的一家银行违约,预期发生连锁违约银行的数目
	5	消费和抵押贷款拖欠比率	主要考虑美国市场
	6	家庭金融负担比率	家庭每年抵押贷款、消费贷款、租金、保险、资产税费等必须支出占可支配收入比重

(二) 美联储

在美联储的"金融稳定监测计划"中,主要针对系统中重要的金融机构、影子银行、资产市场和非金融部门等金融体系的关键组成部分采取不同的监管方法。其中，对于系统性金融机构，主要采取了《多德—弗兰克法案》的监管框架，要求金融机构报送诸如监管资本、杠杆率及融资组合等标准化指标的机密监管信息，以便将系统重要性金融机构纳入全面监管和强化的审慎标准下。但在实际监管中，诸如监管资本率等一些指标往往是事后的，对反映金融机构经营中出现的迅速变化可能会"慢一拍"。为此，美联储利用其他类型的信息来补充这些更为标准化的指标，其中就有波动率指数。

在美联储《2013年度压力测试监管场景》的要求中，明确了相关的压力测试场景。要求各主要机构自2012年4季度到2015年4季度，针对3种场景28个指标进行相应的测试，并为所有机构提供了相应的数据（见表6－11）。

表6－11　　　　美联储金融稳定监测主要指标

类别	内容	序号	具体指标
国内经济变量	经济行为和价格	1	实际 GDP
		2	名义 GDP
		3	16岁以上居民失业率
		4	实际个人可支配收入
		5	名义个人可支配收入
		6	CPI
	资产价格或金融条件	1	房屋价格指数
		2	商业地产价格指数
		3	股票价格指数（Dow-Jones）
		4	美国股市波动率指数（VIX）
	资金与利率市场指标	1	3月期国库券利率
		2	5年期国债利率
		3	10年期国债利率
		4	10年期 BBB 企业利率
		5	30年期常见固息抵押贷款利率
		6	基准利率

续表

类别	内容	序号	具体指标
国际经济变量	欧元区国家	1	年度 GDP 变化
		2	年度 CPI 变化
		3	美元对欧元汇率
	英国	1	年度 GDP 变化
		2	年度 CPI 变化
		3	美元对英镑汇率
	发展中亚洲（中国、印度、香港地区、台湾地区名义 GDP 加权）	1	年度加权 GDP 变化
		2	年度 CPI 变化
		3	美元对汇率
	日本	1	年度 GDP 变化
		2	年度 CPI 变化
		3	美元对日元汇率

（三）美国财政部

美国财政部每年发布的年度报告中都会对当前美国金融稳定性进行评估，并对影响美国金融稳定的主要风险因素进行对比分析，这些风险因素覆盖股票市场、债券市场、信用市场、资金与流动性、波动性这五大方面，共计 22 个具体指标。其中，利用股指期权编制而成的波动率指数是衡量美国金融系统波动性风险的重要指标之一（见表 6-12）。

表 6-12　　　　美国财政部五大类 22 个具体指标

风险分类	序号	具体指标
股票市场	1	S&P 500 指数
	2	Euro Stoxx 50 指数
	3	MSCI 新兴市场指数
债券市场	1	美国 10 年期国债
	2	全球新兴市场债券（EMBI Global）
信用市场	1	美国 CDS（一年期）
	2	CDX IG（5 年期）
	3	CDX HY（5 年期）
	4	iTraxx IG（5 年期）
	5	CDX EM（5 年期）

续表

风险分类	序号	具体指标
资金与流动性	1	美国国库券（4周期）
	2	远期 LIBOR—远期 OIS（3月期）
	3	欧元/美元汇率价差
	4	美元/日元汇率价差
波动性	1	美国标普 500 波动率指数（VIX）
	2	欧洲 Euro Stoxx 50 波动率指数（V2X）
	3	美国 10 年期国债 1 年互换期权波动率
	4	欧洲 10 年期国债 1 年互换期权波动率
	5	日本 10 年期国债 1 年互换期权波动率
	6	欧元/美元平值期权波动率
	7	美元/日元平值期权波动率
	8	新兴市场货币波动率（EM‑VXY）

（四）欧洲央行

2010 年 12 月 16 日，欧洲系统性风险管理委员会（ESRB）正式成立。该机构的目标是管理欧盟区金融市场的系统性风险，防止系统性风险影响欧盟区的金融稳定。

ESRB 建立了六大类风险指标评价体系，共 41 项子指标。在其中的市场风险中包括了：（1）基于标普 500 指数和 Stoxx 50 指数的波动率指数；（2）短期利率隐含波动率指数；（3）长期利率波动率指数；（4）汇率波动率指数（见表 6‑13）。

表 6‑13　　　　　　　　欧洲央行风险指标评价体系

类别	序号	具体指标
相互关联和失衡	1	系统性压力复合指标（CISS）
	2	两个或更多银行集团同时违约的概率
	3	平均单个机构占整体系统性风险的比率
	4	主权信用违约互换差价的协同作用
	5	欧盟银行的境外债权

续表

类别	序号	具体指标
宏观风险	1	当期和预期实际 GDP 增长率
	2	国内信贷占 GDP 偏离度
	3	经常账户余额占 GDP 比率
	4	失业率
	5	政府债占 GDP 比率
	6	政府财政赤字占 GDP 比率
	7	特定欧盟国主权债的信用违约掉期溢价
	8	主权债赎回量
	9	非金融企业债占 GDP 比率
	10	家庭债务占可支配收入的比率
	11	经济景气指标
	12	全球 PMI 和工业产值
	13	黄金和布伦特原油价格
信用风险	1	欧盟外汇贷款
	2	欧元区非金融企业债收益率
	3	货币金融机构的贷款利差
	4	住宅抵押贷款标准的变化
	5	大型企业贷款标准的变化
	6	居住用房价格
融资和流动性风险	1	银行间同业拆借利率价差
	2	欧元区金融市场流动性指标
	3	欧元/美元汇率基差互换价差
	4	大型欧盟银行集团抽样贷存款比率
	5	信贷机构负债模式
	6	国有银行占资金总量比
	7	货币市场和央行储备
	8	欧盟银行长期债务到期
市场风险	1	全球风险规避指标
	2	股票指数：（1）各市场股票指数；（2）各板块股票市场指数；（3）股票隐含波动率指数：标普 500 和欧洲 Stoxx 50
	3	股票指数市盈率按板块分
	4	短期利率—隐含波动率指数：3 个月－1 年
	5	长期利率—隐含波动率指数：3 个月－10 年
	6	汇率波动率指数

续表

类别	序号	具体指标
营运能力和偿付能力	1	收益率曲线
	银行类	
	2	股本回报率
	3	成本收入比率
	4	净利息收入占总营业收入
	5	一类资本占除去无形资产的总资产比率
	6	不良贷款占总贷款比率
	保险类	
	2	股本回报率
	3	综合比率——非人寿保险业务
	4	毛承保保费——人寿保险业务
	5	毛承保保费——非人寿保险业务
	6	偿付能力——人寿保险业务
	7	偿付能力——非人寿保险业务
	8	自留额比率

（五）英国央行

2013年4月1日，英国央行成立金融政策委员会（FPC）以期达到稳定金融市场，降低系统性风险和提高英国金融体系活力的目标。其中包括美林期权波动率估计指数与S&P 500波动率指数（见表6-14）。

表6-14　　英国央行金融稳定监管指标体系

类别	序号	内容
物价和经济活动周期指标	1	名义GDP增长率
	2	名义GDP预期差
实际经济活动周期指标 物价稳定指标	1	失业率
	2	短期CPI预期
	3	中期CPI预期
金融稳定指标	英国政策委员会决议	
	1	美林期权波动率估计指数（MOVE）
	2	标普500波动率指数（VIX）
	3	长期实际利率

波动率指数被金融监管机构重视的原因在于，波动率指数衡量了市场对波动率的预期，而市场的波动在一定程度上来源于投资者对于未来市场不确定性的判断。这种不确定性并不一定会带来市场的显著反应，却暗示宏观经济中潜在导致市场动荡的隐患。因此，如果能及时发现这些隐患并采取合适的调控措施，不仅能减免潜在风险对实体经济的冲击，更能削弱市场上紧接着可能出现的极端反映，从而在两个方面有效调控潜在风险；另一方面，波动率指数可以反映出市场对政府救市政策的态度，如果救市政策符合预期，有效稳定了市场情绪，波动率指数必将有所回落。但如果市场不确定性仍未消除，波动率指数依然高企，意味着可能还需要采取进一步的措施。

二、波动率指数是构建宏观审慎监管指标体系不可或缺的指标

当前，我国资本市场仍处于新兴加转轨阶段，金融市场体系还有待完善，宏观决策部门在进行决策时，所参考的指标均是基于历史数据编制，例如股价指数、CPI、GDP 等指标，缺乏波动率指数等前瞻性指标。

中国人民银行每年披露的银行压力测试主要分为信用风险压力测试、市场风险压力测试以及流动性风险压力测试。其中，信用风险压力测试包括信用风险情景压力测试和信用风险敏感性压力测试。前者选择 GDP 增长率、M2 增长率和 CPI 涨幅三个压力指标来表征宏观经济下行的情景，后者以整体信贷资产和六个重点领域的不良贷款率、违约或损失作为压力指标；市场风险压力测试则分为银行账户利率风险压力测试和交易账户利率风险压力指标以及汇率风险压力测试，涉及的指标有平移和收窄的存贷款利率、人民币债券收益率与人民币/美元汇率等；流动性压力测试的压力指标包括有价证券价格、不良贷款占比、存款规模和同业存款（拆入）规模。

但是，以上指标无一能反映市场投资者情绪以及市场参与者对未来一段时间内风险水平的预期。这会带来两种困境：一方面，当经济状况欠佳时，投资者情绪可能受到重创，但却无法准确度量。从境外的经验来看，当投资者无法得知市场整体的情绪与风险水平时，不良情绪可能会大范围扩散与传染，从而增大市场下行的风险。这对经济的发展无疑是"雪上加霜"；另一方面，缺乏"恐慌指数"，监管当局既无法了解境内市场投资者

情绪，也难以得知宏观政策出台的时机是否适当，更无法及时验证救市措施的有效性及后续救市政策的力度。这就导致目前境内市场监管层在进行宏观调控时戴上了"偏色镜"，只关注价格信息，而非投资者的情绪，对正确制定、适时出台宏观调控政策造成了一定的障碍，同时也有可能造成宏观政策力度不足或者过度的情况，为后续经济的发展带来压力。

借鉴境外市场经验，编制境内市场的波动率指数，构建观测金融市场压力的系列指标，有利于宏观决策部门准确掌握市场动向，及时评估市场压力和救市措施的效果，科学进行宏观审慎监管和决策，提高政策制定的科学性、及时性和前瞻性。近年来，人民银行、证监会等宏观管理部门也致力于研究建立我国的金融市场压力指标体系，但苦于没有波动率指数这一核心指标，一直未取得实质性进展。

总而言之，我国应该尽快编制境内市场的波动率指数，形成与股票指数相互配合、相互补充的市场风险管理指标体系，对促进证券市场平稳运行，发挥证券市场对实体经济的服务功能有着非常重要的意义。首先，建立一套包含波动率指数的金融市场监测体系，能对市场运行状态进行更为精确的判断，及早发现经济运行、证券市场运行中可能存在的隐患，从而提升政府决策的前瞻性、针对性和有效性；其次，建立衡量市场波动率的指标体系，能形成对境内市场投资者信心的合理判断，并形成长期的跟踪，有助于市场监管者找出监管规律，制定后续监管政策。如果2008年金融危机期间的波动率指数保留下来，将对完善境内金融市场的发展具有非常重要的借鉴作用；此外，在对外开放的大趋势下，建立波动率指数还可以衡量境外市场波动对境内的影响。通过对全球金融危机、欧债危机期间境外市场对境内市场波动率的影响，有助于我们了解境内外金融市场的作用机理，制定相应的开放政策，确保整体经济环境的平稳。

波动率指数编制的基础是股指期权市场，由于境内金融市场起步较晚，我国境内尚未开展股指期权产品的交易。为此，有必要尽快开展股指期权交易，形成丰富的产品结构，建设多层次的资本市场，为证券市场运行提供全方面的视角和信息。同时，及早开展境内波动率指数的编制工作，为监管部门提供政策制定的重要参考信息，将宏观政策制定从单一价格指标的束缚中释放出来，这对维护证券市场的长期平稳运行，确保证券市场功能的稳步发挥，推动境内实体经济建设步伐有重要而深远的意义。

第七章

股指期权做市商制度

第一节 做市商制度的必要性

从全球期权市场发展情况看,期权市场具有流动性较为分散的特点,有可能出现流动性不足的情况,大部分活跃的期权市场都引入了做市商制度。在我国境内市场上市期权产品,虽然我国资本市场投资者众多,但相比证券、期货产品,期权产品具有不同的产品特性、交易方式、交易与结算制度,专业性强,投资者对其有一个熟悉的过程,期权市场也可能出现流动性不足的情况;即使期权市场部分合约没有交易量担忧,但由于我国个人投资者多以投机交易为主,市场定价在某些时段内可能会出现价格大幅偏离、期权市场定价不合理的情况,因此适时在期权市场引入做市商制度有助于提升期权市场效率,促进期权市场平稳、健康发展。

一、期权市场引入做市商制度有助于降低期权市场交易成本和提升市场效率

从全球期权市场的普遍实践经验来看,由于期权产品的合约数量众

多，期权市场的流动性的分散程度远远高于证券、期货市场，期权市场更易出现流动性不足和不平衡的现象。对于初期的期权市场，由于其专业性强，投资者有个熟悉与渐入的过程，我国境内期权市场也可能出现流动性不足或者流动性不平衡的情况。例如，在竞价交易机制的期权市场上，对于深度虚值、深度实值、远月的期权合约会经常出现没有任何买卖指令的情况，投资者无法以合理的价格和时间成本交易这些期权合约。这种情况将会导致有意长期持有期权合约的套期保值者需要根据持有合约流动性的情况不断进行调仓和展期操作，将会大幅增加套期保值者的交易成本。期权市场流动性局部的不平衡将严重影响投资者的持仓信心，较高的交易成本将影响期权市场的整体效率，不利于期权市场的功能发挥。因此，我国境内期权市场有必要适时引入做市商制度，为交易不活跃的期权合约提供流动性保障，提升期权市场效率和促进期权市场功能发挥。

二、期权市场引入做市商制度有助于防范价格异动风险，促进价格稳定

从目前发展状况来看，我国境内期货市场交易总体比较活跃，但是买卖价差、市场深度、价格冲击成本和执行时间等指标还与境外成熟市场有一定的差距。未来我国境内期权市场引入做市商制度可以有效减小买卖价差，增加市场深度，降低价格冲击成本和执行时间，从而进一步降低大单指令对市场的价格冲击影响，防范价格过度波动风险。此外，由于期权产品具有买方、卖方权利和义务不对等的特点，我国境内期权市场发展初期有可能出现个人投资者群体较倾向于买入期权的操作，容易导致期权市场局部的短期买卖不平衡。引入做市商制度有助于承接期权市场局部短期的买卖不平衡，建立防范期权市场价格波动的第一道防线。

三、期权市场引入做市商制度有助于投资者理性参与交易

期权对于我国境内市场的投资者来说还是一个新产品，其产品特性及交易方式、交易制度等都与期货、证券产品有很大不同，专业性强，投资者对于期权的认识和熟悉需要一个过程，在期权产品上市初期适时引入做市商制度有助于引导广大个人投资者理性参与交易。首先，我国境内市场

个人投资者众多，占市场交易量的比例较高，因此市场容易受到羊群效应的影响，出现价格在一定时间内非理性波动的现象，在期权市场中引入做市商提供合理的买卖双边报价，有利于引导市场合理报价和理性参与交易。其次，引入做市商制度可以有效提升期权市场机构投资者的参与比例，改善期权市场投资者结构。最后，期权市场做市商在部分期权合约价格出现明显偏离的情况下及时进行跨市场、跨合约交易操作，可以促进价格迅速回归到合理范围之内。

第二节　境外做市商制度的实践经验

以香港交易所、台湾期货交易所、韩国交易所、芝加哥期权交易所（CBOE）、欧洲期货交易所（Eurex）和伦敦国际金融期货交易所（NYSE–Euronext. LIFFE）等六家成熟期权交易所作为研究对象，对其期权做市商的参与模式、资格准入、交易模式、权利义务和监督管理等方面进行研究和分析，可以总结期权做市商制度的核心内容与共性特点：

第一，做市商一般以交易所会员（或交易所参与者、交易权持有人）的身份开展做市，且交易所往往会对做市商业务设置一定的准入门槛。从各市场有关准入条件来看，主要是从财务实力和专业化程度等角度提出要求，如资本金水平、技术系统、交易经验、专业人员配备、监管记录等。

第二，做市商需履行规定的报价义务，一般分为双边报价和回应询价义务。香港市场将其做市商分为回应报价做市商和连续报价做市商两类。部分交易所对做市商的义务类型进行了较为复杂的分类，如芝加哥市场的做市商分为指定做市商、电子交易指定做市商、普通做市商三类；伦敦市场做市商分为主做市商、竞争做市商等五类。我国台湾市场和韩国市场则没有对做市商进行分类。无论分类与否，做市商作为一个整体，其主要义务都包括主动持续报价与回复询价两方面。同时，交易所对报价维持时间、连续报价时间、最小报价量、询价回应时间和询价应答率等一般都有明确要求。

第三，为促使做市商提供更好的报价，交易所一般会赋予做市商一定权利。对于完成做市义务的做市商,根据其对市场的贡献情况,交易所给予其必要的权利,包括减免交易费用、减收保证金、豁免持仓限额等。减免交易费用的方式包括按交易量递增减免①或固定比例减免②两种方式,一般与其回应询价比率和持续报价时间两个指标挂钩。减收保证金的具体方式包括采取组合保证金制度及按固定折扣收取保证金等。持仓限额豁免,如台期所对做市商的持仓限额一般为法人持仓限额的3倍。

第四,做市商的监管以交易所自律监管为主,包括持续考评做市商的资格条件、考核义务履行情况,以及监控做市商是否存在违规行为,甚至操纵市场等。在考评资格方面,主要是其财务状况、高管变动、处罚诉讼、风险控制,以及业务能力等;在考核义务履行方面,主要是报价行为是否符合时间、数量等要求,对无故不履行相关义务的做市商及时取消和更换;在监控违规方面,主要是对其采取重点、单独的实时监控,并要求定期公布和报告其交易情况。

一、香港交易所

香港交易所于 1993 年推出恒指期权,随后于 1995 年推出了股票期权。香港交易所在推出期权交易时即引入了做市商制度(做市商制度在香港称为"庄家制度"),采用了竞价和做市商混合的交易机制。根据香港交易所对 2011 年 7 月至 2012 年 6 月衍生品市场成交情况的统计显示,香港指数期权市场是一个以机构投资者为主,个人投资者有限参与的市场。在上述的交易时段内,恒生指数期权做市商成交占比为 46%,H 股指数期权的做市商交易占总成交的 33%,均超过了其他机构投资者和个人投资者。做市商在指数期权市场成交活跃,市场占比较高,为市场提供了充分的流动性,发挥了重要的作用。

(一)香港期权做市商分类

香港交易所将其做市商分为回应报价做市商和连续报价做市商两大类。目前,在香港交易所上市的股指期权产品主要包括恒生指数期权、小

---

① 台期所采用交易量递增减免方式,随着做市交易量与报价持续时间的增加,费用折扣比率从 2% 递增至 20%。

② 香港交易所采用固定比例减免方式,固定地减免 80% 的做市商交易费用。

型恒生指数期权和 H 股指数期权三个品种，均建立了做市商制度。目前，恒生指数期权的回应报价做市商有 3 家，连续报价做市商 16 家；小型恒生指数期权的回应报价做市商有 3 家，连续报价做市商 13 家；H 股指数期权的回应报价做市商有 2 家，连续报价做市商 11 家。

（二）香港期权做市商的资格管理

交易所参与者（Exchange Participant）才可以申请成为期权做市商。申请成为做市商至少应满足以下条件：交纳 500 万港元；具有一定的交易经验；内部控制和风险管理体系完善；具备充分的资金运作能力等。

经香港交易所批准后，每个做市商被分配为不少于 2 个期货合约和 8 个期权合约系列做市，另外参与者也可向交易所申请为某一类别的期权合约做市。得到批准的交易所参与者将获得市场做市执照，做市执照的授权期限最少为一年。

（三）香港期权做市商承担的义务

股指期权做市商的主要义务（见表 7-1）如下：

一是对所有期权系列回应报价。做市商收到询价要求后才进行报价，按要求对询价进行回应。每个月做市商最低的回应比率为 70%，每次报价的最低合约数量为 5 张，在 20 秒内完成报价回应，并且维持时间最少 20 秒。

表 7-1　　　　　香港交易所做市商报价义务

报价类型	报价对象	回应比率	报价时间	报价单位	报价价差
回应报价	所有期权	70%比率	20 秒内回应，20 秒内维持	至少 5 手	近三个月份：权利金为 1-750 点，最大价差为 30 点或买价的 10%（以较高者为准）；权利金在 750 点以上者，最大价差为 75 点
持续报价	负责期权	70%时间	20 秒内维持	至少 5 手	远月的三个月份：权利金为 1-750 点，最大价差为 30 点或买价的 20%（以较高者为准）。权利金在 750 点以上者，最大价差为 150 点

二是对部分期权系列持续报价。不论有无询价要求，做市商都要主动

为其负责的期权系列（而非全部）进行持续报价，使其价差符合交易所的要求。每个月份做市商最少要在 70% 的时间内持续报价，每次报价的最低合约数量为 5 张，并且维持报价时间最少 20 秒。

香港交易所规定每日早上开市时前 5 分钟及合约到期日，做市商不需要为做市合约提供报价。提供持续报价的期权做市商，需从以下 40 个期权系列中（见表 7 - 2）选择不少于 24 个期权系列（小型恒生指数期权则为 12 个期权系列），以提供买入、卖出价的持续报价。

表 7 - 2　　　　香港交易所指数期权做市商指定的期权系列

合约月份	期权价位	可选择的期权系列	
		认购期权	认沽期权
当月	虚值期权	5	5
	实值期权	3	3
第二个月	虚值期权	6	6
	实值期权	2	2
第三个月	虚值期权	3	3
	实值期权	1	1
小计		20	20
合计		40	

（四）香港期权做市商享有的权利

香港交易所做市商享有的权利主要体现在交易费用优惠方面。交易所的做市商必须符合期权做市商的报价义务，如果当月参与者不符合做市商的规定，那么该名做市商不会获得该月份的做市奖励，须按交易有关合约细则所指定的收费支付全数交易费用（见表 7 - 3）。

表 7 - 3　　　　　　　　做市商手续费优惠

产品	做市商交易费用（港币：元）	做市商在其他股票指数产品的交易费用（港币：元）	标准费用（港币：元）
恒生指数期货（HSIF）	不适用	3.50（HSIO, MHIF 或 MHIO）	10
恒生指数期权（HSIO）	2.00	3.50（MHIF 或 MHIO）	10
小型恒生指数期货（MHIF）	0.50	1.00（HSIO 或 MHIO）	3.50
小型恒生指数期权（MHIO）	0.40	0.70（HSIO 或 MHIF）	2.00

续表

产品	做市商交易费用（港币：元）	做市商在其他股票指数产品的交易费用（港币：元）	标准费用（港币：元）
H股指数期货（HHIF）	0.50	1.00（HHIO）	3.50
H股指数期权（HHIO）	0.50	1.00（HHIF）	3.50
小型H股指数期货（MCHF）	不适用	0.70（HHIF或HHIO）	2.00
恒指股息点指数期货	0.60	不适用	3.00
恒生国企股息点指数期货	0.30	不适用	1.50
恒指波幅指数期货	2.00	不适用	10.00

香港交易所除了规定做市商在交易其指定的做市品种时可以享受一定手续费优惠外，其在交易其他部分产品时还将有进一步的优惠措施，例如H股指数期权做市商在交易H股指数期货时，手续费由3.5港元优惠为1港元。

（五）香港交易所对期权做市商的监管

香港交易所规定做市商的做市交易必须使用自有账户，不得使用做市商账户接纳任何客户的报单与交易。

香港交易所如果认定市场出现异常情况，且可能对做市商有效对冲其持仓的能力构成不利影响时，可以决定暂停或修订做市商的部分或全部做市规定。

若做市商连续两个月未能达到报价要求，交易所有权取消其做市的资格。若交易所认定存在其他违反交易所规定的情况，交易所也有权收回其相关的做市资格。

二、台湾期货交易所

台湾期货交易所（以下简称台期所）在2001年12月推出台指期权时，为了防范台指期权流动性不足的问题，同步推出了期权做市商制度。台期所与期货行业一致认为，做市商制度既有利于价格的平稳和合理，又提供了流动性，活跃了市场，是台指期权成功的重要因素之一。根据台期所提供的数据，目前做市商在股指期权产品上的交易量占比约为40%，在自营类账户的交易中大约有75%的交易量来自于做市商账户。做市商已经是台湾期权市场上举足轻重的主要参与者。

在做市商制度刚起步时，台湾期权市场有 6-7 家做市商。随着市场的快速发展，台湾期权市场曾一度有 24 家做市商同时活跃在期权市场上。台期所在市场发展过程中不断提高做市商的进入门槛，提高做市义务要求和降低交易费用减免的比例，直接导致一部分资质较差的做市商无利可图并自动退出市场。目前，台湾期权市场日趋完善并且竞争激烈，做市商的个数减少至 11 家。

（一）台湾期权做市商分类

台湾期货交易所并没有对其做市商进行明确分类，各个做市商在权利义务等方面均没有明显区别。截至 2015 年 6 月，其代表性股指期权产品——台指期权的做市商有 11 家，包括中信银、群益期货自营、元大期货自营、澳帝华、法商兴业证券、统一证券自营、元富证券自营、国泰综证自营、巴黎证券自营、凯基证券自营和元大证券自营，其中元大证券、澳帝华与法兴证券三家做市商市场份额较大。

（二）台湾期权做市商申请

台期所的做市商均为其会员，一般为台湾期货自营商（专营或兼营）。期货自营商申请成为台期所做市商，应经其董事会同意，并在公司内部控制制度中增加做市业务，并提交以下的材料：申请书；董事会议纪录；实施做市业务的内部控制制度；实行计算机系统自动应答报价的申请者，提供计算机系统安全的声明书；其他交易所规定需要提交的材料。

为活跃公债期货与黄金期货，台湾还允许特定的非期货公司法人机构会员申请成为做市商。由于黄金期货的主要交易者为黄金制造业者，公债期货为银行，因此台湾适度放开了非期货自营商的法人机构参与做市业务。例如，开放银行、证券自营商、保险、票券商和具有该项商品交易经验的其他法人承担公债期货做市商，开放银行成为黄金期货的做市商。

（三）台湾期权做市商承担的义务

做市商必须按照交易所的要求进行报价。台期所针对不同的品种设置了不同的报价要求。在台指期权上：（1）做市商需要按交易时段规定进行报价；（2）当交易市场出现询价消息后，做市商必须在收到询价要求的 20

秒内进行双边报价；（3）每次回应报价必须维持 20 秒以上；（4）报价买入和卖出申报数量不少于 20 手；（5）每月按规定回应询价的报单笔数，应达到当月总询价笔数的 70% 以上；（6）每月做市的成交量应达 20 000 手以上；（7）报价之买价及卖价间价差，不得高于表 7－4 的要求。

表 7－4　　　　　　　　台指期权做市商报价要求

申报买价	最近到期月份合约最大价差	非最近到期月份合约最大价差
未达 50 点	3 点	5 点
50 点以上，未达 100 点	5 点	8 点
100 点以上，未达 250 点	8 点	15 点
250 点以上	15 点	25 点

（四）台湾期权做市商享有的权利

台湾期权做市商享有的权利主要在于持仓限额的豁免与交易费用的减免。做市商的持仓限制比自然人和法人宽松，一般为法人持仓限额的 3 倍。如果做市商每月的响应报价请求比率、有效报价累计时间及做市交易量符合交易所的规定，台期所将减免其当月应缴的交易手续费、结算服务费或视市场状况予以奖励。具体的交易费用与结算费用的优惠比例见表 7－5。

表 7－5　　　　　　　　台指期权做市商手续费

类别	成交量做市优惠		报价时间优惠	
	台指期权做市成交量	费用折扣比例	平均每日报价时间	费用折扣比例
1	20 000－59 999 手	2%	1 小时	2.5%
2	60 000－89 999 手	4%	2 小时	5%
3	90 000－119 999 手	6%	3 小时	7.5%
4	120 000－199 999 手	8%	4 小时	10%
5	200 000－279 999 手	10%		
6	280 000－359 999 手	15%		
7	360 000 手以上	20%		

做市成交量指的是以报价成交的交易量及其非报价成交的交易量合计，但是做市成交量的计算以报价成交量的 1.6 倍为上限。同一做市商，其做市账户自行成交或与其所属其他账户相互成交的交易量不计入做市交

易量,并且关联账户交易不能涉及利益输送和不公竞争。

台期所对于做市商每日报价持续时间的计算有严格的规定,在合格的报价持续时间内台指期权做市商需要在近月合约及次月合约平值上下各5档共计40个序列中,至少为24个序列提供持续报价(其中平值以台指期货最近月份合约实时价格为基准)。

台期所还规定,如果做市商还为其他品种担任做市商,那么该做市商还会有手续费上的进一步优惠。

(五) 台湾对期权做市商的监管

台期所规定,做市商从事做市业务时,应本着诚信原则开展业务。做市商应开立做市账户用于开展相关做市业务,并不得使用该账户从事做市业务以外的交易。

三、芝加哥期权交易所

据相关资料记载,CBOE 是最早在期权市场中实行专门的做市商制度的期权交易所。1987 年,CBOE 在原有的普通做市商基础上实行了指定做市商制度(Designated Primary Market – Maker),强化了做市商的作用。2003 年电子远程报价系统的综合交易平台(CBOE Hybrid)的上线,CBOE 又引入了电子交易指定做市商(E – DPM),来更好地对场内和场外的订单进行撮合。

2012 年 CBOE 的期权总成交量为 11.1 亿手,占交易所所有产品交易量的 99% 以上,其中指数期权成交量达到 3.03 亿手,占总交易量的 27%。CBOE 主要的股指期权产品是标普 500 指数期权,2012 年总成交量为 1.74 亿手,占交易所指数期权成交量的 57%。根据相关的资料显示,CBOE 市场的指数期权以机构投资者为主,其中包含了数目众多的做市商会员。

(一) CBOE 期权做市商分类

CBOE 实行指定做市商与普通做市商相结合的做市商制度,其做市商主要可以分为指定做市商(DPM)、电子交易指定做市商(e – DPM)和普通做市商(MM)三类,具有不同的权利和义务。

指定做市商(DPM)由交易所的委员会(Allocation Committee)指定,目前仅有符合条件的机构交易权持有人(TPH Organization)可以申请。根据交易场所不同，DPM 分为 On–Floor DPM 和 Off–Floor DPM。On–Floor DPM 在交易大厅进行交易，Off–Floor DPM 则通过电子盘 Hybrid 做市。

电子交易指定做市商（e–DPM）指交易所间接分配协助 DPM 履行某些特定义务的机构做市商。除场内经纪商和官方义务外，这些特定的义务包括：提供充足资源（资金、技术、人才）、做市历史的稳定性、卓越的业务能力、特定证券的专业做市能力、不同市场的流动性互动能力、流动性的承诺等。一般情况下，一个（或多个）e–DPM 会和 DPM 一起做市同一个（或多个）期权序列。

普通做市商（MM）一般指在交易所登记的以个体形式存在的交易权持有人（Individual TPH）或者机构交易权持有人（TPH Organization），他们以专业商（Specialist）的角色参与市场做市。

（二）CBOE 期权做市商申请

CBOE 规定，做市商须是交易权持有人（TPH）。交易所将根据市场情况，结合对下述因素的考量，指定最适合的申请人作为指定做市商（DPM）：（1）资金能力；（2）业务能力；（3）申请人、关联人以及业务代表人的交易经验和职业操守；（4）申请人执行 DPM 业务人员的数量和经验；（5）申请人、关联人以及业务代表人过往对交易所规则的遵守情况及更高监管机构的监管纪录；（6）申请人对提升交易所市场地位的意愿及能力。对于会员提出的指定做市商（DPM）申请，CBOE 可以批准全部或部分做市品种，以及在场内或场外执行做市操作。指定为市场一篮子合约的 DPM 必须保持至少 10 万美元的可用净资本。

除非交易所豁免其义务或终止其资格，每个指定做市商（DPM）必须时刻遵守交易所的相关规定。如果会员申请终止指定做市商（DPM）资质或其资质被限制，那么交易所有权执行下述操作：（1）在新的指定做市商（DPM）通过审核前，批准一家临时指定做市商（DPM）；（2）在做市义务最终分配方案确定前，将做市义务临时分配给其他一家或几家指定做市商（DPMs）。上述临时措施不应被视为最终的批准或分配标准。

（三）CBOE 期权做市商承担的义务

CBOE 按照不同类型做市商规定了不同的做市义务。CBOE 规定每一个期权合约都有其固定的 DPM，DPM 要负责组织指定合约的交易，而普通做市商则无须对某个合约负责。CBOE 做市商的报价义务如下表所示：

表 7-6　　　　　　　　　CBOE 做市商的报价义务

报价阶段	普通做市商的报价责任	DPM 的报价责任	e-DPM 的报价责任
开盘报价	开盘阶段无报价责任	需要确保通过开盘报价，所有的做市期权能立即开始交易循环。	同 DPM
开盘循环报价价差要求	报价价差要符合法规要求	同普通做市商	同普通做市商
日内报价价差	必须提供双边报价，电子报价的价差不超过 5 美元	同普通做市商	同普通做市商
连续报价	对于指定做市期权中剩余期限小于 9 个月的，做市商必须给其中 60% 的期权提供连续的电子报价	对于有多个做市商指定做市期权，DPM 必须给其中至少 90% 的期权提供连续电子报价；对于只有一个做市商的指定做市期权，即只指定了该 DPM 作为做市商的期权，该 DPM 必须 100% 提供连续电子报价	对于指定的做市期权，E-DPM 必须要给其中至少 90% 的期权提供连续电子报价
应对报价请求的开盘人工喊价	必须回应开盘时所有的口头报价请求，报价价差要符合法规要求，对于客户的报价请求回应的最小报价规模为 10 张合约，对于经纪商的报价请求回应的最小报价规模为 1 张合约	同普通做市商	无
报价规模	初始报价至少为 10 张合约，当报单已被消耗至 0 时，做市商必须补充报单至少到 10 张合约	同普通做市商	同普通做市商
1 张合约的报价规模（1 up quote size）	对普通做市商、DPM、E-DPM 要求相同的责任。日内：当标的物的市场报单量小于 100 股时，则挂钩该标的物的期权的报单量可以为 1 张合约。如果标的物的市场报单不再低于 100 股时，则相应期权的报价规模必须自动回复到至少 10 张合约。Hybrid 开盘循环报价阶段：当标的物的市场报单量小于 1000 股时，则挂钩该标的物的期权的报单量可以为 1 张合约。		

DPM 是 CBOE 管理市场的重要一环。除了上述的做市商报价义务外，CBOE 还要求 DPM 在交易过程中履行以下其它义务：（1）解决负责做市的证券交易中发生的纠纷，并服从交易大厅工作人员（Floor Official）的管理；（2）维持交易所的竞争市场，努力提供交易所品种的流动性；（3）及时告知交易所其资金或交易情况中所发生的重大变化；（4）监督业务相关人员遵守规则；（5）按照交易所的要求，将 DPM 业务与其他业务进行隔离；（6）持续的满足交易所的各项规定。

（四）CBOE 期权做市商享有的权利

CBOE 在成交撮合方面并没有给 DPM 特殊的权利。和其他市场参与者一样，DPM 只有在报价最优的情况下才可能成交。

CBOE 对做市商手续费的优惠体现在两方面：第一，做市商相对其他交易者的优惠；第二，随着成交量的增加，做市商的手续费有部分额外的减免。CBOE 做市商与经纪商交易手续费对比总结如下：

表 7-7　　　　　做市商与经纪商手续费对比

	做市商（普通、DPM/e-DPM）	经纪商
股票类期权	$0.20	手工：$0.25 电子：$0.45
指数类期权	$0.20	OEX、XEO、SPX 和波动率指数：$0.40 其他手工：$0.25 其他电子：$0.45
信用类期权	$0.20	手工：$0.25 电子：$0.45

针对做市商的标准费率 $0.20，CBOE 在此基础上根据成交量的大小提供进一步的手续费减免。除了基于 SPX、VIX 和其他相关波动率指数（如 OEX 和 XEO）的期权外，做市商在交易过程中手续费按以下标准减免。

表 7-8　　　　　CBOE 做市商手续费减免标准

等级	每月合约数（张）	费率
1	前 51000	20 美分
2	51001-810000	18 美分

续表

等级	每月合约数（张）	费率
3	810001 – 2055000	15 美分
4	2055001 – 3285000	10 美分
5	3285001 – 6300000	3 美分
6	高于 6300000	1 美分

（五）CBOE 对期权做市商的监管

CBOE 有权在任意时间对每家 DPM（含 e – DPM）的业务情况等进行检查，检查内容包含：DPM（含 e – DPM）义务履行的情况、做市证券的竞争力等。该项检查每年至少一次，DPM 及其人员须按照要求填写相关信息，供交易所进行审查与评估。普通做市商有义务提供和保留连续的 Hybrid 交易系统的电子报价记录。交易所通过报价风险监控系统（QRM）对做市商的交易、同一期权序列的最大合约数量、占用时间等进行测量。

需要说明的是，做市商并不是必须对所有的报价都作出相应回复。当出现特别偏离的报价时，做市商可以不做回复或不以最优报价回复，此时做市商也不能享受相应的权利。交易所主要是通过一定时间内对做市商的成交量和回复率的要求来督促、控制做市商主动回复报价和提供连续报价。

四、欧洲期货交易所

欧洲期货交易所（以下简称 Eurex）主要指数期权产品为 Euro Stoxx 50 指数期权和 DAX 指数期权。Eurex 的期权产品上市时即实行做市商制度。2013 年 Eurex 指数期权成交量达到 3.17 亿手，其中最活跃的两个产品是 Euro Stoxx 50 指数期权和 DAX 指数期权，成交量分别为 2.25 亿手和 4 229 万手，共占总成交量约 84%。

根据 Eurex 交易所网站对 2014 年 1 月数据的统计情况，指数期权参与者成交量分为代理、做市商与自营三种类型统计，这三种类型参与者的成交量占当期总成交的比例分别为 33.5%、53.4% 和 13.1%。对比 2011 年的数据，代理、做市商和自营的指数期权的成交量占比分别为 31.5%、57.8% 和 10.7%。由此可以看出，Eurex 指数期权的做市商成交量一直超过了一半以上，为提供市场流动性和发展市场发挥了巨大的作用。

目前，约20%的Eurex会员具有做市商的身份，其中一些只为指数期权做市，还有一些不仅为指数期权做市，还为其他产品做市。例如，成交量较大的Euro Stoxx 50 指数期权的做市商一共有35家。

（一）Eurex 期权做市商分类

Eurex 将其做市商分为一般做市商、永久做市商和高级做市商三种类型，各类做市商具有不同的权利和义务。

一般做市商（Regular Market Maker，RMM）：适用于指定的股指期权、股票期权和部分货币期权产品。一般做市商需要为询价提供回应报价。

永久做市商（Permanent Market Maker，PMM）：适用于所有股指期权、股票期权和固定收益期权产品。永久做市商需要为预先指定的产品提供连续报价。对于股指期权产品，永久做市商需要为一部分具有不同到期期限和执行价格的合约提供连续报价，同时还需要为所有指定的合约提供回应报价。

高级做市商（Advanced Market Market，AMM）：适用于预先指定的由股指期权、股票期权和固定收益期权所组成的产品包。高级做市商需要为预先指定的产品包提供连续报价。对于股指期权产品，与永久做市商类似，高级做市商需要为一部分具有不同到期期限和执行价格的合约提供连续报价，同时还需要为所有指定的合约提供回应报价。

（二）Eurex 期权做市商申请

Eurex 交易会员可以成为期权产品的做市商。该会员需通过做市商账户（M账户）报单。Eurex 会自动检查每一个交易会员，看是否满足做市商的要求。一旦满足，即可获得费用方面的优惠。交易所参与者可以向交易所提出申请，为某个或多个交易所认定可以做市的期权做市，交易所在审核时主要考虑申请者是否具有作为做市商所必需的交易知识以及必备的技术设备。

（三）Eurex 期权做市商的义务

Eurex 为不同类型做市商制定了不同的做市要求，这些做市要求根据品种存在一些差异。在股票指数期权上，Eurex 市场期权做市商的义务如

表 7-9 所示。

1. 一般做市商的义务。一般做市商需要至少回应所有报价的 50%，但是一天最多要求回应 150 个报价，一分钟时间内回应，至少持续 10 秒钟。在异常市场，最大的报价差距可以增加 100%，最小的报价大小减少 50%。Eurex 对于不同的指数期权产品设定了不同的最小报价单位，以 Stoxx Europe 50 指数期权为例，对于到期月不超过 8 个月的，最小报单数量为 50 手。对于最活跃的 Euro Stoxx 50 指数期权，一般做市商没有最小报单数量的要求。

2. 永久做市商的义务。永久做市商（PMM）需在交易时段 08:50 - 17:30 连续报价 85% 以上的时间（每月平均计算）。PMM 有义务在每一个交易月份，在当前价格距离 7 个执行价格的基础上，选择不低于 5 个买权或卖权报价。可以进行不对称报价。目前，永久做市商不必对报价进行回应。在异常市场，最大的报价差距可以增加 100%，最小的报价大小减少 50%。Eurex 对于不同的指数期权产品设定了不同的最小报价单位，以 Stoxx Europe 50 指数期权为例，对于 PMM 来说所有合约的最小报价单位为 20 手；对于最活跃的 Euro Stoxx 50 指数期权，PMM 最小报单数量的要求为 100 手。此外，Eurex 针对不同的期权产品对 PMM 规定了不同的最大价差，以 Euro Stoxx 50 指数期权为例，PMM 的最大价差在 0 - 5.3 时为 1，在 5.4 - 53.3 时为 20%，大于 53.5 时为 10.7。

3. 高级做市商的义务。高级做市商需在交易时段 08:50 - 17:30 连续报价 85% 以上的时间（每月平均计算）。PMM 有义务在每一个交易月份，在当前价格距离 7 个执行价格的基础上，选择不低于 5 个买权或卖权报价。可以进行不对称报价。目前，高级做市商不必要对报价进行回应。在异常市场，最大的报价差距可以增加 100%，最小的报价大小减少 50%。高级做市商的最小报价单位要求和 PMM 一样。以 Stoxx Europe 50 指数期权为例，对于 AMM 来说所有合约的最小报价单位为 20 手。对于最活跃的 Euro Stoxx 50 指数期权，AMM 最小报单数量的要求为 100 手。

（四）Eurex 期权做市商的权利

Eurex 做市商主要的权利在于两个方面，一方面是可以有交易费用的优惠，另一个方面是可以超过一般投资者的持仓限制。

表 7-9　Eurex 指数期权做市商义务

做市商类别	回应报价	报价义务	最小报价单位	异常情况
一般做市商（RMM）	必须回应	至少回应50%，1分钟内回应，持续10秒，最多要求回应150个报价	Stoxx Europe 50 至少50手，Euro Stoxx 50 最小手数无要求	最大的报价差距可以增加100%，最小的报价大小减少50%
永久做市商（PMM）	不要求回应	持续报价85%以上时间，7个最近的合约至少报价5个，一定情况下可以修正报价	Stoxx Europe 50 至少20手，Euro Stoxx 50 至少100手	
高级做市商（AMM）	不要求回应	持续报价85%以上时间，7个最近的合约至少报价5个	Stoxx Europe 50 至少20手，Euro Stoxx 50 至少100手	

1. Eurex 做市商的交易费用优惠。如表 7-10 所示，Eurex 对符合要求的做市商的交易费用有较大的折扣，例如指数期权 RMM 和 PMM 折扣为 55%，而符合 AMM 的折扣更是高达 80%。

表 7-10　Eurex 期权做市商交易费用优惠

产品/产品系列	符合 RMM 和 PMM		符合 AMM	
	报单或执行	场外	报单或执行	场外
股票指数期权	55%	40%	80%	60%
股票 Options	55%	40%	80%	
黄金期权 白银期权	75%	NA	NA	NA
ETF 期权	50%	50%	75%	75%
利率期权	80%	80%	NA	NA
Xetra-Gold 期权	50%	NA	NA	NA

2. Eurex 做市商持仓限额优惠。对于交易所的做市商参与者，交易所可以指定特殊的持仓限额。在交易过程中，做市商的持仓被授权可以暂时超过持仓限制，但是在交易结束时，做市商必须满足持仓限制的要求。如果作为做市商的结算会员没有对交易费用进行折扣或者是交易会员作为做市商，那么做市商账户的成交量必须计入总的成交量。

（五）Eurex 期权做市商的监管

由于 Eurex 市场的做市商制度比较简单，任何通过做市商账户的报单，如果符合交易所做市商的报价要求，就可以获得相应的奖励。在这种宽松的监管环境下，Eurex 的主要监管工作是降低做市商的操作风险和市场风险。Eurex 为做市商提供了一定的保护措施："做市商保护工具"可以有效阻止做市商过度成交；"做市商连接监视器"用来监视做市商与 Eurex 系统的连接情况，一旦连接出现问题，系统将自动删除该会员 ID 下所有的报价；"Market-Making Heartbeat"可以有效限制连续报价做市商的操作风险等。

五、伦敦国际金融期货交易所

伦敦国际金融期货交易所（NYSE - Euronext. LIFFE，以下简称 LIFFE）在期权产品上实行做市商制度。2012 年，LIFFE 的衍生品总成交量为 9.56 亿手，其中指数期权总成交 3 858 万手。LIFFE 主要的股指期权产品是 AEX 股指期权和 FTSE 100 股指期权，2012 年成交量分别为 1 715 万手和 1 549 万手，占指数期权总成交量的 85%，其他股指期权合约交易量很小。

（一）LIFFE 期权做市商分类

纽交所集团公司（NYSE - Euronext）下辖多个跨国市场，专门针对不同市场的需求制定了做市商制度，确保能为市场提供充分的流动性。NYSE - Euronext称做市商为"流动性提供者"，并把做市商分为以下五类：（1）主做市商（PMM）：对一个合约的所有指定到期的系列有报价义务；（2）主流动性提供者（PLP）：对指定系列的实值或虚值期权有报价义务；（3）竞争做市商（CMM）：有义务对实值附近的一些合约提供报价，并响应报价请求；（4）响应做市商（RMM）：有义务对询价作出回应报价；（5）指定做市商（DMM）：与响应做市商类似，有义务对询价作出回应报价。

作为 Euronext 集团旗下的一家交易所，LIFFE 也对其上市的不同产品采用了不同的做市商制度。例如，对于 FTSE 100 指数期权，LIFFE 采用的做市商类型主要为主流动性提供者（PLP）、竞争性做市商（CMM）和指定做市商（DMM），而 FTSE 100 分红期权则采用了主做市商（PMM），股票期权一般采用 PLP 和 CMM，Topix 指数期货采用 PMM 等。目前，LIFFE

市场存在数百家各种类型的做市商。

(二) LIFFE 期权做市商申请

交易所规定所有会员均有资格申请 PLP 和 CMM 做市商，但是只有具有适当交易权利的会员才能申请 PMM 做市商。会员申请成为 PLP 和 CMM，必须填写交易所要求的申请表格，提交至衍生品市场质量管理部门，交易所将按照会员以往的交易情况和人员、技术资源进行审核，并按照 PLP 和 CMM 的数量要求批准申请。

会员申请成为 PMM，同样需要填写交易所要求的申请表格以及 PMM 的计划资料等，提交至衍生品市场质量管理部门，交易所将按照会员以往的交易情况和人员、技术资源进行审核。每个产品的 PMM 不超过 4 个，如果期限内的 PMM 不到 4 个，会员可以随时申请。交易所选取 PLP 和 CMM 基于以下两点：（1）之前的交易所做市商工作经验；（2）技术和人力资源对做市的支持。

(三) LIFFE 期权做市商的义务

LIFFE 针对不同的产品有不同的做市要求，下面以 FTSE 100 指数期权和个股期权为例，说明 LIFFE 市场期权做市商的义务。FTSE 100 指数期权的做市商有 PLP、CMM 和 DMM，其中 PLP 又根据做市期权的期限分为短期 PLP 和长期 PLP；个股期权包括目标组和非目标组，目标组包括英国流动性最好的 30 个股票期权，非目标组是目标组以外的股票期权，PLP、CMM 做市商分为目标组和非目标组。具体的做市义务见表 7-11。

表 7-11　　　　LIFFE 指数期权和个股期权做市商义务

类型	FTSE 100 指数期权				个股期权			
	短期 PLP	长期 PLP	CMM	DMM	目标组 PLP	非目标组 PLP	目标组 CMM	非目标组 PLP
报价对象	3 个月内，前 2 个实值和前 8 个虚值；13 个月内，前 1 个实值和前 4 个虚值系列	13 个月以上，第一个实值期权和前 4 个虚值期权	13 个月以内，规定数量的平值期权和实值的系列	所有品种与系列	3 个月内，前 2 个实值和前 8 个虚值；13 个月内，前 1 个实值和前 4 个虚值系列	9 个月内，前 1 个实值和前 4 个虚值系列	13 个月以内，规定数量的平值期权附近的系列	9 个月以内，规定数量的平值期权附近的系列

续表

报价要求	FTSE 100 指数期权				个股期权			
	90% 的交易报价	80%的交易报价	90%的交易报价	通过电话或系统90%的询价提供报价,通过系统必须在20秒内回应报价,60秒内回应认可的策略	90%的交易报价	80%的交易报价	90%的交易报价	80% 的交易报价
数量限制	最多5个短期PLP	最多3个长期PLP	最多10个CMM	无	最多5个PLP	最多5个PLP	最多5个CMM	最多5个CMM
其他	不能与其他类型的做市商同时享受优惠							

除了对做市商的报价义务作出规定,LIFFE 还对做市商报价最大价差制定了详细的要求,并要求每次最小下单数量不低于10手(见表7–12)。

表 7–12　　　　　LIFFE 期权做市商报价要求

期限（月）	期权报价					
	0 – 2.50	2.51 – 5.00	5.01 – 10.00	10.01 – 25.00	25.01 – 50.00	50.01 – 100.00
0 – 3	1.5	1.5	2	2.5	3	4
4 – 12	1.5	2.5	3	4.5	6	7
> 12	4	5	7	8.5	10	13
期限（月）	100.01 – 200.00	200.01 – 300.00	300.01 – 400.00	400.01 – 500.00	500.01 – 600.00	> 600
0 – 3	5	6	7	8	9	10
4 – 12	8	9	10.5	12	13.5	15
> 12	14	14	14	16	18	20

(四) LIFFE 期权做市商的权利

LIFFE 市场对做市商的奖励主要为手续费用的折扣,并根据做市商的类型制定了不同的奖励。

1. PLP 和 CMM 的奖励。每个 PLP 和 CMM 的奖励为交易所交易费用折扣，折扣比例由会员的做市义务和做市期权数量决定，表 7-13 显示了不同表现类型的做市商评价。

表 7-13　LIFFE 期权做市商 PLP 和 CMM 评估类型

评估	指数		个股	
	短期富时期权	长期富时期权	目标组	非目标组
1 级	≥90%	≥80%	≥90%	≥80%
2 级	≥70%，<90%	≥65%，<80%	≥70%，<90%	≥65%，<80%
3 级	≥50%，<70%	≥50%，<65%	≥50%，<70%	≥50%，<65%
4 级	<50%	<50%	<50%	<50%

如果会员拥有短期和长期、目标组和非目标组多个角色，那么其表现评估将按平均计算。富时期权的长期做市商只有在认为改善了整体市场时，才被计入账户。根据评估级别，PLP 和 CMM 可以得到不同的手续费优惠（见表 7-14）。

表 7-14　LIFFE 指数期权做市商 PLP 和 CMM 费用优惠

类型	评估级别			
	1 级	2 级	3 级	4 级
PLP	15%	20%	25%	25%
CMM	15%	20%	25%	25%

如果做市商还有其他的证券做市义务，可以得到更加优惠的手续费，例如 PLP 同时为 20 个以上的证券做市，那么达到一级的可以有 4% 的折扣。目前，FTSE 100 指数期权标准手续费是每手 25 便士，个股期权是每手 37 便士。

2. DMM 的奖励。DMM 交易费用折扣主要考虑其成交量情况，根据成交量的大小确定不同的优惠比例。交易所规定只有符合要求的成交量才计入做市商的成交量，如果做市商使用的做市操作没有使用自营账户，那么会员必须向交易所提供相关的业务说明，通过交易注册系统作为非客户交易（见表 7-15）。

表 7–15　　　　LIFFE 指数期权做市商 DMM 费用优惠

成交量	费用折扣
0 – 50 000	25%
50 001 – 100 000	20%
100 001 – 350 000	15%
350 001 以上	10%

LIFFE 计算 DMM 的手续费使用边际方法，例如某个 DMM 做市商的成交量为 15 万手，那么该 DMM 的第一个 5 万手按照 25% 的手续费收取，第二个 5 万手按照 20% 的手续费收取，第三个 5 万手按照 15% 收取。

（五）LIFFE 期权做市商的监管

与 Eurex 交易所类似，LIFFE 交易所做市商的申请非常简单，只需要符合基本条件即可，因此 LIFFE 对于做市商的监管主要对 DMM 进行，设有专人对做市商进行管理。如果 DMM 不符合交易所的规定或不利于市场，交易所有权采取一个或多个下列操作：（1）将不能收取进一步的回扣；（2）收回部分或全部打折的交易费用；（3）即日起通知终止 DMM 协议。

不过为了保护做市商，交易所又制定了一些豁免条款：做市商的买卖报价价差必须低于特定指标，但是当市场现有买卖报价的价差已经小于或者等于上述最大价差时，免除做市商的报价义务。而且当市场状况使做市商无法正常履行其义务时（如价格发生剧烈波动），做市商可以暂停报价，但暂停时间不能超过 15 分钟。

第三节　境内市场引入做市商制度的认识误区

做市商制度是目前全球金融市场为提升流动性而广泛采用的一项交易制度，全球大部分期权市场都引入了做市商制度。由于我国境内交易所市场尚未引入做市商制度，市场对做市商及其功能作用的认识和理解需要一个过程。期权做市商对市场流动性的影响、做市商与市场操纵的关系、做市商与程序化交易的关系以及做市商对市场供求关系的影响是引入做市商制度的重要问题，正确理解和认识这些问题对于推进我国股指期权市场做市商制度的设计和建设有着重大的意义。

一、做市商对期权市场流动性的影响

流动性是衡量市场运行质量的一个重要指标。流动性一般可以从市场深度和买卖价差等角度来衡量，市场深度越大、买卖价差越小，表示市场流动性越好。期权市场引入做市商制度的根本目的就在于为市场提供流动性。多数情况下，做市商制度是增强期权市场流动性的重要手段，但是，做市商制度也非解决流动性的万能之策，做市商为市场提供流动性功能的发挥需要一定的条件，在某些市场或者某些特殊情况下，仅依靠做市商可能无法根本解决市场的流动性问题。

（一）做市商制度是增强期权市场流动性的重要手段

场内期权产品的合约数量较多，不同期权合约上的流动性分布不平衡，对于某些深度虚值或实值期权合约，可能出现交易日内没有成交或报价的情况。针对期权产品流动性的特点，全球主要期权市场大多采用引入做市商制度作为平衡流动性分布、增强不活跃期权合约流动性的重要手段。

从做市商的基本业务模式来看，做市商一般承担的义务包括持续双边报价和回应市场询价，这使得做市商的日常交易行为对市场流动性的改善具有一定程度的贡献。

首先，从做市商连续报价的义务来看，做市商在某些合约上承担连续的双边报价义务，从多个方面提高了市场的流动性。一方面，做市商间互相竞争的持续双边报价可以有效减小这些合约上的买卖价差，减小投资者单笔买卖的交易成本；另一方面，做市商持续的双边报价在一定程度上能够提高合约的报价深度和厚度。做市商一般在多层价格档位上提供双边报价，一方面提高了各个价格档位上的报价深度，同时可以增加报价档位，提高了报价厚度。报价深度和厚度的提高，可以有效地减小大单对市场价格的冲击，减小投资者的交易成本和提升市场效率。

其次，从做市商回应询价的义务来看，做市商可以为不活跃的合约提供必要的流动性，为投资者在不活跃合约上提供了进出的便利。做市商对投资者在不活跃的合约提出的询价请求有回应的义务，对于近月的深度实值或虚值以及远月等不活跃的合约，投资者可以通过询价的方式要求所有具有回应询价义务的做市商对其进行双边报价，从而达到交易的目的。因而，做市商可以为交易不活跃的期权合约提供基本的流动性保障，提升市场效率和促进期权市场功能发挥。

最后，从境外市场实证结果来看，大量的研究结论也表明，做市商制度可以显著增强期权市场流动性。由于合约市场流动性过低，以色列特拉维夫证券交易所于2004年在锡克尔/欧元外汇期权上引入做市商制度。对引入做市商前后市场流动性的实证研究表明，做市商制度显著提高了期权的流动性，主要体现在日均成交量和日持仓量显著提高、买卖价差显著降低和市场深度增加[1]。悉尼证券交易所（SFE）于2005年在其3年期的联邦债券期权市场引入了做市商制度，实证研究表明做市商制度引入后，期权市场产生买卖价差明显下降、成交量与市场深度显著增加的变化，流动性获得显著改善[2]。台湾期货交易所关于台指期权做市商制度功能的实证研究（研究数据采样期间为2002年1月至2003年8月）表明，做市商的参与显著提升了台指期权的各类流动性指标。

（二）在某些特殊情况下，做市商为市场提供流动性的作用有限

虽然多数情况下，做市商履行做市义务，是期权市场重要的流动性提供者，但在某些情况下做市商可能并不能为市场提供流动性，甚至反而会消耗市场流动性。

1. 做市商流动性功能的发挥需要市场本身具有一定的流动性基础。做市商的根本功能在于缓解和改善市场投资者之间的买卖力量在时间和数量上的不平衡。就做市商本身而言，其并不是所交易产品的最终需求者，其发挥提供流动性功能的基本条件就是市场投资者对产品有一定的交易需求，即市场本身有一定的流动性基础，做市商在市场买卖力量不平衡时充当相应对手方的角色，使市场上的报价能够被成交，从而增加市场流动性。在一个终端交易需求较低的市场，即使有再多的做市商参与开展做市

---

[1] 参见 Rafi、Eldor 等四位教授在 2004 年完成的报告 The contribution of market makers of liquidity and efficiency of options trading in electronic markets。

[2] 参见 Frino、Aspris 和 Lepone 在 2007 年 4 月的研究报告 Does the Introductino of a Market Maker improve market quality: evidence from the SFE 3 year Treasury Bond Options Market。

业务，仍然无法显著地改善市场的流动性。因此，追本溯源，市场流动性的基础来源于市场投资者对产品的需求，而做市商是在此基础上作为辅助增强或改善市场流动性的手段，其本身并不能创造出额外的市场流动性。

2. 市场极端情况下，交易所一般会豁免做市商的做市义务。作为参与市场交易的机构之一，做市商在开展做市业务，为市场提供流动性服务同时，也需要获得目标收益。这意味着，当市场出现极端行情，流动性衰竭时，做市商出于自身风险控制的需要，也不可能在此时承担亏损来无偿地为市场提供流动性。从全球市场的做市商制度安排来看，为了保护做市商在市场极端行情下因履行做市义务而遭受损失，交易所通常会在与做市商签订的协议中约定在极端市场行情下做市商可以豁免做市义务。从这点来看，在市场极端行情下，做市商提供流动性的作用有限。

3. 做市商在某些时候出于管理存货风险的需要而进行的交易可能消耗部分流动性。纵观做市商的做市过程，在大部分时间内，做市商通过双边报价为市场提供流动性。然而，在某些时候，做市商在报价成交的过程中不可避免地会积累一定数量的单方向净头寸，需要尽快地对这些头寸进行风险对冲。通常来说，做市商会通过两种方法实现风险对冲，一是通过调整报价快速实现反向交易以降低库存头寸，二是通过交易替代品来对冲存货风险。无论是哪种模式，做市商对不同的产品都有快速实现交易的需求，只能通过调整报价实现快速成交的目的。因此，做市商在持续提供流动性的同时，在某些时候出于对冲风险的需求将有可能会消耗本市场或其他市场的部分流动性。

二、与做市商相关的价格操纵风险

价格操纵是指利用资金、信息或者某些特权的优势影响市场价格来获得不合理收入的行为。做市商由于大量地参与市场交易，并且享受了交易所的一系列优惠措施，因而经常被质疑具备价格操纵的优势，容易发生操纵市场价格的风险。然而，理论和实践经验表明，做市商较少发生价格操纵现象。

（一）做市商的业务模式并不形成价格操纵的优势

从做市商的业务模式来看，其在履行报价义务、为市场提供流动性的同时，由于承担一定的额外风险而享受一定的优惠。做市商的这一业务模式并不存在进行价格操纵获取利益的潜在诉求。首先，做市商的交易量虽然较大，但多数都是在满足交易所规定的要求下进行的做市交易，属于被动的交易，很难进行价格操纵。其次，做市商享受的优惠主要是交易所对做市商承担风险给予的合理补偿，主要包括交易手续费、保证金以及持仓限额等方面的优惠，但在交易、结算机制以及信息等关键要素上做市商均没有特权，在目前全球期权市场通行的指令驱动做市商制度下，做市商与普通投资者的报单同等对待，共同参与竞价撮合，不形成相对于普通投资者的优势。此外，做市商一般根据其自身所确定的目标收益以及市场的交易成本之和来确定双边报价的价差，赚取相对较稳定的、收益率水平相对较低的利润，而且交易所对于做市商进行格操纵的违规处罚一般较为严厉，做市商的违规成本较高，从这方面来看，做市商不存在进行价格操纵以获取利益的动机。

（二）严格的风险控制制度使做市商较少发生价格操纵等重大违法违规风险事件

交易所在制定做市商制度时，会专门制定做市商的监管办法，针对做市商的交易行为进行单独的实时监控，一旦发现违规报价和不合理报价等行为，交易所可以及时采取有效措施进行制止和处置。专门的严格的风险管理制度在一定程度上减小了做市商违规操纵的可能。从境外市场发展的实践经验来看，由于交易所对做市商进行严格监管，未出现严重的做市商操纵市场的风险事件。

以台湾市场为例，台期所对做市商进行了严格的监管。做市商应开立做市账户用于开展相关做市业务，并不得使用该账户从事做市业务以外的交易，台期所对做市账户进行单独监控，如果发现做市商未按规定开展做市业务，台期所有权视情节轻重暂停其开展做市业务，或注销做市商资格。由于台湾做市商业务管理严格、运行规范并且高度透明，台湾做市商没有发生价格操纵和重大违法违规的风险事件。

（三）竞争性做市商制度有效地减小做市商价格操纵的可能

根据对某一合约提供报价的做市商数量的不同，做市商制度可以分为垄断性做市商制度和竞争性做市商制度。在垄断性做市商制度下，做市商对市场价格控制能力较强,并享有一定的信息优势,容易形成价格操控。而在竞争性做市商制度下,公平竞争机制减小了单个做市商对市场的控制能力,并保证了交易信息的公开性和公平性,竞争性做市商制度现已成为全球市场做市商制度的主流,引入做市商的股指期权市场均采用竞争性做市商制度,有效地降低了做市商价格操纵的可能。

三、做市业务与程序化交易的关系

程序化交易的概念比较广,凡是使用电子程序化的交易过程,均可称之为程序化交易。在程序化交易的基础上增加某些具有特殊交易目的的算法,即为算法交易,程序化交易在日内频繁交易时,就被称为高频交易。因而我们常见的算法交易和高频交易都可归为程序化交易。

随着电子计算机技术在金融市场中的应用不断加强,绝大部分的做市商使用了电子程序化交易,他们在市场上快速地报撤单,频繁地买卖,其表现出来的行为与市场上的算法交易或高频交易投资者极为类似,做市商的做市业务与普通的程序化交易的界线也出现了一些混淆。我们认为,做市商的做市业务与程序化交易之间存在一定的联系,但又有本质的区别。

(一) 做市业务和程序化交易之间的联系

做市业务和一般程序化交易之间在某些方面存在一定的共性。一方面,期权做市业务和程序化交易都依赖于程序化交易系统。对于期权做市商而言,为数百甚至数千个期权合约同时提供双边报价以及进行风险管理操作,离不开 IT 技术和程序化交易系统的帮助。因此,做市商的做市业务和一般的程序化交易一样都依赖于程序化交易系统。另一方面,一般的程序化交易在某些时候可以发挥市场流动性提供者的功能。做市策略是程序化交易最常见的策略之一,程序化交易主体(投行、对冲基金等机构投资者)通过提交快速的双边买卖报价,赚取买卖价差,虽然他们并未与交易所签订做市商协议,但其在某些时候实际上发挥了流动性提供者的功能。

(二) 做市业务和一般程序化交易者的区别

做市业务与一般程序化交易虽然存在一定的共性,但却在盈利模式、对市场的影响等方面存在较大的区别。

1. 盈利模式的区别。从盈利模式看，做市商的做市业务和一般的程序化交易有较大的区别。做市商是一个服务性行业，而不是一个主动性投资交易模式，他们并非为了投资而进行交易，不形成具体的投资观点，仅在投资者想要进行交易时与其成交，被动承担持有头寸的风险，并通过对冲操作尽量降低风险，赚取稳定的买卖价差。程序化交易则是一种主动性投资的方式，其主要模式是利用先进的IT技术观察市场变化情况，并事先确定投资操作模型，在市场情况满足触发条件时自动启动程序，一般都是在日内高频进行，利用速度优势完成交易并获取利润。

2. 对市场影响的区别。由于交易模式的差别，做市商和程序化交易对市场的影响也有较大差别。做市商的基本功能就是提供流动性，避免了市场因流动性不足而引发的价格不合理、过度波动以及容易被操纵等现象，对市场平稳健康运行具有积极作用。程序化交易对市场具有双向的影响，其对市场的利弊存在较大争议。一方面，大量的理论和实证研究表明，程序化交易提高了市场流动性、降低了交易成本，并使市场价格更加有效，总体而言在正常的环境下改善了市场的运行质量。另一方面，随着数次"闪电崩盘"风险事件的发生，程序化交易被质疑是幕后推手，在市场发生极端事件时，程序化交易不仅不能为市场提供流动性，反而可能触发条件而进行大量单方向的交易，导致市场瞬间崩盘，对市场稳定性造成了较大威胁。

四、做市商对期权市场供求关系的影响

期权产品的一个特点就是买卖双方的风险收益结构存在较大差异，期权卖方在收取有限的权利金的同时要承担较大的风险，这就造成了期权市场风险管理能力相对较弱的个人投资者一般都倾向于选择作为期权的买方。在个人投资者大量参与期权交易的新兴市场，例如韩国和我国台湾地区，尤其是在市场初期，期权买方力量较强，此时机构投资者往往作为期权卖方参与市场，与个人投资者形成交易对手方的关系。

然而，由投资者需求自然形成的供求关系可能会存在不平衡现象，做市商在期权市场中就充当了调节买卖不平衡的角色。做市商作为一个非投资性行业，其在市场中既不是期权买方的需求者，也不是期权卖方的需求者，他们的交易仅仅是为了调节市场买卖双方的不平衡现象，在市场投资

者交易缺乏对手方时充当对手方的角色。因而做市商没有选择交易时机、交易方向的权力，被动地承接其他投资者不愿意持有的头寸，同时充当了期权的买方和卖方。从做市商的主要功能与盈利模式来看，做市商可以在市场出现买卖不平衡时有效地改善供求关系，但其不影响市场原有供求格局。

从我国台湾股指期权市场做市商的实际交易情况来看，从 2002 年台指期权市场建立之初至今，做市商买入量和卖出量占其交易量的百分比较为接近，买入量百分比一般在 49% 左右，略小于卖出量的 51%，并且始终处于较稳定状态。如图 7 - 1 所示。

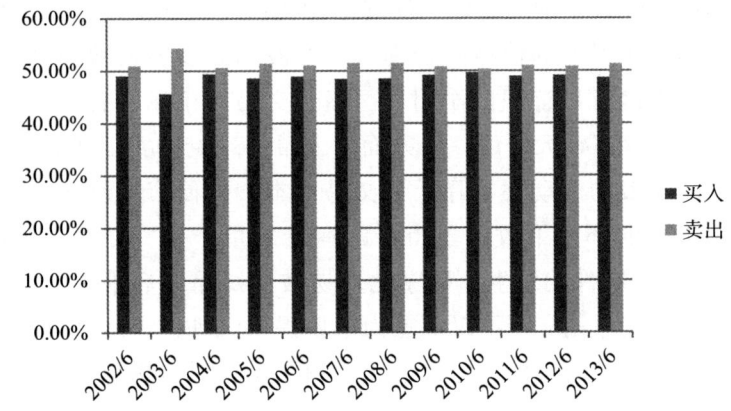

资料来源：台湾期货交易所网站。

图 7 - 1　台指期权市场做市商买入和卖出量的比重

综上所述，我们对期权市场做市商与市场流动性、市场操纵、程序化交易以及期权市场供求之间的关系进行了梳理，主要结论为：首先，做市商是期权市场重要的流动性提供者，但其提供流动性需要一定的条件；其次，做市商在严格的制度安排下较难进行市场操纵等违规行为；再次，做市商做市过程依赖于程序化交易系统，但其与普通程序化交易者又存在本质区别；最后，做市商可以有效地改善期权市场供求不平衡的现象，但是不会改变市场基本的供求格局。

第八章

股指期权组合保证金制度

期权与期货作为两大基础衍生品,在全球金融市场上有着举足轻重的地位。我国已经开展商品期货及股指期货交易,市场健康发展,功能逐步发挥。目前我国在期权产品方面还未有突破,而市场对于期权的需求日趋强烈。因此,加快推出期权产品的步伐已是我国期货市场产品创新的一项重要任务。作为股指期权的核心制度之一,股指期权保证金模式研究对于我国境内的股指期权产品设计具有重要意义。

第一节 股指期权的保证金制度概述

期权保证金与期货保证金存在显著差异,期货的买卖双方均需缴纳一定数额的保证金来保证期货的到期履约,而期权交易中,期权买方通过支付权利金获取相应的权利而不承担履约义务,因此无须缴纳保证金;期权的卖方收取权利金的同时承担履约义务,因此需要缴纳保证金。

股指期权的保证金制度可以分为传统保证金模式和投资组合保证金模式。传统期权保证金模式以交易所事先公布的单一合约(或特定组合)的保证金计算方法为基础进行计算。投资组合模式则考虑不同产品种类、不同期限合约间的相关性，以投资组合为单位，综合衡量该组合的风险，并依此计算所需的保证金数额。

从股指期权传统保证金模式和投资组合保证金模式之间的演变过程来看，两者并非互为排斥关系。包括芝加哥期权交易所（CBOE）和台湾期货交易所在内的一些交易所，在股指期权的上市初期均采用了形式简约、原理简单的传统保证金作为市场各结算层级间的保证金计算模式。随着市场的不断发展，市场上产品品种的不断丰富，出于结算会员和一些规模较大的机构对于提高资金利用效率的需求，交易所开始引入投资组合保证金模式，并将其主要应用于交易所和结算会员间的保证金收缴计算。在有些市场中，结算会员对规模机构客户也采用投资组合保证金模式，而结算会员对于其他一般客户则仍采取传统模式计算保证金。

一、股指期权传统保证金模式

股指期权传统保证金模式的主要特点是简单、静态。传统保证金制度把投资组合中的每个合约（或特定组合）独立看待、分开处理。这种保证金模式不考虑合约之间的相关性以及不同合约之间的风险相互抵消。传统保证金制度主要分为固定比例/数额模式及 Delta 模式。

（一）固定比例/数额模式

固定比例/数额保证金模式指按事先设定好的固定比例或数额来计算期权保证金。固定比例和数额通常是根据历史数据和经验进行设定的。依照固定比例/数额模式计算的期权保证金水平往往相对较高，例如目前 CBOE 及台湾期货交易所结算会员向客户收取保证金时，对单一的期权头寸采用此类模式计算其保证金。

1. 固定比例模式。CBOE 所采用的传统保证金模式中的单一头寸计算公式为：

看涨期权保证金 = 权利金 + max（标的指数价格 × 合约乘数 × 15% − 虚值，标的指数价格 × 合约乘数 × 10%）

看跌期权保证金 = 权利金 + max（标的指数价格 × 合约乘数 × 15% − 虚值，行权价格 × 合约乘数 × 10%）

其中：看涨期权虚值 = max（行权价格 − 标的指数价格，0）× 合约乘数；看跌期权虚值 = max（标的指数价格 − 行权价格，0）× 合约乘数。保证金计算公式中的 15% 和 10% 即为固定比例值。

上述公式对看涨期权和看跌期权分别计算其保证金，其中：看涨期权保证金的 max 项下限以标的指数为基础进行计算，看跌期权保证金的 max 项下限以行权价格为基础进行计算。对于看涨期权的卖方来说，随标的指数价格升高其所承担的损失是无限的，因此对于看涨期权保证金公式 max 项中的下限需要以标的指数作为计算基础；对于看跌期权卖方而言，当标的资产价格下跌至趋近于 0 时，其所承受的最大损失在数额上等于看跌期权的行权价格，因此对于公式 max 项中的下限应以行权价格作为计算基础。若以标的指数作为看跌期权保证金的计算基础，看跌期权的虚值程度随着标的指数的升高而增加，所需要的看跌期权保证金额度也随之增加，这显然与风险的实际情况不符。以看跌期权行权价格作为下限的计算基础不仅可以确保看跌期权保证金额度有效覆盖风险，还使保证金额度与实际风险的匹配更为合理。

2. 固定数额模式。台湾期货交易所采用的"AB 值"方法中单一头寸的计算公式和 CBOE 的单一头寸计算公式在本质上较为相似，可以将其看作是在 CBOE 单一头寸计算公式上的发展和改进。"AB 值"法中单一头寸的计算公式为：

期权保证金 = 权利金市值 + max（A 值 − 虚值，B 值）

其中，权利金市值是指期权盘中交易的实时市场价格。"A 值"为标的指数价格、合约乘数及风险价格系数的乘积，"B 值"数额为"A 值"的 1/2。

所谓固定数额是指"A 值"和"B 值"的大小在一段时间内固定，并非每日变动。根据目前台湾期货交易所的《结算保证金收取方式及标准》相关规定，仅在当日计算的"A 值"数额变化超过 10%，或在市场需要的情形下，对"A 值"和"B 值"进行调整。

（二）Delta 模式

Delta 模式是指根据股指期权的 Delta 值将股指期权合约转换为相应的股指期货合约，并按照股指期货合约的保证金来计算股指期权的保证金水平。

Delta 是指衍生产品价格对于标的资产价格的敏感度，即一单位标的资产价格变化所导致的衍生产品价格变化。期货的 Delta 近似为 1，期权的 Delta 值在 -1 与 1 之间变化，其中看涨期权 Delta 的变化范围为 0 至 1，看跌期权 Delta 的变化范围为 0 至 -1。Delta 模式主要以 Delta 为媒介来考虑标的价格波动对期权合约价值的不利影响。采用 Delta 模式的交易所相对较少，如新加坡国际金融交易所曾采用 Delta 模式。

此外，在传统模式下期权交易的保证金占用一般较高，为适度降低保证金需求，部分交易所还会预先公布一系列常用的期权交易策略，通过组合内合约风险的相互抵消，对特定的期权策略组合制定相对较低的保证金标准（策略保证金模式）。但就本质而言上述方法仍属于传统模式的范畴。

二、股指期权投资组合保证金模式

投资组合保证金模式反映的是各市场参数变化对整个资产组合在特定时间段内造成的最大潜在损失。不同于传统保证金制度把单个合约或交易策略独立看待、分开处理，投资组合保证金制度以整个投资组合作为考虑基础，融汇综合了所有头寸风险，考虑到各投资成分的波动性，以及各合约策略间的相互作用。相对于传统保证金制度，投资组合保证金制度可以更精确地反映整个投资组合的实际风险和保证金数额。

由于投资组合保证金模式可以在有效管控风险的同时较大程度提高复杂产品头寸持有者的资金利用效率，因此一般被应用于交易所对结算会员层级的保证金计算。而对于引入了投资组合保证金模式的市场，在结算会员和客户层级往往仍采用传统模式计算保证金额度。

目前，国际成熟市场中普遍使用的投资组合保证金模式主要包括 SPAN、TIMS、STANS 等。

（一）SPAN

标准组合风险分析系统（Standard Portfolio Analysis of Risk，SPAN）通过模拟一系列不同的市场变化情况下空头期权投资组合的价值变化来计算保证金。具体来说，SPAN 制度把可能的市场情况分为 16 种情境，以这 16 种情境下可能的最大损失计算保证金。这 16 种情境分别考虑到了标的资产价格的变化、标的资产波动率的变化、时间的流逝、不同到期月份间基差的变化及各标的资产间互动关系的变化等。SPAN 除了可以精确地计算整个投资组合的总风险以外，还具有操作简便、方便运用的特点。随着全球衍生品市场的发展，SPAN 的兼容性也得到不断升级。该系统目前可以支持 10 类期权定价模型，所支持的产品种类已经基本囊括了现代金融交易市场上的绝大部分产品。实际上，SPAN 是目前全球市场计算保证金的主流系统，包括 CME、印度国家证券交易所、台湾期货交易所和香港交易所等在内的许多市场均采用 SPAN 作为交易所和结算会员间的保证金计算系统。

（二）TIMS

理论跨市场保证金系统（Theoretical Inter - Market Margin System, TIMS）模式的保证金按产品群和产品集来计算。产品集的保证金须覆盖整个产品集的总风险，即该产品集内各产品群的最大亏损之和。一个产品群的最大亏损即保证金又分为权利金、风险保证金、价差保证金和交割保证金。TIMS 模式起源于股票市场，因此其结构和设计思路对于股权类衍生品有很强的针对性，但对其他种类衍生品的适应性不足。另外，TIMS 只考虑产品群内的资产相互关系而没有从整个投资组合的高度去考虑所有资产间的相互关系。这些原因在一定程度上限制了该模式的发展。TIMS 由从 CBOE 分离出来的美国期权清算公司（OCC）推出，并逐步推广至如韩国交易所等美国之外的交易所和结算机构，用以进行交易所和结算会员间的保证金计算。但由于其产品设计上的缺陷，被 OCC 后续推出的 STANS 系统所取代。

（三）STANS

OCC 在 2006 年推出了 STANS，以此来替代之前使用了 20 年的 TIMS 模式。理论与数值模拟系统（System for Theoretical Analysis and Numerical Simulations, STANS）模式运用蒙特卡罗（Monte Carlo）方法通过大量的随机数据抽样，模拟投资组合在各种参数波动下可能出现的变化。蒙特卡罗模拟对包括期权在内的风险非线性金融资产有很好的效果，在足够次数的计算条件下可以得到非常精确稳定的结果。该模式站在整个投资组合的高度，可以对组合内任意资产间的相互关系进行分析。此外，STANS 的兼容性使其可以模拟计算目前所有的衍生品组合。另一方面，由于蒙特卡罗模拟需要对海量的随机数据进行大量复杂运算，它的计算时间较长，可能比 SPAN 慢好几倍，对系统的硬件要求也较高。这在一定程度上制约了它的推广。

三、传统保证金和投资组合保证金的优劣比较

（一）传统保证金模式的优劣比较

整体来看，传统保证金模式主要包括以下优点：（1）计算方式简洁，计算原理简单，便于投资者理解和使用；（2）容易实现保证金收缴的事前（Pre-trade）控制；（3）具有较高的稳定性和安全性，能够较充分地覆盖风险；（4）易于实施，日常维护和管理简单方便。

传统保证金模式的缺点主要包括：（1）保证金水平往往较高，市场资金的利用效率较低；（2）较难精确地度量复杂产品组合头寸的风险，且对于市场风险变动无法进行动态调整。

（二）投资组合保证金模式的优劣比较

与传统保证金模式相比，投资组合保证金模式的优点主要表现在以下几个方面：（1）可以精确地度量组合头寸的风险水平，并根据市场风险的变化动态地调整相应的保证金水平；（2）在有效管控风险的同时较大程度地提高市场资金的利用效率。

投资组合保证金模式的缺点主要包括以下几点：（1）由于投资组合保证金模式考虑组合头寸的整体风险，因此投资组合保证金模式的保证金计算过程更复杂，对于计算能力的要求更高，日常运营和管理的成本更高；（2）投资组合模式对风险的计算精度较高，因此需要的时间也较长，这使得投资组合保证金模式较难实现交易的事前控制；（3）当市场出现风险极端情况时，投资组合保证金模式需要频繁地调整保证金水平，这对于交易所的风险管控能力提出了更高的要求；（4）当市场上产品种类较少时，投资组合保证金模式相对于传统保证金模式所表现出的优势并不明显。

第二节　股指期权保证金制度的演变及现状

从全球股指期权市场保证金制度的演变来看，各交易所采用的保证金

模式基本上都经历了从传统模式到投资组合模式的发展历程。在期权上市的初期，大多数市场对所有结算层级均采用较为简单的传统保证金模式，待市场成熟后，才由简入繁地对交易所和结算会员层级引入相对复杂的投资组合保证金模式，而在结算会员对客户层级依然沿用传统保证金模式。

就当前全球市场的整体情况而言，主要市场交易所与结算会员层级间的期权保证金的计算多数已采用投资组合的模式（见表8-1）。具体而言：美国市场主要采用SPAN和STANS模式；欧洲交易所和北欧联合交易所均采用了自主开发的基于投资组合的保证金计算模式；在亚洲市场除韩国交易所自主研发把传统与投资组合模式相结合外，其余的主要交易所大多采用了SPAN模式或在SPAN模式的基础上进行了本土化调整。

表 8-1 全球主要市场交易所与结算会员层级的保证金模式

地区	交易所、清算所	保证金模式
美国	CBOE，期权清算公司（OCC）	STANS
	芝加哥交易所集团（CME）	SPAN
欧洲	泛欧交易所（LIFFE）	London SPAN
	欧洲交易所（EUREX）	自主研发的投资组合模式，和SPAN类似（EUREX模式）
	北欧联合交易所	OMS Ⅱ
亚洲	大阪证券交易所	SPAN
	韩国交易所	自主研发的传统与组合模式相结合
	香港交易所	SPAN（PRIME）
	特拉维夫证券交易所	SPAN
	印度国家证券交易所	Nsccl-SPAN
	台湾期货交易所	SPAN

一、美国期权市场都实现了投资组合保证金模式

芝加哥期权交易所（CBOE）于1973年正式开始场内期权交易，同时成立专门的期权结算公司（OCC）负责期权结算。初期，OCC采用了按合约设定固定标准收取保证金的单一合约保证金收取模式，随着期权市场的发展壮大，为适应新的市场形势，OCC于1986年4月推出了结算会员跨市场理论保证金系统（The Clearing Member Theoretical Inter-Market Margin

System,TIMS),对各大期权交易所会员的全部期权持仓进行组合保证金模式的计算,并逐步扩大到为各类股票和指数衍生产品。2006 年,OCC 正式推出了理论分析与数字模拟系统(System for Theoretical Analysis and Numerical Simulations,STANS),用于取代 TIMS 系统。

芝加哥商品交易所(CME)首只股指期货期权于 1983 年 1 月 28 日上市,上市初期采用 Dollars – at – Risk(DaR)系统收取保证金,但面临较为复杂的业务处理,为此 CME 于 1988 年推出了标准投资组合风险分析系统(Standard Portfolio Analysis of Risk,SPAN),用于处理期货、期权等多种衍生产品的全部组合持仓保证金计算和收取。

二、欧洲期权市场大都在 SPAN 的基础上进行本土化

欧洲期权市场的保证金计算模式与 SPAN 较为类似,据了解,其系统大都是在 SPAN 的基础上研发而成。泛欧交易所(LIFFE)采用的 London SPAN,欧洲交易所(EUREX)采用的 EUREX SPAN,均是在 CME SPAN 的基础上进行了部分参数调整形成的。北欧联合交易所(OMX)开发的 OMS II 结算系统,也是在 SPAN 系统的基础上进行的改进。

三、亚洲期权市场大都经历了从单一到组合的过程

日本大阪商品交易所、关西商品交易所等 4 家交易所一直由日本商品结算所负责进行结算,从 2011 年 1 月 4 日开始,这些交易所均放弃原有的单一合约保证金模式,改为采用 SPAN 系统进行结算。

台湾期货交易所在期权上市初期就针对期权的组合持仓、期货与期权的组合持仓等多种最基本的投资组合引入了特定组合保证金收取模式。2007 年,台湾期货交易所针对会员引进了投资组合保证金收取方法——SPAN 系统,2008 年 11 月将 SPAN 系统扩展至客户端。

韩国、中国香港、特拉维夫、印度等期权交易市场也都采用了 SPAN 或类似系统进行结算。

第三节 我国境内股指期权产品保证金模式探索

一、我国境内股指期权保证金模式的选择

股指期权合约买方无须缴纳交易保证金，卖方需要按照规定缴纳交易保证金。股指期权买方在支付权利金的同时获得相应的权利而不承担义务，不存在无法履约的风险，因此无须缴纳保证金；而卖方出售权利并承担相应的履约义务，因此需要缴纳一定数额的保证金作为其履约的保障。

股指期权拟采用简单的固定比例保证金模式。基于我国市场的实际情况和投资者习惯，本着由简入繁、循序渐进、稳中求进的市场发展理念，我们认为在股指期权推出初期应采用固定比例保证金模式，并在其平稳运行一段时间后适时扩展基于特定期权策略组合的保证金扣减。当市场发展至交易品种较为丰富、投资者较为成熟时，再考虑引入投资组合保证金模式。

对我国境内推出股指期权初期暂不引入投资组合保证金模式主要是出于以下几点的考虑：首先，目前我国金融衍生产品的种类较为单一，利用投资组合保证金模式对市场资金利用效率的提升较为有限；其次，投资组合保证金模式的计算原理较复杂，保证金水平调整较频繁，投资组合保证金模式在股指期权产品推出之初不便于投资者的理解和接受；再次，投资组合保证金模式对于计算能力和时间的要求较高，保证金收缴的事前控制较难实现，这使得投资组合保证金模式在我国境内市场的推广受到一定的约束；此外，从境外一些市场，特别是CBOE和亚洲几个较为成功的新兴市场发展路径来看，在上市品种较为有限的市场发展初期，大多先采用较为简约并易于理解的传统保证金方法，随市场发展至品种较为丰富的阶段后，再开始引入能够兼容传统方法的投资组合保证金计算模式。因此，对于我国境内市场而言，在股指期权推出之初的一段时间内，暂不采取基于投资组合的保证金计算模式，随着市场发展的逐步成熟，在市场品种较丰

富、市场环境适宜时，可以考虑引入投资组合保证金计算模式。

在传统保证金模式中选择固定比例模式作为我国境内股指期权的保证金模式主要出于以下几点考虑：首先，Delta 保证金模式计算精度不高且计算方式相对烦琐；其次，策略保证金模式往往和期权组合指令相结合，对于交易和结算系统的要求较高，且投资者也需具备熟练运用期权策略组合进行交易的能力；再次，我国境内市场投资者对于固定数额的保证金模式并不熟悉。相比之下，固定比例的保证金模式和境内期货产品的保证金收取方式较为类似，且计算方式简洁明了，能够较为稳妥的控制风险，易于在交易所和会员与会员和客户两个层级之间分层实施，同时也便于投资者理解和接受。

二、沪深 300 股指期权固定比例保证金模式概览

（一）股指期权保证金计算公式

基于对股指期权保证金模式的研究与分析，结合我国市场的实际情况，借鉴 CBOE 使用了 30 年的策略保证金中单一头寸的固定比例保证金计算模式的相关经验，沪深 300 股指期权拟采用以下的保证金制度：

1. 单一头寸的保证金具体计算公式如下：

看涨期权卖方交易保证金 =（股指期权合约当日结算价 × 合约乘数）+ max（标的指数当日收盘价 × 合约乘数 × 保证金调整系数 − 虚值额，最低保障系数 × 标的指数当日收盘价 × 合约乘数 × 保证金调整系数）

看跌期权卖方交易保证金 =（股指期权合约当日结算价 × 合约乘数）+ max（标的指数当日收盘价 × 合约乘数 × 保证金调整系数 − 虚值额，最低保障系数 × 股指期权合约行权价格 × 合约乘数 × 保证金调整系数）

保证金调整系数、最低保障系数由交易所定期公布。看涨期权虚值额为：max（（股指期权合约行权价格 − 标的指数当日收盘价）× 合约乘数，0）；看跌期权虚值额为：max（（标的指数当日收盘价 − 股指期权合约行权价格）× 合约乘数，0）。

对看涨期权和看跌期权的保证金分别设置，可以使保证金水平较好地匹配看涨期权和看跌期权的风险特性，避免对虚值期权收取过高的保证金。

2. 股指期权采用分层结算体系。交易所对结算会员进行结算，而会员则对其客户进行结算。结算会员向客户收取保证金的标准不低于交易所向结算会员收取交易保证金的标准。结算会员可在交易所对其设定的保证金调整系数基础上酌情提高，并以此对客户加收保证金。

采用这样的固定比例保证金模式主要基于以下几点考虑：

首先，保证金公式计算形式简约，易于计算，便于投资者理解和接受。股指期权保证金计算公式从形式上来看包括两个部分，第一项是股指期权权利金的当日结算价，第二项是抵补下一个交易日权利金可能发生不利变动所需的资金，为了便于理解称其为风险保证金，其数额是根据交易所给出的保证金调整系数来进行计算确定的。该保证金公式计算简便、结构合理、便于实现。对于投资者而言，该模式的计算方式直观，便于投资者理解和接受。

其次，保证金水平能够有效控制风险，易于保证金分层加收的实施，确保市场安全运行。根据我国市场的风险特征以及现有期货市场的保证金收取惯例，股指期权的保证金应被设置在一个相对较高的水平，且保证金水平的调整不宜过于频繁。沪深 300 指数期权所采用的保证金计算公式和 CBOE 的股指期权传统保证金计算公式较为类似，而后者在提出后被沿用了相当长的一段时期（30 年），受到市场的认可，具有较高的稳定性。通过对"保证金调整系数"和"最低保障系数"的数值进行合理设定，不仅可以使股指期权保证金水平能够充分覆盖潜在的市场风险，还可以较容易地实施在不同层级收取不同保证金额度，确保市场的安全运行。

最后，保证金模式具有较好的可扩展性，能够适应市场未来发展的需要。从目前沿用传统保证金模式的股指期权市场来看，大多采用策略保证金模式，对于一些特定的风险水平较低的期权策略组合，相应地设定较低的保证金水平。沪深 300 指数期权当前所采用的保证金计算方法可以比较容易地扩展至策略保证金模式，同时对基于投资组合的保证金模式也具有较好的兼容性。

（二）期权保证金比率的影响因素讨论

期权权利金变动的因素主要包括无风险利率、波动率、期限和标的指数水平。下文将对上述影响期权权利金比率设置的主要因素分别进行分析，并以此为依据测算上市初期的风险保证金水平。

1. 无风险利率。一般定义 rho 为其他条件不变时，期权价值变化与利率变化之间的比率。根据 BS 公式，对于期内支付红利 q 的欧式期权，rho 的表达式为：

$$rho(call) = KTe^{-rT}N(d_2)$$
$$rho(put) = -KTe^{-rT}N(-d_2)$$

其中 $d_2 = \dfrac{\ln(S_0/K) + (r - q - \sigma^2/2)T}{\sigma\sqrt{T}}$。

选取 2010 年 4 月 16 日作为时间节点，沪深 300 指数收盘价为 3356.33 点，年化波动率为 0.2844，年化无风险利率为 0.0233，到期期限为 2 个月，期内年化股息率为 0.0192，行权价格依照台指期权交易规则，取 3800 点至 2850 点，共 12 个价位。利率水平变动对期权权利金的影响见表 8-2。

表 8-2 不同利率水平标的指数变化导致期权权利金的变化

利率增加 1%	标的指数上涨 10%		标的指数下跌 10%	
	看涨期权	看跌期权	看涨期权	看跌期权
3800	2.41	-3.9	0.13	-6.17
3400	4.2	-1.44	0.8	-4.84
2850	4.66	-0.07	3.18	-1.55

可以看出，指数变化导致期权权利金的变化对利率水平并不敏感，1% 的利率变化只能带来较低的权利金理论价格变化。

2. 到期期限。对于期限分别为 1 个月、2 个月、3 个月、6 个月和 9 个月的看涨期权，当标的指数上涨 10% 的情况下，相应地看涨期权价值的增量见图 8-1。

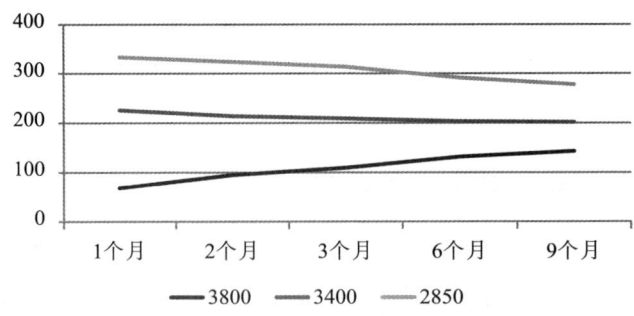

图 8-1 不同到期期限时标的指数变化对看涨期权权利金的影响

除行权价位为 3800 点（深度虚值）的看涨期权价值增量随期限的增加而上升之外，其余两个行权价位的看涨期权价值增量均有所下降，其中，行权价位为 3400 点的看涨期权增量减少幅度要弱于行权价位为 2850（深度实值）的期权价值增量。可以看出，对于深度虚值期权，其结算保证金比率应随着到期期限的增加而变大，对于其他期权，结算保证金比率应随着到期期限的增加而减小。

看跌期权与看涨期权基本类似，在期权标的指数价值下跌 10% 的情况下，期限为 1 个月、2 个月、3 个月、6 个月和 9 个月的看跌期权价值的变动情况见图 8-2。

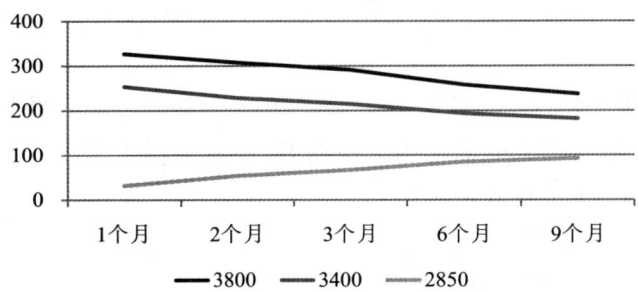

图 8-2 不同到期期限时标的指数变化对看跌期权权利金的影响

3. 波动率。一般定义 vega 为期权价值变化与标的资产波动率变化的比率。对于期内股利支付为 q 的期权，vega 的表达式为：

$$\text{vega} = S_0\sqrt{T}N'(d_1)e^{-qT}$$

其中 $d_1 = \dfrac{\ln(S_0/K) + (r - q + \sigma^2/2)T}{\sigma\sqrt{T}}$，$N'(x) = \dfrac{1}{\sqrt{2\pi}}e^{-x^2/2}$。

从理论上看，不同波动率水平下，指数变化对平值期权的影响最大。我们以波动率 0.2844 为基准，在其 50% - 150% 的范围内，每间隔 10 个百分比的变化幅度取一个波动率点，在其他假设条件不变的情况下，计算相应的看涨期权价值，具体结果如图 8-3 所示。

可以看出，同样的指数变动前提下，看涨期权权利金变化均随波动率的升高而变大，其中，接近 3400 点行权价位（平价）的期权价值的绝对增量最大。从图 8-3 中可以看出，40% 的波动率水平和 14% 的波动率水平，对应的看涨期权权利金变动不超过 20%，但考虑到相邻两个交易日的指数波动率差距应较为有限，适当提升结算保证金比率即可覆盖该风险。

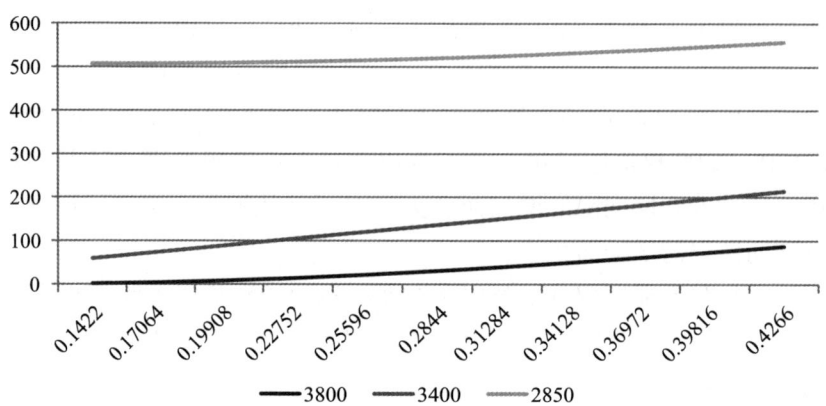

图 8-3 不同到波动率水平时标的指数变化对看涨期权权利金的影响

4. 标的指数水平。一般定义 delta 为其他条件不变时，期权价值变化与标的资产价格变化之间的比率。根据 BS 公式，对于期内支付红利 q 的欧式期权，delta 的表达式为：

$$\text{delta(call)} = e^{-qT} N(d_1)$$

$$\text{delta(put)} = e^{-qT} [N(d_1) - 1]$$

从理论上看，期权价值变化对标的指数水平的敏感性并不强。从测算结果看，随着标的指数水平变化，收取的保证金形态会发生变化，但是其对应的最高期权保证金比率始终保持稳定，见图 8-4、图 8-5。

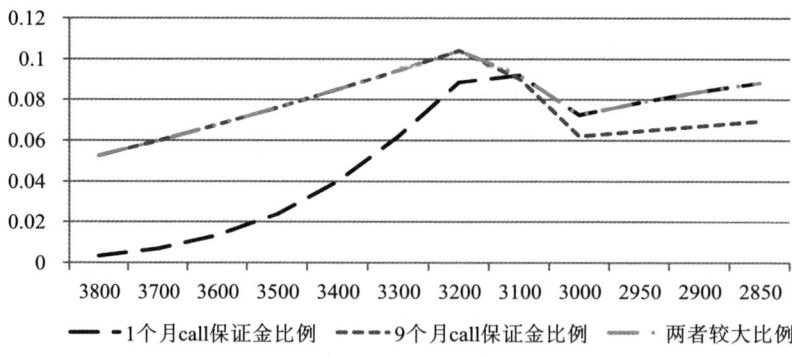

图 8-4 标的指数为 3000 点时对应的看涨期权保证金形态

第八章 股指期权组合保证金制度 | 237

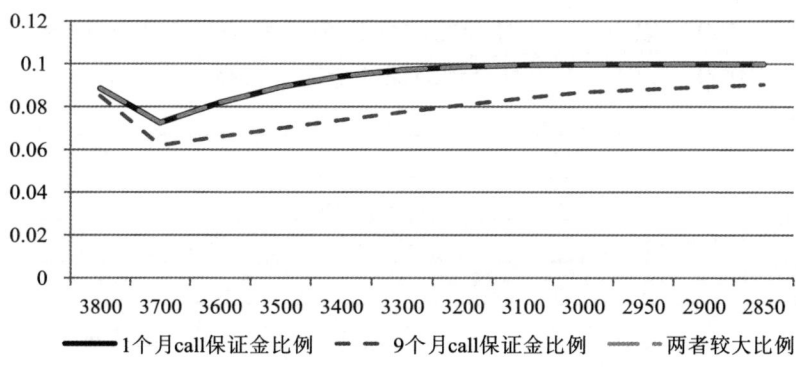

图 8-5 标的指数为 3700 点时对应的看涨期权保证金形态

（三）极端风险情况下的期权结算保证金比率测算

考虑下一交易日标的指数涨（跌）停和所有期权合约权利金涨（跌）停这两种极端风险情形，分别试算不同的期权保证金比率。假定下一交易日标的指数出现极端情况，即对于看涨（跌）期权的卖方，下一交易日标的指数涨（跌）停幅度为 10%。

如图 8-6，计算结果发现，对于期限为 1 个月和 9 个月的看涨期权，最高的保证金比率出现在行权价位 3600 点的 9 个月合约，达到 10.23%。整体上来看，在行权价位 3500 点以下（浅度虚值、平值和深度实值状态下），9 个月合约的保证金比率均低于 1 个月合约的水平，而在深度虚值状态下，9 个月合约的保证金比率较高。

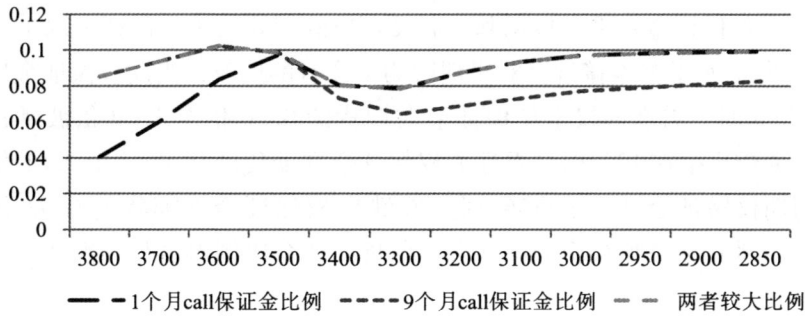

图 8-6 看涨期权保证金比率测算

如图 8-7，对于期限为 1 个月和 9 个月的看跌期权，最高的保证金比率出现在行权价位 3800 点的 1 个月合约，达到 9.74%。整体上来看，在行权价位 3100 点以下，9 个月合约的保证金比率均高于 1 个月合约的水平；而在 3100 点以上，1 个月合约的保证金比率较高。

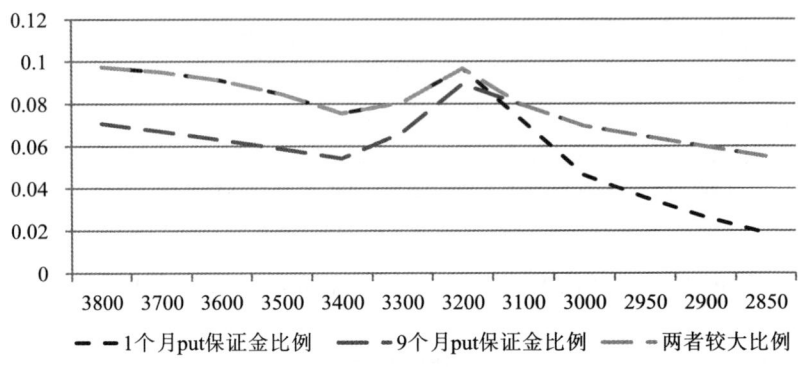

图 8-7　看跌期权保证金比率测算

（四）保证金水平试算

根据不同的期权保证金比率可以对未来股指期权保证金和净保证金与实际的沪深 300 指数期货保证金比值进行试算，从而对未来期权保证金形成初步了解，为未来产品设计提供依据。

假设股指期权和期货合约具有相同的合约乘数，标的指数为 3356.33 点，其余假设条件不变，对期权保证金比率为 10.23%、12% 和 15% 的情况，分别测算 1 个月和 9 个月的看涨、看跌期权合约保证金总额、净额，并计算其与 15% 保证金比率下的期货保证金额度之比。

1. 全额保证金水平。根据基于假设点位的测算结果，保证金水平与台湾 2007 年的水平基本接近。对于期限为 1 个月的期权，当期权保证金比率在 10.23% 时，看涨期权全额保证金在期货的 0.36 倍至 1.69 倍波动；当期权保证金比率在 12% 时，看涨期权保证金在期货的 0.42 倍至 1.81 倍波动；当期权保证金比率在 15% 时，看涨期权保证金在期货的 0.52 倍至 2.01 倍波动；看跌期权全额保证金占期货保证金比例水平与看涨期权基本相同（见图 8-8）。

对于期限为 9 个月的期权，当期权保证金比率在 10.23% 时，看涨期权全额保证金在期货的 0.68 倍至 1.91 倍波动；当期权保证金比率在 12% 时，看涨期权全额保证金在期货的 0.74 倍至 2.02 倍波动；当期权保证金比率在 15% 时，看涨期权全额保证金在期货的 0.84 倍至 2.22 倍波动；看

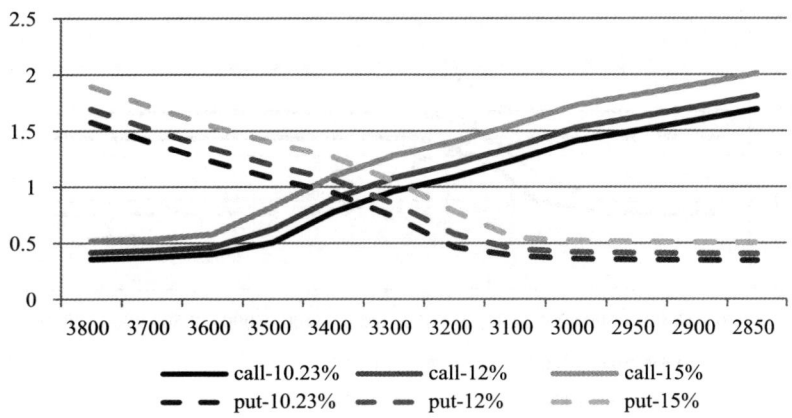

图 8-8 1 个月期权全额保证金占期货保证金比例

跌期权保证金基本相同（见图 8-9）。

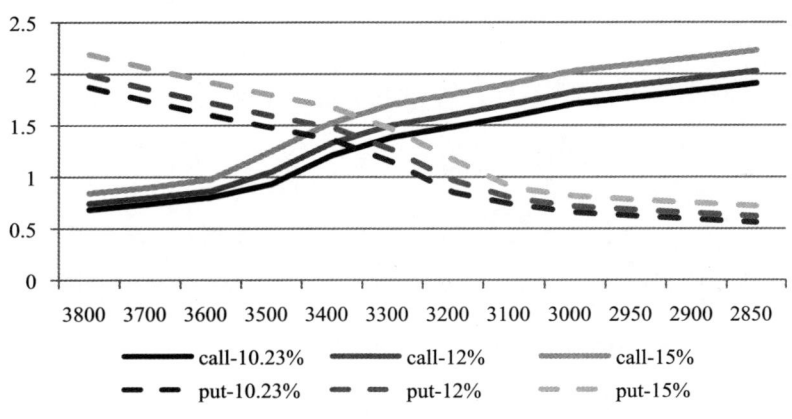

图 8-9 9 个月期权全额保证金占期货保证金比例

期限为 9 个月合约，实值期权保证金占期货保证金比例最高达到 2.23 倍，而虚值期权保证金占期货保证金比例最低为 56.15%。

2. 净保证金水平。当期权保证金比率在 10.23% 时，看涨期权净保证金在期货的 0.34 倍至 0.68 倍波动；当期权保证金比率在 12% 时，看涨期权保证金在期货的 0.4 倍至 0.8 倍波动；当期权保证金比率在 15% 时，看涨期权保证金在期货的 0.5 倍至 1 倍波动；看跌期权的净保证金水平基本相同（见图 8-10）。

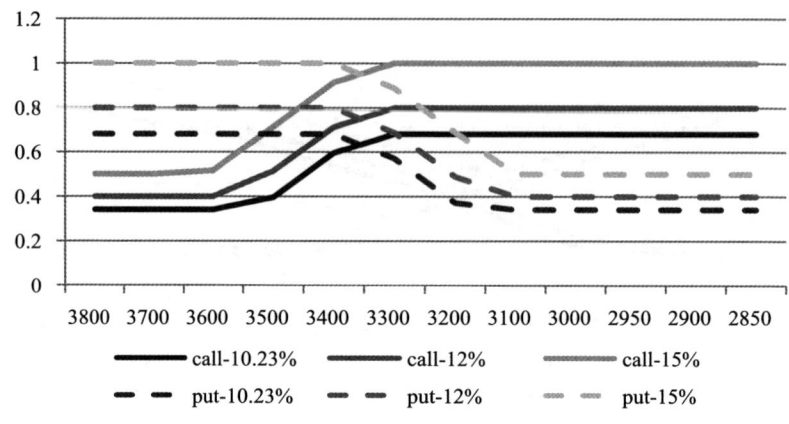

图 8－10 期权净保证金占期货保证金比例

可以看出，当期权保证金比率由 15% 降低至 10% 时，期权净保证金降低的水平在沪深 300 指数期货的 3% 左右，折算下来每手保证金可降低 40 500 元。

第九章

境内期权市场的发展

目前，境内期权市场的发展处于场内上市临近、场外先声夺人的状态。自2012年下半年开始，上交所、中金所及各大商品交易所的场内期权陆续开始仿真交易。经过两年多的仿真运作，各大交易所大多已做好了产品正式上线的准备。从目前情况来看，上交所的ETF期权及中金所的股指期权有望成为场内期权较早上线的品种。而伴随着场内期权产品上线的积极筹备，场外期权市场先声夺人，从产品设计到产品运作、从业务规范到业务监管，取得了全面的发展，并形成了初步规模。

第一节 境内场外期权的发展概况

2013年初，在证券行业创新发展的大背景下，首批权益类收益互换业务试点券商正式出炉，拉开了证券公司权益类场外衍生品业务的序幕[①]。随后，证券公司场外期权、收益凭证等场外衍生品业务竞相开放，场外衍

---

① 据报道，首批获得股票收益互换业务试点资格的券商包括中信证券、银河证券、光大证券、中信建投、招商证券和中金公司。

生品业务成为证券公司拓展场外市场、发展创新业务的重要方向。

据中国证券业协会统计，截至 2014 年 7 月底，有 28 家证券公司已在协会备案开展权益类收益互换业务，15 家证券公司备案开展场外期权业务。其中，20 家证券公司与 280 家交易对手签订了 414 份主协议及补充协议。证券公司场外权益类衍生品交易的初始名义本金达 2851.5 亿元。其中，场外权益类收益互换初始名义规模 2673 亿元，场外期权名义规模 178.5 亿元。证券公司场外权益类衍生品业务已经初具规模，并显示出强大的发展潜力。

伴随着场外衍生品业务资格的不断推进，证券公司的柜台市场[①]建设也实现了跨越式的发展，为券商场外衍生品业务提供了交易、登记、结算等服务平台。据中证资本市场发展监测中心旗下的私募市场网统计，截至 2014 年 8 月底，通过证券公司柜台系统登记的场外衍生品共 228 笔，约占柜台市场产品总量的 34%。其中，场外权益类收益互换 194 笔，占比 85%，场外期权 30 笔，占比 15%。

尽管场外权益类收益互换占主要地位，但从本质上讲，目前开展的场外权益类收益互换大多数本质上仍然是期权类型。以下从业务规范、产品类型、产品模式等方面对包含权益类收益互换在内的场外期权发展进行介绍。

一、业务规范：场外期权发展的前提依据

2013 年 3 月，中国证券业协会发布并实施了关于开展场外衍生品业务的各项规定，从产品类型、发展渠道、业务规则、风险管理等方面为证券公司开展场外期权业务提供了规范的依据。2013 年 8 月，中国证券业协会又发布相关指引，对创新产品的专业评价和备案管理进一步规范。2014 年 8 月，为了落实国务院新"国九条"和中国证监会《关于进一步推进证券经营机构创新发展的意见》，中国证券业协会发布了《机构间私募产品报价与服务系统管理办法（试行）》和《中国证券期货市场场外衍生品交易

[①] 券商柜台市场上发行、销售或转让的产品包括但不限于：证券公司及其子公司以非公开募集方式设立或者承销的资产管理计划、公司债务融资工具等产品；银行、保险公司、信托公司等其他机构设立并通过证券公司发行、销售与转让的产品；金融衍生品及中国证监会、协会认可的产品等。

主协议（2014年版）》及补充协议，为场外期权产品的报价、发行、转让、登记、结算提供了公共的电子平台，为券商场外权益类业务的发展提供规范的协议文本，并将期货公司的场外期权业务也纳入规范和监管的范畴（见表9-1）。

表9-1　证券公司金融衍生品业务的相关规范、指引

发布时间	内容	发布方
2013年3月15日	《证券公司金融衍生品柜台交易业务规范》	中国证券业协会
2013年3月15日	《证券公司金融衍生品柜台交易风险管理指引》	中国证券业协会
2013年3月15日	《中国证券市场金融衍生品交易主协议》及补充协议	中国证券业协会
2013年8月13日	《证券公司创新业务（产品）专业评价工作指引》	中国证券业协会
2013年8月23日	《证券公司金融衍生品备案指引（试行）》	中国证券业协会
2014年8月15日	《证券公司柜台市场管理办法（试行）》	中国证券业协会
2014年8月15日	《机构间私募产品报价与服务系统管理办法（试行）》	中国证券业协会
2014年8月22日	《中国证券期货市场场外衍生品交易主协议（2014年版）》及补充协议	中国证券业协会、中国期货业协会、中国证券投资基金业协会
2014年8月22日	《中国证券期货市场场外衍生品交易权益类衍生品定义文件（2014年版）》	中国证券业协会、中国期货业协会、中国证券投资基金业协会

资料来源：各协会官网。

在《证券公司金融衍生品柜台交易业务规范》中明确了证券公司场外权益类期权产品的两种发行渠道。取得柜台业务资格的证券公司可以直接开展场外衍生品业务，但在开展业务前应向市场监测中心提供备案材料，并取得备案确认函。而未取得柜台业务资格的证券公司，拟开展场外衍生品业务的，应通过协会组织的专业评价。目前开展场外期权业务的券商大多数都取得了柜台业务资格，且在柜台上挂牌发行的场外权益类衍生品占柜台市场产品总量的三成以上。但场外权益类衍生品开展较为成熟、市场份额占比较大的中信、中金、国信等券商并没有通过柜台市场发行场外权益类衍生产品。取得柜台业务资格的证券公司的产品情况见表9-2。

表9-2 取得柜台业务资格的证券公司及其产品情况[①]
（截至2014年9月1日）

证券公司	柜台产品数量
广发证券	235
海通证券	191
银河证券	48
国泰君安	46
山西证券	45
中信证券	32
齐鲁证券	22
兴业证券	20
长江证券	14
中银国际	11
中信建投	3
国信证券	3
申银万国	1
招商证券	1
中金公司	0

资料来源：私募市场网。

针对场外衍生品等私募产品的登记结算，《报价系统》指出在报价系统发行、转让私募产品，可以由报价系统登记结算机构或证监会认可的其他机构办理登记、结算。这为其他专业机构参与场外衍生品的集中结算留下了空间。

二、产品类型：“嵌入式”期权与“纯粹”期权并行

从产品类型看，目前场外期权产品主要有两种类型，其一是场外权益类收益互换产品中"嵌入"期权的形式，其二是"纯粹"的场外期权产

[①] 券商的场外衍生品可以通过自己的柜台市场交易，也可以通过公共柜台市场交易，因此，这些数据仅仅体现了通过自己柜台市场的交易情况。

品。从发行情况来看，场外权益类收益互换占据绝大部分的份额，且在权益类互换中，融资形式的 Delta one 线性产品占到90%左右。据中国证券业协会统计，截至2014年7月底，证券公司场外权益类衍生品交易的初始名义本金达2851.5亿元。其中，场外权益类收益互换初始名义规模2673亿元，占比94%，场外期权名义规模178.5亿元，占比6%（见图9-1）。

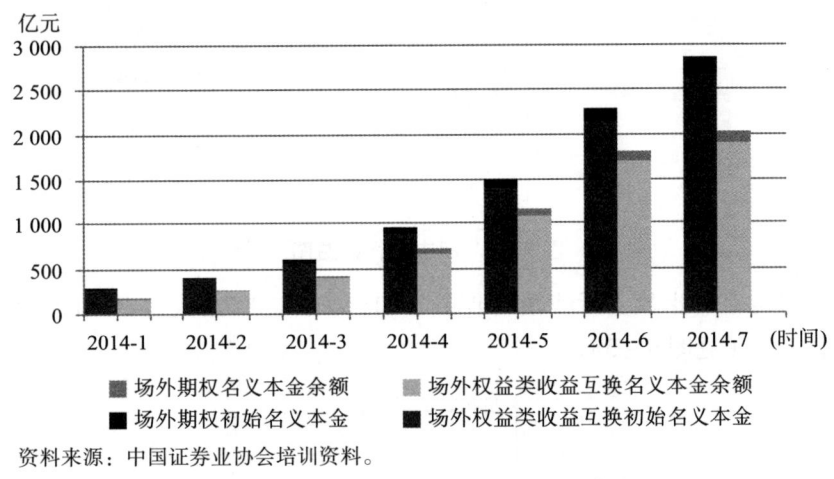

资料来源：中国证券业协会培训资料。

图9-1　证券公司场外衍生品发展统计

场外权益类收益互换交易是指证券公司与机构客户签订互换协议，双方约定在一定期限内根据某一权益类基础资产的表现，交换固定或浮动收益的业务，产品到期时，两者进行轧差结算。本质上，浮动收益方购买的是一份二元期权合约。

例如，某银行与券商签署一份互换协议，期初，银行向券商支付一定费用（资金规模的0.5%）。期末，如果沪深300指数在指定期限内是上涨的，券商就支付给银行6%的年化收益，否则，就支付给银行3%的年化收益；而银行向券商支付固定3%的年化收益。产品到期时双方轧差计算。实际上，该产品可以看作是银行向券商购买了一份二元的看涨期权，如果挂钩指数在指定期限内是上涨的，银行净收益2.5%，否则，银行将损失之前的期权费（见图9-2）。

场外期权业务是指证券公司与特定交易对手方之间进行的非集中性、非标准化的期权类衍生品交易。场外期权交易对手方的收益将取决于标的资产价格在未来某一约定时间的变化情况。

例如，某私募机构看多未来1个月A股表现，同时希望如果判断错误其损失不超过 5%。此时该机构与券商签署了场外看涨期权协议。期初，机构向券商支付资金规模 5% 的期权费，期末，如果沪深 300 指数是上涨

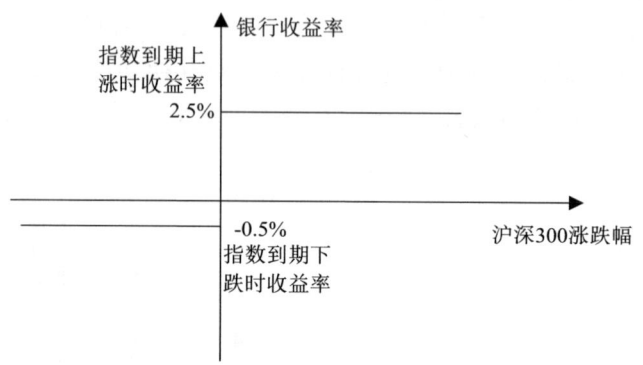

图 9-2　期末银行损益图

的，该机构获得指数实际涨幅的收益，如果沪深 300 指数是下跌的，该机构收益为 0（见图 9-3）。

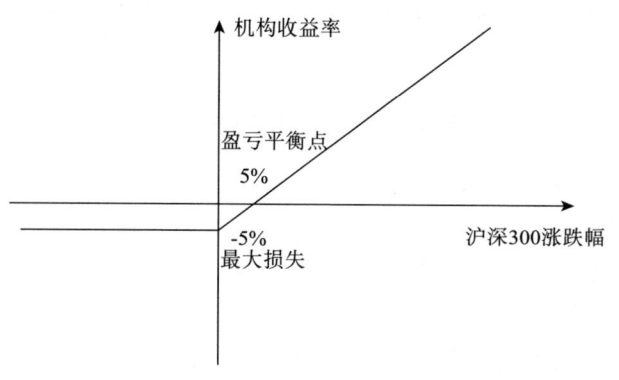

图 9-3　期末机构损益图

三、产品模式："一对一"协议与结构化理财齐驱

从产品模式来看，无论是场外权益类收益互换产品还是场外期权产品，一般都有两种模式。一种是"一对一"协议形式，另一种是结构化理财产品形式。

"一对一"协议形式是指，券商与机构客户签署权益类收益互换协议或期权协议，挂钩资产不同条件下，机构客户获得不同的收益。证券公司再以自有资金开展风险对冲交易。实际开展中，机构客户通常为上市公司

等非金融机构。

另一种为结构化理财产品，目前主要是证券公司与银行合作的理财产品。银行将理财本金投资于货币市场工具或债券以获得固定收益，将收益的一部分投资于券商的场外期权，以获得浮动收益。实践中，对于没有衍生品投资资格的银行，通过认购基金子公司专户的形式间接投资于券商的期权产品。同时，证券公司也为银行提供信用良好、收益吸引力较高的资产包，如两融收益权等，以进一步提升产品收益的吸引力（见表9-3）。

表9-3　签订主协议的交易对手统计（截至2014年7月31日）

机构类别	银行	基金	券商	期货	非金融
机构数量	8家	22家	21家	4家	225家
协议备案数量	25份	34份	96份	9份	250份

资料来源：中国证券业协会培训资料。

四、挂钩标的：个股与指数为主流

根据《中国证券期货市场场外衍生品交易权益类衍生品定义文件》，场外权益类衍生品的标的资产包括但不限于股票、股份、股票指数、股指期货、交易所交易基金及其组合。目前已开展的场外权益类衍生品业务的标的范围包含了境内股票和指数、基金、可转债、股指期货、商品期货、境外股票和指数等。其中，境内股票和指数占据主流地位（见表9-4）。

表9-4　证券公司场外权益类衍生品业务已挂钩标的（截至2014年7月31日）

股票				基金			指数	可转债	期货
主板	中小板	创业板	港股	ETF	封闭	专户			
171	51	14	54	2	4	1	25	6	3

资料来源：中国证券业协会培训资料。

第二节　场外期权产品的案例分析

场外期权产品经历了从萌芽到多样化成熟产品的推进过程，本节我们分别从萌芽产品和成熟产品中给出典型的案例,诠释场外期权产品的具体结构,并体现其对机构投资者的现金管理、风险管理及投资配置等方面的重要作用。

一、萌芽产品——"多空对赌"产品

券商"多空对赌"的资管产品可以看作是场外期权产品的萌芽,于2012年年底开始逐步发展,并受到市场广泛关注。此类产品往往同时包含看涨份额和看跌份额,由投资者分别认购,投资者之间形成"对赌"。而券商不参与或为了提供保障作用而部分参与。此类产品主要投资于固定收益类产品,券商基本上无须进行风险对冲。典型的如广发多空杠杆产品、光大阳光挂钩沪深300分级产品、招商一触即发系列等。下面以最早发行的光大阳光挂钩指数分级产品为例分析此类产品收益特征。

该产品期限1年,全程封闭,主要投资于固定收益类资产,产品有A、B、C三类份额,三类份额资金配比为100:1:3.186。A、C份额的合计年化收益为5.15%,其中,A类份额相当于看涨份额,若产品存续期沪深300指数涨幅大于或等于0,则收益率为8.5%;相反,则收益率为-2%;C类份额在保障A类份额约定收益的情况下享有A、C类份额投资收益的剩余部分;B类份额由自由资金认购,以保障A、C类份额合计可以获得5.15%的年化收益(见表9-5)。

表9-5　　　　光大阳光挂钩沪深300指数分级概括

产品全称	光大阳光挂钩沪深300指数分级1期集合资产管理计划
产品类型	限额特定集合资产管理计划
投资范围和比例	固定收益类资产占资产总值的比例为0-100%;现金类资产占资产总值的比例为0-100%;参与证券回购融入资金余额不得超过本计划资产净值的40%。
管理期限	1年。
参与起点	最低金额为100万元
开放期	无
产品份额	A、B、C三类份额(比例100:1:3.186)
风险收益	A类属于中低风险,B类和C类属于高风险

续表

收益分配	存续期内沪深300指数涨幅R，资产组合年化收益率r，各份额到期年化收益为R_i，i = A、B、C。
	R > 0%，R_A = 8.5%，R_C = -100%
	R < = 0%，R_A = -2%，R_C = 230%
	r > = 5.15%，R_B = 5.15%；r < 5.15%，B确保A、C份额的总收益率为5.15%。

可见，A份额和C份额相当于两个二元期权，且C份额的杠杆更大。如果到期时指数上涨，A、C份额的收益分别是8.5%、-100%；如果到期时指数下跌，A、C份额的分别是-2%、230%。

二、成熟产品——结构化产品及"一对一"协议

自2013年5月开始，证券公司成熟型的场外权益类衍生品业务开始逐步发展，2014年4月起进入快速发展阶段。结合场外期权的结构化理财产品经常出现"一日售罄"甚至"秒杀"的热销情形。如广发银行的"欢欣股舞"系列今年已经发行了近40期，其中大部分都是2-3小时内售罄。而9月12日到期的挂钩沪深300的"欢欣股舞"2014年第10期产品更是实现了15.06%的年化收益。

下面以运用比较广泛的欧式数字期权、欧式双向数字期权、欧式跨价看涨期权、欧式鲨鱼鳍/双向鲨鱼鳍看涨期权及融资性质的收益互换为例，介绍此类产品在投资者现金管理、投资配置及风险管理等方面的运用。

（一）欧式数字期权

此类产品为保本型的结构化理财产品，产品收益挂钩某一权益类证券的期末表现。若期末标的的价格高于期初的价格，则投资者可获得额外的浮动收益，否则，投资者的收益为0。

国信证券沪深300二元期权是此类产品中较早的品种。该产品是国信证券与招商资管合作的一款结构化理财产品，期限为半年，收益为3%或6.75%。产品大部分资金投资于固定收益品种，以获得3%的保本收益，再用一部分资金向国信证券购买沪深300看涨期权，如果交易到期日沪深300指数上涨，则投资者可以获得额外3.75%的收益，使总收益达到

6.75%，如果到期日沪深 300 指数下跌，投资者只获得 3% 的保本收益。该产品为投资者的现金管理提供了增值服务（见图 9-4）。

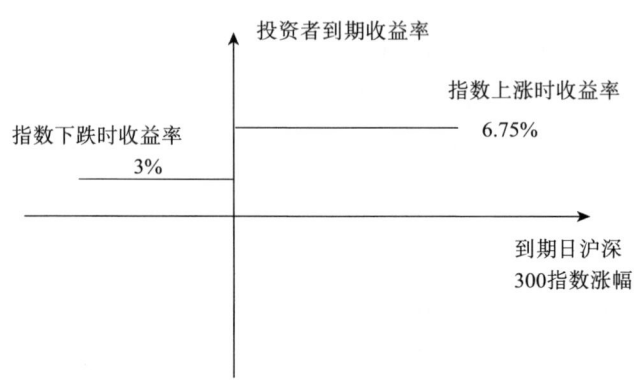

图 9-4　投资者到期收益率图

作为场外期权的卖方，国信证券并不是与交易对手方对赌收益，而是使用自有资金进行风险对冲，在没有场内期权的情形下，主要通过买入沪深 300 股指期货来复制期权进行风险对冲，控制风险敞口，获取合理的波动率差额收益。

具体操作中，产品的期限、挂钩的具体标的及触发条件、产品的最高最低收益及期权费等条款都可根据客户的风险偏好而差异化定制。有的甚至将触发条件设定为确定性很强的，使得此类产品更接近于固定收益类产品。此外，此类产品随后拓展到触碰型看涨期权，即产品存续期内，挂钩标的曾高于其初始价格的一定幅度时，就可获得较高的年化收益。这些结构性存款或结构性理财产品对银行客户具有很强的吸引力。

（二）欧式双向数字看涨期权

此类产品与欧式数字看涨期权类似，只是对应的条件更多，不同条件下对应的收益成对称分布。中金公司的双向触碰产品就是其中的典型代表。

该产品挂钩沪深 300 指数，给定两个对称的上涨和下跌的区间（如区间 1：[95%，105%]、区间 2：[91%，109%]）。期初，客户购买该产品时，先支付名义本金的 5% 为期权费。产品到期时，若沪深 300 涨跌幅落在区间 1 内时，客户的预期年化收益 8.5%；若在区间 1 之外、区间 2 之内时，预期年化收益 6%；若在区间 2 之外时，预期年化收益 1.5%。

不考虑期权费用，投资者的到期收益见图9-5。

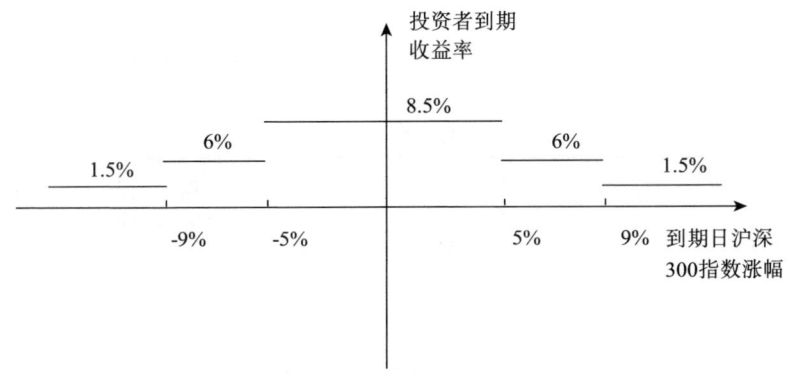

图9-5 投资者到期收益图

如图9-5所示，到期时，无论沪深300上涨还是下跌，该产品都提供了保本的功能。同时，沪深300指数落在区间1内，投资者的收益最大。对于持有现货的投资者，如果认为指数落在区间1内的概率较大，既可以在指数下跌时，起到风险管理功能，又能在指数上涨时，取得增值收益。

（三）欧式跨价看涨期权

此类产品同样是保本型的结构化理财产品，产品收益挂钩某一权益类证券期末表现。产品到期时，若标的期末价格低于初始价格，则投资者获得固定收益，否则，投资者获得挂钩标的同样的涨跌幅，但最高不超过一定值。在此以中信证券的欧式看涨价差期权为例介绍此类产品的结构特征。

中信证券欧式看涨型价差期权是中信证券与客户定制的"一对一"期权协议，期初，客户向中信证券支付名义本金额5.5%的期权费。期末，如果沪深300指数区间涨幅大于0，则客户获得指数同等涨幅的收益（但不超过15%），反之，客户的收益为0。产品的具体期限可根据客户需求定制。

如图9-6所示，客户购买的本质上是一个看涨跨价期权，若期末沪深300指数上涨，则投资者可获得与指数相似上涨的收益，但如果指数下跌，投资者最多损失期初的期权费。该产品为看多市场但又担心看错而承担过大损失的投资者提供了投资配置需求。而中信证券在卖出产品后，同样需要进行对冲来控制风险。目前也主要以股指期货对冲为主（即：买入适当

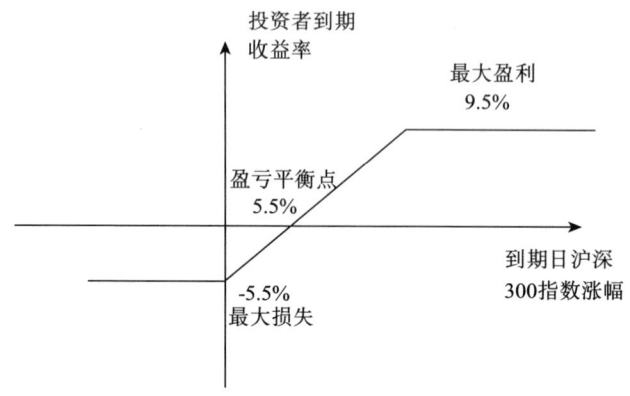

图 9-6 投资者到期损益图

的股指期货合约对冲)。

(四) 欧式鲨鱼鳍 (双向鲨鱼鳍) 看涨期权

欧式鲨鱼鳍看涨期权结构化产品是目前比较流行的产品类型。产品到期时,若标的期末价格在执行价 1 和执行价 2 之间,则投资者可以获得参与率×挂钩标的期末涨跌幅;否则,投资者获得保本的固定收益。而双向鲨鱼鳍看涨期权中有 4 个执行价格。发行火热的广发银行"欢欣股舞"系列就属于此类产品。

广发银行的"欢欣股舞"系列为 2014 年第 10 期产品挂钩沪深 300 指数,障碍价格 1 为期初价格的 117%,障碍价格 2 为期初价格的 89%。在产品存续期内,如果沪深 300 指数价格曾经超过障碍价格 1 或低于障碍价格 2,则产品收益率为年化 4%;若股票指数价格从未超过障碍价格 1 且从未低于障碍价格 2,则理财收益率 = 最大值(|R|,4.00%)。该产品 9 月 12 日到期时,投资者的收益率达到年化 15.06% (见图 9-7)。

此类产品适合震荡的行情,在指数没有明确的大涨或大跌,但又有一定震荡幅度时,可以使得投资者既能够有保本收益,又能享受指数震荡的收益。

(五) 融资性质的权益类收益互换

融资性质的收益互换是目前权益类收益互换产品中占比最大的一类。其本质是券商与机构客户签署互换协议,机构客户向券商提供一定的初始保证金,并获得配资。期末,机构客户向券商支付固定的收益率,券商根

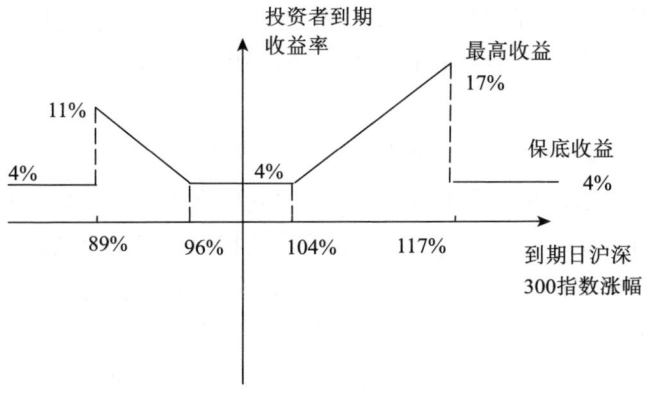

图9-7 投资者到期损益图

据挂钩资产的表现向机构客户提供浮动收益。

例如，某机构客户长期看好中证500指数的表现，与证券公司签订互换协议，期限1年，互换本金为3000万元。期初，机构客户向券商缴纳名义本金20%的初始保证金，并获得券商的3000万元的配资。期末，客户向证券公司支付年化7.5%的收益率；券商根据中证500指数的表现，向机构支付浮动收益，浮动收益率为中证500指数的1年收益率。即，如果期末中证500指数上涨10%，则券商向机构支付300万元，如果期末中证500指数下跌了10%，则券商收到300万元。产品结束时，双方进行轧差交易。对于机构客户而言，该产品相当于以7.5%的融资成本实现了5倍杠杆的投资（见图9-8）。

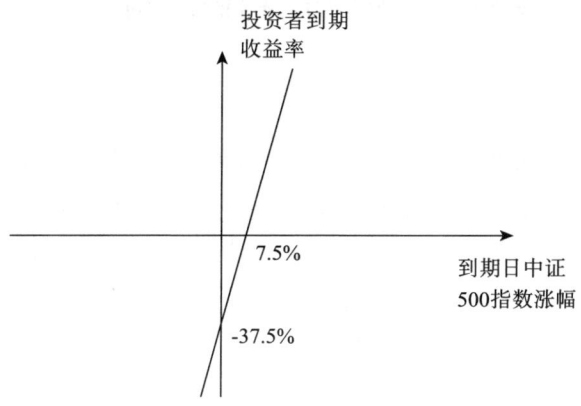

图9-8 投资者到期收益率

除了融资类的杠杆交易，此类产品在场外"融券"、定向增发风险管理、大小非股东市值管理等方面均有广泛应用，受到非金融类机构投资者的广泛欢迎。

以上主要是证券公司的场外权益类衍生品类型。事实上，除了证券公司，期货公司也借助风险管理子公司逐步发力场外期权市场。目前，有色金属、铁矿石、钢材、玉米、鸡蛋等场外期权已经逐步发展。中信期货、新湖期货、金瑞期货、中粮期货、南华期货等多家期货公司已推出场外期权产品的报价服务，部分已经展开了实质性的业务。例如，2014年5月，中信期货风险管理子公司中证资本针对为钢材企业质押融资的信托公司等融资公司制定了以螺纹钢期货为标的的场外看跌期权，受到市场的广泛欢迎。8月，中证资本还推出了国内首个以鸡蛋期货为标的的场外期权，并将推出标的股指期货等产品波动率的互换和期权产品。从投资者处发现需求，再结合场内期货交易开发场外期权产品，成为当前期货公司风险管理子公司探索衍生品服务的创新来源。

上述例子只是场外期权的典型案例，而非全部。场外期权最大的特点是其定制性，没有标准的规范，没有固定的模式，其宗旨是为客户的需求提供定制服务。因此，实际中，在挂钩标的、触发条件、预期收益、产品期限等方面均有个性化设置。

第三节 场外期权市场带来的积极影响

场外期权的引入有利于丰富银行结构化理财产品，有利于吸引银行、养老基金、保险基金等机构的资金流入，有利于增强机构投资者的资产配置和风险管理，有利于优化机构的市值管理等，场外期权对多层次资本市场的发展起到积极作用。

如图9-9所示，证券公司的场外期权产品不仅能够提升银行理财产品的现金增值服务，而且能够吸引银行资金的流入，同时证券公司在复制期权以及对期权产品进行风险管理时又运用到场内的指数、ETF、个股及股指期货等证券品种。

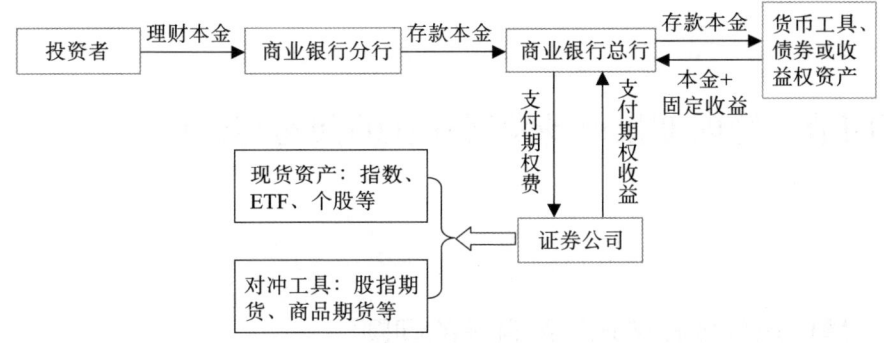

图 9–9　结构化理财产品资金流向图

此外，在境外市场，政府债券 + 看涨期权投资组合策略是一种比较成熟的投资策略，其宗旨是将总资金的大部分比例投资于政府类债券等固定收益品种，小部分资金买入看涨期权。期末，投资于固定收益的资金能够保证获得一定收益，而投资于看涨期权的资金损失有限，同时具有高杠杆性收益的潜力。该策略对养老基金、保险基金等大额资金具有较高的吸引力（见图 9–10）。

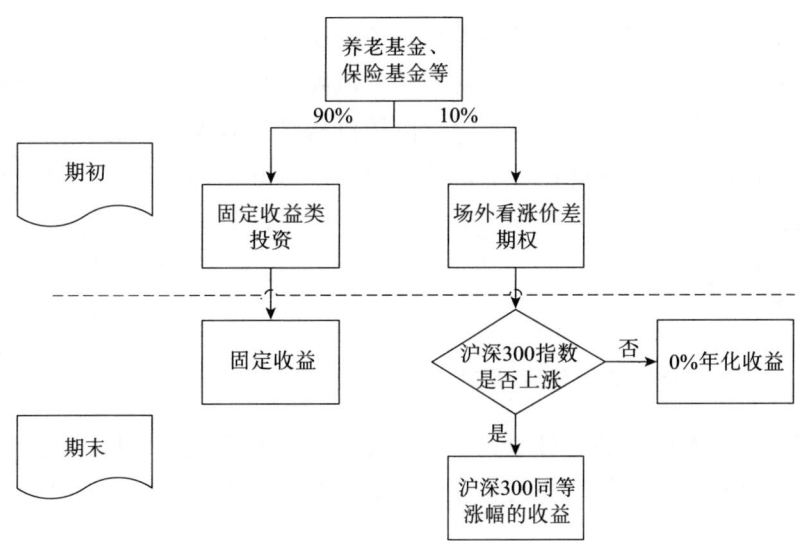

图 9–10　政府债券 + 看涨期权产品结构

第四节　境内期权市场发展存在的问题与建议

一、境内场外期权市场发展存在的问题

国内场外期权市场的兴起和发展虽然还不足两年，但其灵活的设置思路，对客户现金管理、风险管理、投资管理等高效性和便捷性的服务需求，使得场外期权受到机构投资者的广泛欢迎，场外期权市场的规模也得到迅速发展。但在业务的发展过程中同样存在着一些问题，主要体现在以下几点：

（一）专业交易对手过于单一

目前证券公司场外权益类衍生品业务的交易对手多为非专业机构，主要的交易目的是杠杆融资、市值管理等，风险管理的需求较少。而专业交易对手主要以银行为主，保险公司、信托机构等尚未参与证券公司场外权益类衍生品的交易。在此情形下，导致面向银行的结构化理财产品存在产品趋同性的特征，而在缺乏场内期权的情形下，证券公司只能用股指期货对冲 Delta 风险，产品积累了大量的 Gamma 风险，对业务的稳定发展形成弊端和隐患。

（二）对冲交易缺乏认定机制

场外权益类衍生品的对冲交易账户目前只能使用投机交易编码，受到交易所每日开仓限额与持仓限额等机制的限制，严重束缚证券公司场外衍生品业务的开展规模。

（三）产品定价缺乏公允性和参考标准

由于场外期权产品条款各不相同，且各家的定价模型各有差异，因此，各家证券公司场外期权产品的定价各不相同，缺乏公允性。此外，由

于场内还没有标准的期权产品，证券公司的场外期权也缺乏统一的参考，定价的合理性缺乏衡量标准。

（四）对交易对手方的风险识别和管理能力不足

证券公司在开展场外期权业务时，虽然定制了履约保障机制，但普遍设定的较为简单，且在信息披露不透明的情形下，证券公司无法掌握交易对手方在其他公司的违约事项，不能实现信用风险的集中管理。

（五）证券公司的人员储备和技术建设有待提升

场外期权作为一项新的衍生品业务，对证券公司而言，普遍缺乏中后台场外衍生品业务的人员储备，缺乏业务管理经验，不能准确掌握业务开展各环节中存在的风险。此外，在证券公司的前台交易、中台风控及后台结算等方面，技术系统的电子化程度不够成熟，存在操作风险的隐患，不利于对业务风控的监控和管理。

二、境内期权市场的发展建议

针对以上问题，为了促进场外期权市场的平稳运作，促进多层次市场的协调发展，提出如下发展建议：

（一）鼓励场外期权市场的健康发展

我国场外期权的快速发展显示出市场机构对期权的迫切需求，因此应当鼓励场外期权市场的健康发展。一方面鼓励保险机构、养老基金等专业投资者逐步加入交易对手方的队伍中，丰富场外期权的交易对手方的类型，分散产品风险。另一方面，健全和完善相关机制，鼓励券商开展场外衍生品业务，如适当放宽场外对冲交易的限仓条款、研究证券公司自营融券交易的可行性等。

（二）促进场内与场外期权市场协同发展

场内期权与场外期权从功能上讲是一致的，都能提供风险管理、投资配置、市值管理等功能。但比较而言，场内期权是标准化的衍生工具，流动性更强、价格公允性和信息透明性更高，而场外期权定制性较强，流动性较差，价格缺乏公允性，信息不够透明。两者一方面可以形成互补。场内期权合约标准化设计、高效的流动性和有效的市场定价，可以为投资者对冲资产组合中的整体风险或系统性风险，而场外期权市场合约的灵活性、个性化优势，能够被企业或机构投资者用来精确地对冲经济活动中的风险，也能够将使用场内合约后剩余的风险，转移到场外市场成熟的机构投资者中；另一方面，场内期权可以为场外期权市场提供定价的参考和风险管理工具，提升场外期权市场定价的合理性，便于有效管理场外期权市场的希腊值风险。

（三）提倡构建场外期权市场集中清算平台

目前场外期权产品基本上是券商自己完成清算和风险监控。由于场外期权的非标准化和设计的多样性，各大券商对产品的风控系统也不尽相同，具体怎样的风控模型是更为合理的，并没有权威的标准。此外，由于缺乏信息共享，券商无法获得交易对手方在其他券商的违约情况，难以对交易对手的信用风险进行集中管理。因此，调研中发现，不少券商希望能有具有一定权威性和专业性的场外集中清算平台，为其场外期权提供清算和风险监控服务，同时集中采集违约信息情况。通过场外集中清算平台，不仅可以为券商的场外期权业务提供登记、结算及风险监控服务，而且有利于对整体市场的规模及运营情况形成第三方监控功能，减少市场摩擦，维护场外期权市场的平稳有效运行。

第十章

股指期权风险管理与市场监管

　　自从1973年期权首次成为交易所上市的标准化产品以来,随着金融机构和个人投资者越来越广泛地将期权加入他们的投资组合,和期权有关的风险事件逐渐增多,也日渐吸引着人们的关注。对于中国的投资者来说,最著名的案例之一可能是2003年初至2004年年底,中航油(新加坡)股份有限公司违规参与投机性质的场外原油期权交易,公司某高层越权批准了建立超限额的期权空头头寸,擅自决定对亏空期权交易展期,隐瞒期权交易的真实盈亏情况,最终造成5.5亿美元的巨大损失,公司向法院寻求了破产保护。尽管这一事件的标的并非股指期权,却对包括股指期权在内的所有期权产品的投资者提供了警示和借鉴。

　　在讨论期权风险的时候,投资者经常陷入两类误区:一类是认为期权具有保险的特征,尤其是期权的买方,潜在损失有限而潜在收益无限,因此便把期权当作几乎完全没有风险的金融产品;另一类则认为期权具有金融衍生品的特征,高杠杆率带来了高风险,在遭遇不利市场状况的时候可能损失所有本金甚至更多,因此便谈期权而色变。这两类观点均只抓住了期权特点的一部分,事实上和所有金融产品相同,期权的风险是和其收益特性相匹配的,既不能提供虚幻的安全垫,也并非必然会导致大量亏损,关键在于投资者如何采用合适的投资策略和风险控制措施,设计出符合自身要求的期权投资组合,防范过度的风险暴露。需要指出的是,由于期权产品本身高度的复杂性以及其较短的发展和研究时间,对期权的风险管理和市场监管确实相比传统金融产品更具挑战性。

总体上来说，期权风险的来源多种多样，有市场要素变动引起的期权价值波动风险、投资者刻意的行为造成的风险、交易规则和技术系统等的疏漏导致的风险等等。这些风险影响的范围也各不相同，某些可能导致单个投资者遭受巨大损失，另一些则可能波及所有的期权产品参与方。为了防范这些风险，并在风险实际发生时尽可能降低损失、有效地展开问责和改进措施，境外成熟的股指期权市场均建立了一整套市场监管体系，并且还在不断地完善中。

本章将以股指期权为切入点，详细讨论期权业务中主要的风险类型，阐述境外期权市场在监管方面的经验，最后分析一些著名的股指期权风险案例。

第一节　股指期权业务的风险与管理

一、市场要素变动风险

在中航油（新加坡）的案例中，我们已经看到市场要素（这里是标的资产价格）的变动会对期权交易者产生很大的风险，尤其是在裸卖空期权的情况下，这种风险可能被无限制地扩大。事实上，裸卖空期权被成熟市场的专业投资者们视为非常危险的交易行为，通常他们在卖空期权的同时会建立相应的期货头寸用来对冲。

与裸卖空期权相对的，买入期权的投资者可能有一种安全感，因为其到期最大的可能损失只是其为获得期权而缴纳的权利金。但在实际交易中，买入期权是昂贵的，尽管潜在损失有限，但光是本金的不断损失就能对投资者的资产价值造成很大的打击。根据期权定价模型，影响期权价值的可变市场要素主要包括标的资产价格、标的资产波动率、期权到期时间以及无风险利率，目前的研究已经可以较准确地计算出各个要素变动对单个期权头寸、期权组合以及期权与其他证券产品组合价值的影响，并用相应的希腊字母度量，帮助投资者合理地控制其市场要素变动风险。

（一）标的资产价格变动风险——Delta 和 Gamma

Delta 衡量了标的资产价格变动对期权价值的影响，数值上 Delta 等于当其他要素不变时，标的资产价格每变动一单位，期权价值变动的大小。在期权价格—标的资产价格图中，Delta 可以直观地表示为期权价格曲线上某一点的切线斜率。在图 10-1 所描绘的沪深 300 看涨期权中，当标的指数为 2600 点时，股指期权价值为 187.29 点，该点的切线斜率为 0.64，则此时该期权的 Delta 即为 0.64。

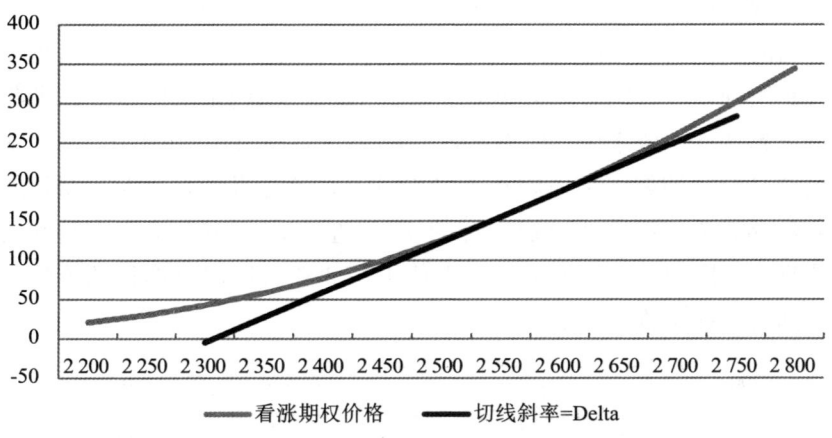

图 10-1　看涨期权价格与 Delta

从图 10-1 中可以看出，对于看涨期权而言，当标的指数价格越高时，期权的价值越高，切线斜率也就越大，这说明实值程度较高的期权更容易受到标的资产价格变动的影响。事实上，看涨期权的 Delta 总在 0 到 1 之间变动，而看跌期权的 Delta 总在 -1 到 0 之间变动。

管理 Delta 风险是相对较为简单的，根据 Delta 的定义，可知标的资产和同标的期货多头的 Delta 均为 1，同标的期货空头的 Delta 为 -1，并且资产组合的 Delta 具有可加性。因此计算出持有期权头寸的总 Delta 后，只需买入或卖出相应份额的期货即可将组合的 Delta 调整为 0，称为 Delta 中性，即消除了标的资产价格变动风险。

需要指出的是，期权的 Delta 并非固定不动，时间、标的资产波动率、无风险利率等均会影响期权的 Delta，因此为了维持期权组合的 Delta 中性，投资者通常会经常调整对冲头寸。标的资产价格变动本身即是影响 Delta 的最重要因素，如图 10-1 所示，当资产价格沿着定价曲线移动时，切线斜率将会发生显著变化。Gamma 便被用来衡量标的资产价格变动对 Delta 的影响。

在境外投资机构的实践中，通常对期权投资组合的 Delta 每天进行一次调整以维持 Delta 的中性，而由于 Gamma 对于期权组合的价值的影响是二阶导数层面的，因此对 Gamma 通常以每周或每月的频率进行管理。

（二）到期时间变动风险——Theta

Theta 衡量了在其他要素不变时，时间流逝对期权价值的影响。和影响期权价值的其他要素不同，时间流逝是一个确定性的事件：期权从创建开始，其距离到期的时间必然会不断缩短，而距到期剩余时间越短，期权的价值也就越低。一般来说，所有买入期权头寸的 Theta 均小于 0，并且对于同一到期月份的期权，平值附近的合约 Theta 绝对值最大。因此期权的持有者通常都需要密切关注投资组合的 Theta 值，以防组合价值在时间流逝中迅速衰减。图 10-2 展示了一手平值沪深 300 看涨股指期权的价值是如何随时间流逝而急剧下降的。

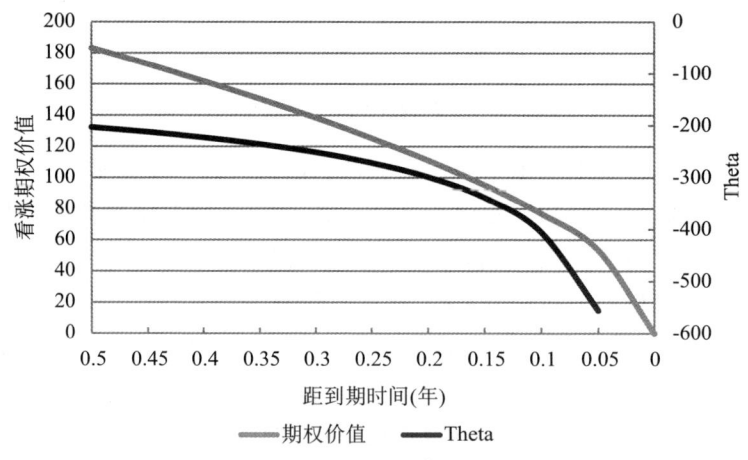

图 10-2 到期时间、期权价值与 Theta

可以看到，随着到期时间趋近于 0，平值看涨期权的 Theta 值不断降低，意味着时间流逝导致的期权价值缩减也不断加快。在临近到期前的一段时间内，期权价值出现了明显的加速下降，从剩余 0.05 年（约 18 天）

时价值约为 60 点很快跌至到期时刻价值为 0。

由于时间流逝会造成期权，尤其是平值期权价值的损失，并且这种损失的速度随着到期日临近会不断加快，因此境外市场的投资机构通常不愿意持有裸期权多头合约太长时间，即使这看起来是安全的。在实践中投资机构一般通过以下几种方法控制时间风险：减少裸期权多头头寸，通过买入和卖出期权的组合降低组合 Theta 绝对值；在有必要持有期权多头时，尽量使用虚值和实值等 Theta 绝对值较小的合约；通常不持有期权到期，而是在较早的时候在市场上平仓，避免到期日临近时期权时间价值加速衰减。

（三）标的资产波动率变化风险——Vega

在期权定价模型中，标的资产波动率是一个非常重要的要素，而波动率也不是固定不变的。尽管很难通过先验的方法确定资产的波动率发生了改变，但通过某些后验研究，我们确实可以看到，市场上的波动率不断发生着改变，这不仅表现为各种资产已实现波动率的变化，更重要的是投资者们预期的资产波动率，或隐含波动率，会随着市场状况的改变而改变。在 1987 年 10 月美国股市急剧下跌的那段时间里，市场的隐含波动率在短时间内上升了 3 倍多，所有期权的价格都急剧膨胀。

标的资产波动率和期权价值是正相关的，因此期权的 Vega 值始终大于 0，当资产波动率上升时，期权的买方获益而卖方遭受损失，反之亦然。和 Theta 相似，其他要素不变时，平值附近期权的 Vega 绝对值最大，并且到期时间越长，Vega 值也越大。图 10－3 展示了当标的资产价格为 2500 点、到期时间为 0.25 年时，一手沪深 300 看涨股指期权的 Vega 随执行价格不同而变化的情况。

由于标的资产现货和期货的 Vega 值均为 0，因此投资者无法使用现货和期货对期权头寸作 Vega 对冲，而需要通过买入和卖出不同期权的组合将 Vega 值控制在可接受的范围内。在难以对冲的情况下，通常机构投资者更愿意持有到期期限较长、虚值或实值程度较深的期权合约，以尽可能降低 Vega 风险。对于已推出波动率指数（例如 VIX）并将其作为金融产品上市的市场来说，投资者则可较为方便地通过交易波动率指数期货对期权组合头寸的 Vega 进行管理，目前世界范围内成熟的期权市场大多都推出了波动率指数及其相关衍生品。

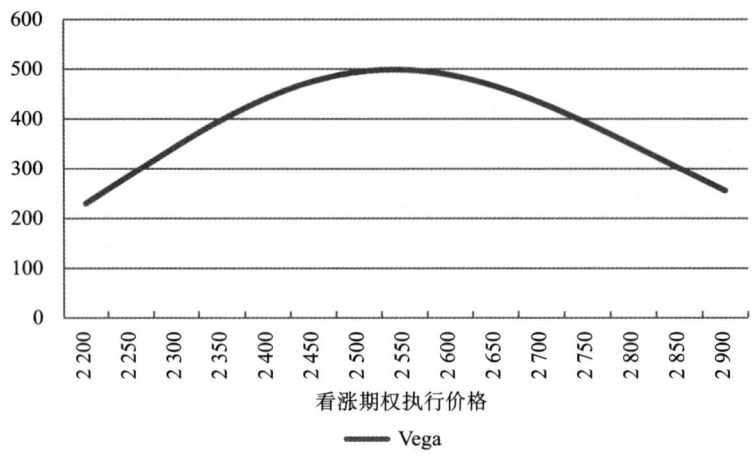

图 10−3　执行价格与 Vega

二、投资者行为风险

对任何一种金融产品来说，投资者都是市场最重要的组成部分，投资者积极的参与可以使市场更为有效，但某些投资者的恶意行为则会对市场造成不利影响，导致其他投资者承担风险和损失。在全球范围内的各大金融市场，几乎都曾出现过由投资者行为引发的风险事件。我国证券、期货市场正处于新兴加转轨的特殊时期，各方面制度尚不够完善，相比成熟市场更易出现投资者行为风险。在我国过去推出的很多创新金融产品中曾发生投资者行为风险事件，影响了市场的发展。

期权作为一种重要的风险管理和定价工具，其功能有效发挥的前提是市场正常运行，价格不受操纵或哄抬、打压，因此投资者行为风险是监管机构需要严格监察、做好防范工作的。中金所在股指期权的研究开发过程中做了大量准备工作，在产品设计上建立相应的风险防范制度，以确保股指期权产品能够平稳上市与安全运行。

本节中我们将分析不同类型的投资者行为风险以及监管机构针对性的措施，需要指出的是这里关注的仅是投资者主观的、有意识的行为对市场造成的风险，对于被动的、由失误引发的风险将在下一节中讨论。

（一）市场操纵风险

市场操纵是最典型的投资者行为风险之一，对于期权产品来说，市场操纵通常意味着投资者单独或者通过合谋，集中资金优势、持仓优势或者利用信息优势控制期权的市场价格、结算价格，在实现自身盈利的同时造成其他投资者的损失。市场操纵行为的后果一般是市场价格大幅扭曲、期权定价机制失效、其他投资者难以正常买卖期权产品，最终破坏市场公平性，使期权无法发挥其作为风险管理工具的功能。

期权产品市场操纵的具体表现形式有以下几类：一是集中持仓或利用自身的资金实力和地位等优势，对期权合约合谋进行连续买卖，大幅拉抬、打压交易价格，低买高卖或高卖低买，从中获得非法利益；二是跨市场操纵，即利用证券市场与股指期权市场之间的联动效应，在股指期权市场预先准备大量持仓，然后在证券市场通过拉抬、打压等手段，操纵标的指数走势从而影响股指期权交易价格，或是反过来在股指期权市场进行操纵行为从而影响证券市场走势；三是到期结算价操纵，即在股指期权到期日在证券市场通过拉抬、打压等手段操纵股指期权合约标的指数成分股或具有高度相关性的股票，进而操纵标的指数走势，最终影响股指期权合约交割结算价，并在股指期权交割中获得大量非法利益。

（二）过度投机风险

期权的本质是一种风险管理工具，但由于期权具有杠杆性，而且相比同样名义面值的现货，期权的价格通常低得多，深度虚值期权尤其如此，因此仍然有不少投资者以投机为目的进行期权交易。投机者的存在通常被认为是合理的市场现象，即使在境外成熟市场，也有一定比例的纯投机交易者存在。但如果投机交易超过适当的比例，或集中在某几个特定合约上时，就有可能出现过度投机风险，导致期权成交价格大幅偏离理论价值，甚至定价机制完全失效。其后果是期权市场功能无法发挥，部分参与投机的交易者遭受严重损失，破坏市场的稳定性。

从境外市场实践来看，韩国股指期权市场和中国香港的权证（Warrant）市场均曾出现过较明显的过度投机现象，市场散户参与率很高，炒作气氛较浓。过度投机一般集中于买入深度虚值期权合约，这一方面是因为深度虚值期权合约价值相对较小，权利金较低，且买入交易无须缴纳保证金，降低了个人投资者的参与门槛；另一方面是因为不少个人投资者对期权的应用存在认知偏差，抱着博彩的心态买入深度虚值期权，期望期权到期时转变为实值从而获得数倍的收益。我国境内上市股指期权后，必须谨慎管理市场中可能出现的过度投机风险。

(三) 交割违约风险

期权产品具有买卖双方权利义务不对等的特征，在到期日卖方需根据买方的要求履行期权合约，这通常意味着卖方将遭受一定损失，此时期权卖方有可能蓄意违约，或因种种原因而无法完全依照合同约定的条款履约，台湾期权市场上曾发生过大客户交割违约事件。对于在交易所上市的期权产品来说，由于实行中央对手方制度，交易一方交割违约并不会直接导致另一方的损失，但会对交易所造成大量风险，并削弱期权合约的公信力，影响期权正常的市场交易。

交割违约风险的产生有多方面的原因，包括投资者蓄意的违约行为、投资者资金管理不善或风控制度不足造成没有足够资金履约、交易所对保证金管理过于宽松、投资者因停牌等原因无法买到期权标的进行交割等等。监管机构需要建立严格的交割结算风控制度和相应的罚则，以确保投资者按照期权约定条款履约。

(四) 利益输送风险

理性的投资者通常会在期权到期时根据期权执行价格、期权交割结算价、手续费等情况进行判断，若期权行权是有利的则进行行权，反之则放弃行权。但这并不排除"非理性"行权发生的可能性，即深度虚值期权的买、卖双方串通一致，买方通过行权的方式向卖方贡献利润，将利益输送给卖方。利益输送行为会破坏市场经济秩序，阻碍期权正常经济功能的发挥，需要监管机构严加防范。

(五) 恶意报撤单、恶意询价风险

当前金融市场的发展趋势之一是交易的高频化，随着做市商被引入期权市场，机构投资者也普遍开始试行程序化交易，期权交易中的报单、撤单频率不断加快。但其中也滋生了投资者恶意报撤单、对做市商进行恶意询价等风险。在境外成熟期权市场的发展过程中，有过不少高频投资者利用其计算机程序在市场上不断进行恶意报撤单的案例，这些投资者甚至频繁进行自我成交，向市场散布虚假价格信息的同时恶意抢占、堵塞交易通道，造成正常交易的投资者难以成交，大幅提高交易系统负担。也有一些

投资者针对做市商必须以一定比例回应市场询价并维持一段时间的义务进行恶意询价攻击，对已有良好市场报价的期权合约不断进行询价，或使用多个账户轮流进行询价，试图使做市商无法完成回应询价义务或出现系统堵塞，造成做市商的损失。大量的恶意报撤单、恶意询价行为会导致期权市场运行效率下降，做市商利益受损、无法完全发挥其做市功能，最终对期权的风险定价机制造成不利影响。

（六）监管机构对投资者行为风险的防范措施

对于投资者行为风险，监管机构通常从事前预防、事中监察、事后处罚等三个方面进行全面防范，主要包括了以下几项措施：

第一，交易所需要科学地选取期权标的，并合理地设计期权合约与交易结算制度。以股指期权产品为例，交易所选取样本股权重分散、抗操纵性强、个别股票对指数的影响有限的指数作为标的。在合约设计上，采用较大的乘数，设置较大合约规模。在业务制度设计上，将交割结算价设计为标的指数在一段时间内的算术平均数，样本的采集时间和数量范围较宽泛，使交割结算价难以被操纵；实行持仓限额制度，对合约序列采用单边持仓合并计算，对存在实际控制关系的客户也实行合并计算，避免单个客户拥有绝对持仓优势操纵市场；实行大户报告制度，对持仓量较大的会员或客户进行重点监控，了解其持仓动向、意图，以便更有效地防范和化解操纵风险；采用合适的涨跌停板制度，减缓或者抑制市场操纵行为、过度投机行为对股指期权价格产生较大冲击。这些科学、合理的制度设计在境内外股指期货、期权市场已得到很好检验，能够有效防范股指期权的市场操纵和过度投机风险。

第二，交易所应当建立投资者适当性制度，加强投资者教育，引导市场理性交易。合理设置投资者准入门槛，过滤掉一批对期权缺乏基本认识，纯粹准备利用期权杠杆以小博大的投机者，确保期权参与者的风险认知、风险承受能力与股指期权产品相适应，切实保护投资者的合法权益，防范投资者盲目入市。全面、深入、持续地开展投资者教育工作，在全市场范围内树立关于期权作为一种风险管理工具、定价工具的理念，推广良好的期权投资观，引导个人投资者从单纯的方向性投机逐渐向更为专业化的策略交易方向发展，从而有效地防范投资者非理性交易和过度投机交易风险。

第三，交易所应设定适当的保证金标准，严格执行保证金追缴制度、强行平仓制度，确保投资者具有足够的履约能力。对于期权这类具有杠杆性的衍生产品，逐日结算的保证金制度既是良好的安全缓冲垫，又是甄别投资者是否具有履约能力和履约意愿的最好检验标准。保证金标准的设计通常考虑了期权市场的风险特征和投资者情况，能充分覆盖潜在的市场风险，确保交割结算的安全运行。对于未能及时缴纳足额保证金的投资者，严格执行追缴制度，在必要的时候进行强行平仓，将违约风险尽早排除。

第四，设计合理的期权行权制度，防范利益输送风险，同时也避免投资者因忘记行权或错误行权而遭受损失。具体方法为对股指期权这类以指数为标的的期权采用现金交割、自动执行制度，对于到期日为虚值的期权不允许投资者执行，对虚值期权买方的执行申请视为无效；对于在到期日扣除手续费后仍为实值的期权，自动进行行权，但允许期权买方提出放弃执行申请。对于需实物交割的期权或美式期权，则可在期权买方提出符合执行条件的行权申请时，用按照持仓比例随机分配的方式匹配相应的卖方客户持仓，避免买方有目标性地向特定卖方输送利益。

第五，监管机构需要加强市场实时监控，对一些敏感指标设立较为严格的监管标准，防止恶意攻击行为。从境内外市场经验来看，主要的监控指标包括了日内交易规模、单边持仓量、报撤单频率、询价次数、有效询价比率等。在投资者行为出现异动时，建立报告、询问、查处的整套流程，确保期权交易平稳运行。

第六，监管机构应建立严格的处罚标准，对实际发生的投资者不当行为进行相应惩处。在境内外市场实践中，处罚方式包括了警示、约谈、限制开仓、暂停交易、扣留证券、强行平仓、收取违约金、处以罚金、提起法律诉讼等等。适当的惩罚制度既可以警诫投资者的不当行为，也可以对由不当行为导致的风险和损失提供一定的补偿。

三、技术系统和误操作风险

在场内期权产品发展的早期，所有的交易都由人工完成，最常见的情况是所有的经纪人和做市商都挤在一个巨大的交易大厅中，经纪人通过电话接受客户的委托，同时以公开喊价的方式找到愿意交易的对手方。做市商则将报价写在黑板上公之于众，和愿意接受报价的经纪人们进行交易，并不断根据市场情况的变动更新价格。一天的交易结束后，所有人都筋疲力尽。电子报价系统的出现改变了一切，时至今日，绝大部分期权投资者都已习惯通过计算机终端进行交易操作，而尽管有些交易所还保留了传统的交易大厅，大多数的场内市场都以电子交易平台的形式存在。计算机技术的发展使投资者获取价格、计算模型、报撤订单的整个流程都变得更有效率，但同时也伴随着相应的风险：所有的计算机系统都有可能出现故障，而使用计算机的人们也可能发生操作失误，即各种著名的"肥手指"事件。本节将讨论各种技术系统风险、误操作风险以及相应的防范措施。

（一）交易所技术系统风险

技术系统风险最严重的状况可能是交易所端出现技术故障，故障原因包括系统抗压能力不足、自然灾害、电路系统问题、人为攻击等等，这种情况下全市场的交易都会受到影响。近年来，交易所技术系统风险并不罕见，伦敦国际金融期货交易所、德意志交易所、东京证券交易所和郑州商品交易所等均发生过因技术故障而导致交易暂停的情况。这些事件大部分由系统抗压能力不足引起，表现为在交易量迅速放大或者价格急剧变化等市场极端情况下，交易所出现交易中断或者延迟、无法发送委托、委托无法成交、资金无法正常转入或转出以及交易指令无法按预期执行等意外。后果是给广大投资者带来意外损失，引发相关法律风险和对交易所的诉讼。

相对于其他金融产品而言，期权类产品具有"同时交易的合约数量较多、交易代码和指令较为复杂、包含较多的组合交易、保证金计算相对烦琐"等特点，对交易所及中介机构的运营维护提出了更多挑战。引入做市商制度后，由于做市商需要频繁地进行报撤单操作，同时市场会更广泛地使用高频交易和程序化交易，因此交易所系统承受的压力会进一步以指数形式增长。

交易所技术系统风险的防范包括硬件和软件两方面的措施，硬件方面即提升技术系统处理能力、建设后备电力系统和交易系统等等；软件方面则包括制定交易所日常运维标准和应急处理措施、加大运维人员投入、提高工作人员素质等措施。以中金所准备中的股指期权产品为例，为保证股指期权交易、结算系统的安全运行，中国证监会及行业组织制定了相应的行业信息系统规范性文件，对交易所及期货经营机构信息技术投入、人员编制、系统建设、日常运维以及应急处理进行明确规范，并根据相关要求进行全面的合规检查。硬件方面，中金所首先增加了对信息技术经费的投入，参考境外成熟市场水平大幅提升了系统的处理能力，同时可处理订单流的数量超出之前数倍，并通过常规压力测试检验在极端市场环境下系统的运行情况；其次，中金所设立了完善的后备系统，大幅提高了交易所的灾备能力。软件方面，中金所针对股指期权业务的特殊性，建立了专门的业务操作流程，确保运作的标准化；建立系统自动处理功能，降低人为操作风险；建立互检互核机制，通过人工互检和人机互核控制风险；增加对期权运维人员的投入，持续进行专业化培训，提高运维管理水平。通过这些措施，交易所能基本将技术系统风险控制在较低的程度。

（二）投资者技术系统风险

在完全电子化的交易体系下，期权投资者端的技术系统风险存在于交易的每一个环节，即使是一个最普通的个人期权投资者，仅使用一台电脑进行交易，也可能因为网络中断、电力系统故障、黑客攻击等原因遭遇技术系统风险。而对于机构投资者来说，技术系统风险的表现形式更为多样，涵盖软硬件等各个方面，可能导致的损失也更大。我国境内市场机构投资者目前在技术系统风险防范方面相对仍较为薄弱，而在境外成熟期权市场，机构投资者们对控制技术系统风险积累了丰富的经验，基本已形成一套完整的指引，主要包括以下几个方面：

1. 物理入侵风险。对于所有机构投资者来说，最基本的一点就是严格禁止非经授权人员接触交易系统和技术管理系统，以防发生非经授权的交易或对系统的恶意破坏。这不仅包括外来人员的入侵，还包括内部工作人员进行的不在权限范围内的操作。成熟的机构投资者通常至少建立电子门禁、人工甄别、系统口令等三道物理防护，并明确规定各工作人员的操作权限，在不同职能的工作人员间建立严格的防火墙制度，对于离职员工及时取消其相应的权限。

2. 电子入侵风险。电子安全在技术系统风险防护中也非常重要，对于那些具有直连交易所网络通道的机构投资者来说尤其如此，因为入侵者可以直接通过这些连接攻击交易所系统，发送伪造交易订单，或截留投资者交易数据为自身谋利。在境内外市场上，均出现过一些机构投资者为降低交易延时和增加交易通道流量而减少对交易网络的安全防护，从而导致电子入侵风险的发生。美国期货业协会对所有使用电子交易系统的机构给出的建议是，在传统的密钥之外，还必须使用网络防火墙、VPN 连接及其他电子防护措施，并有专门员工负责网络安全维护。

3. 交易中断风险。在交易过程当中，一些突发事件可能导致交易中断，例如网络掉线、计算机死机、大范围的断电等。在某些极端情况如台风袭击、电缆主线断裂等发生时，有可能出现长时间、大面积的交易中断。此时若机构投资者有大量订单已提交到交易系统中无法取消，或是已经建立的期权头寸无法进行对冲，就有可能因市场要素的不利变动而导致严重损失。期权市场上，做市商比普通机构投资者更容易遭受交易中断风险。境外成熟市场对交易中断风险建立了一套较完整的应对方案，包括以下几项：

（1）被称为"心跳系统"的逆向触发风控链，从机构投资者内部交易系统一直到交易所主机为止，之间联结的每一个节点都会向下一个节点实时发送有规律的信号，在任何两个节点间的链接中断时，系统便自动触发取消订单机制，所有还在交易所订单簿上的订单都会被立刻取消。

（2）后备交易执行系统，通常设置在交易所、清算公司、交易软件供应商，或是连接另一家交易所的分支公司内，在主交易系统发生中断时，这些后备执行系统可以被立即启用，交易未完成的订单或进行对冲。

（3）紧急情况通知机制和日志记录机制，通常由运营部门负责，在交易中断时及时联系交易所、网络供应商、软件商及其他第三方机构，并详细记录风险处理状况和后备交易系统的运行状况。

4. 交易程序错误风险。程序化交易和电子交易系统几乎同时开始发展，越来越多的投资者使用程序代替人来进行交易。程序相比人类具有运行精准、永不疲倦、下单速度极快、不受情绪干扰等优点，但程序同样会发生错误，既可能是编程中的疏忽导致的漏洞，也可能是在错误的时点某个交易程序被触发，或是市场环境变动使得运行中的交易程序不再适用。在期权市场上，做市商是交易程序的最大使用者，几乎所有做市商都引入了程序化交易以处理时刻不停的报撤单操作和回应询价义务，程序错误可能导致这些公司遭受巨大损失。使用程序化交易的机构投资者通常使用以下措施防范程序错误风险：

（1）前端风险指标设置。在每天交易开始前，投资者都应根据自身情况预设当天的风险指标，对于期权业务主要包括了各合约持仓额、组合头寸的希腊值风险、总交易金额等。对于每个风险指标通常设置若干不同程度的警戒值，当警戒值被突破时系统自动给出相应等级的警示信号，直至停止交易。

（2）"肥手指"价量限制。交易系统应对单个订单可申报的价格范围和最大申报量设定前端限制，这不仅适用于人为操作，也适用于程序化交易，在下一节的"肥手指"风险中我们将详细讨论。

（3）市场波动警示。当交易标的出现较大的价格波动或不寻常的成交量剧增时，交易系统自动发出警示，甚至暂停交易。

（4）重复运行提醒。当同一个策略被运行完毕后再一次进入市场交易时，系统应向交易员和风险管理者发出提醒，若策略重复运行次数达到一定数量时，系统应暂停该策略，以防错误的重复交易发生。

（5）订单频率限制。机构投资者通常应当限制交易系统在短时间内向交易所发送订单的数量，当某个运行中的交易程序发送订单频率过高时，系统应自动暂停该程序，防止堵塞交易通道或积累过多的风险头寸。

（6）一键取消。使用程序化交易的系统通常应有一个专人控制的取消按键，在紧急情况下可一键取消所有现存订单，并暂停系统的交易功能。

（三）操作失误风险

在期权交易所有的相关风险中，人为操作失误可能是最常见，也是最难避免的。由于操作失误通常表现为在计算机上输错数字或点错按钮，因此也被戏称为"肥手指"风险。据统计，普通交易员每 100－200 次交易便会出现一次输入错误，绝大多数的此类错误的影响都很小，但极少数几次严重的操作失误会导致巨额亏损，引发市场大幅波动，甚至令机构投资者陷入破产的境地。

在东京证券交易所发生的一次著名的"肥手指"事件中，瑞穗证券公司交易员将"以 61 万日元的价格出售 1 股股票"的指令误输入为"以 1 日元价格出售 61 万股股票"，并在系统发出警示后无视警告继续操作，直接使标的股票跌停，并最终导致瑞穗证券公司损失约 300 亿日元。在中国的权证市场上，也曾出现过某实时价格约为 0.7 元的认沽权证突然以 0.001 元的价格成交了 98 万份的疑似"肥手指"事件。

操作失误风险是难以完全防范的，因为从纯交易角度来看操作失误产生的订单和正常的订单并没有显著的差别，而订单的来源也是具有充分权限的交易人员。唯一的甄别方法就是过于异常的价格和交易量，成熟市场一般也是从这两方面入手控制操作失误风险，而对于价量偏差在容忍范围内的操作失误，目前尚无手段能有效地事前防范，只能通过事后的交易记录分析进行检查。对于机构投资者来说，提高交易人员的专业素质、培养交易人员仔细检查和小心谨慎的习惯才是避免操作失误风险的最根本措施。对操作失误风险的技术防范手段则主要包括以下几项：

1. 报价范围限制。交易系统应对每一种产品的报价范围预先设定区间限制，对任何超出预定区间的报价，都要求交易员进行人工解锁后才能向交易所发送，否则便阻止该报价并返回警告信息。较为成熟的交易系统除了预设报价范围外，还可实时将交易者的下单与该品种最新一次的成交价格进行比较，对价格偏离度超过一定范围的订单提出警告。

2. 订单规模限制。交易系统需要对每一种产品单个订单的规模设定上限，具体设置通常考虑了机构投资者的资金状况、风险承受度、产品本身的交易量等。任何超出规模上限的订单均会被阻止，这样可以保证即使出现"肥手指"风险，影响也可被限制在一定程度以内。

3. 风险参数控制。投资者可根据具体状况在交易系统中预设当日的风险参数指标，对于期权产品通常包括组合 Delta 值、Vega 值等。若一笔订单的交易结果可能使风险参数超标，则也会被系统标记为"可疑的"并发出警告。

4. 限制市价单使用。市价单的特点是会自动与对手方的限价订单匹配，在一个档位的限价订单消耗完后会继续与下一档的订单匹配，直至全部成交或市场上的限价单被全部消耗。期权产品同时上市的合约数量较为庞大，因此有很多合约交易不太活跃，订单簿深度较浅，这种情况下，一个大规模的市价单有可能直接将成交价格推至涨跌停板，甚至遭遇预先埋伏的"钓鱼单"，使投资者在非预想的价格上大量成交，从而遭受损失。有经验的机构投资者通常在市价单的使用上设定了一些限制，一定程度上防止了交易员误下单风险。中金所股指期权产品在上市初期暂不支持市价单，避免了投资者因误输入大量市价单而受到损失。

第二节　境外股指期权市场监管体系

在世界范围内，股指期权是一种发展时间相对较短的金融衍生产品，为保证股指期权产品良好稳定的发展，充分发挥其作为风险管理工具和定价工具的作用，防范股指期权业务风险的发生，切实保护投资者利益，完善而有效的市场监管体系必不可少。狭义的市场监管一般指对投资者不当行为的监管，而广义上的市场监管体系则不仅包括对投资者行为的监管，还包括了对股指期权产品本身的运行状况、市场的普遍环境、交易所工作开展情况以及银行、律师事务所、会计师事务所等其他间接参与者的监管。理想的市场监管体系应在控制市场风险、保护投资者利益的同时，不过度干涉市场，尽可能少地影响市场效率发挥。

在股指期权数十年的发展历程中，境外各主要市场对其监管体系均进行了持续的研究和实践。美国作为最先上市股指期权的国家，积累了丰富的监管经验，成为其他市场建立股指期权监管体系时必然会参考的对象；德国欧洲期货交易所的股指期权产品以大陆法系为基础开发监管体系，和英美法系下的监管体系相比各具特色；韩国、印度、中国台湾等新兴股指期权市场则在借鉴成熟市场经验的同时，根据自身特点作出调整，在监管体系设计上有不少新的思路。通常来说，成熟市场更多强调发挥市场本身的功能和自律监管，监管体系相对宽松；新兴市场则更注重切实防范市场风险，监管体系相对严格。本节将讨论境外一些有代表性的股指期权市场监管体系的设计情况。

一、美国股指期权市场监管体系

美国期权市场历史悠久，设计完善，实行多层次的综合监管体系：监管机构较多，功能划分较为详细。从总体上看美国对期权的监管可分为机构监管和功能监管两个层次，机构监管的对象是直接从事期权交易的各类市场参与者，监管机构包括证券交易委员会（SEC）、期货交易委员会（CFTC）、货币监理署（OCC）、联邦存款保险公司等；功能监管的对象则是各类金融工具的设计情况和金融市场的运行情况。由于特殊的历史原因，美国场内衍生品市场形成了较为独特的期货和期权分开监管的格局：SEC监管股票和股权类期权市场，CFTC监管期货和期货类期权市场。其中SEC多由律师组成，奉行"规则监管"原则，注重按条例逐项审批；CFTC多由经济学家组成，推行"原则监管"，较为灵活和注重经济合理性。两者各有自己的监管理念和侧重点，这使得股权类期权市场发展为竞争激烈、水平清算的市场，而期货类期权市场呈现出寡头垄断、垂直清算的模式。

美国期权市场的早期发展伴随着 SEC 和 CFTC 的竞争与碰撞，由于两者之间就指数衍生品监管管辖权问题难以取得协调，因此美国市场推出股指期权比股票期权晚了十年。直至 1982 年签署《Shad – Johnson》协定，明确了采用现金交割方式的股权类衍生品的合法性，确定了 SEC 对于股指期权的管辖权后，CBOE 才于 1983 年成功上市了第一只股指期权产品。

SEC 和 CFTC 均为独立政府机构，拥有准立法权、准司法权和独立执法权。但尽管权力较大，SEC 和 CFTC 却并非经常介入日常的期权市场活动中，在这些政府监管机构之下，美国期权市场更为重要的监管者是各种行业自律机构，各家交易所自身就是最直接的市场自律监管者，其他非交易所的自律机构也在不断完善壮大，监管水平不断提高。本节将分别介绍美国股指期权市场上 SEC、交易所自律监管以及非交易所自律监管机构的功能作用。

（一）美国证券交易委员会（SEC）

美国证券交易委员会简称 SEC，委员会由五名委员组成，主席每五年更换一次，由美国总统任命。SEC 的主要目标是监督证券法律法规的实施、加强市场信息的充分披露，保护投资者利益不受玩忽职守和虚假信息损害。在股指期权市场上，SEC 的监管职能主要体现为以下几点：

首先，SEC 可以通过委员会议修正已有的证券法律法规，并加强法律法规的执行。目前 SEC 负责七部证券相关法律法规的修订、执行工作。实践中，SEC 较少对证券法律提出修正，更多是通过规章或推出新法案的形式就某些存在争议的条款进行明确。SEC 同样也和其他具有立法权的机构合作推出新的证券法案，例如《Shad – Johnson》协定就是 SEC 重要的立法实践之一。

其次，SEC 负责审批所有交易所与股指期权产品相关的业务规则。交易所制定或修改规则时，需要向 SEC 报备，SEC 收到申请后一般会向市场公布相关通告，听取相关市场主体意见，然后将收集的意见反馈交易所，并决定是否批准申请。

最后，SEC 对期权市场的违法违规行为可进行直接的司法介入，并具有一定的裁决权。SEC 发现存在违法情况或接到举报的，可以对可能存在的违法事项进行调查，调查方法包括收集资料、询问相关人员、传讯当事人等。根据调查结果，SEC 可召开行政听证会并对案件进行裁决。在最终裁决作出前，当事人可提请和解，实践中 SEC 的大部分案件均以和解形式结束。

（二）交易所自律监管

交易所自律监管是美国期权市场最为重要的监管方法，以芝加哥期权交易所（CBOE）为例，CBOE 设立了多个监管部门，主要包括：市场监管（DMR）、业务规范委员会（BCC）、会员监管（DMFR）、股权交易监管（DETR）、CFE 监管、处罚办公室、期权监察办公室（OSRA）、监管运营支持（ROSS）等，从多个层面监管、处理违规行为。

市场监管主要监控市场交易是否合规，辨识违反联邦证券法、SEC 相关法规以及交易所规则的行为，通常采用网基监察系统（WBS）侦测市场中的异常，系统中预先设置了一些阈值，超过阈值的异常情况会生成异常报告。发现线索后，市场监管部会启动调查程序，通过主管会议审议后，给产生问题的会员发送通知，并将调查报告提交给业务规范委员会（BCC）进行进一步的处理。

业务规范委员会（BCC）是交易所直接负责案件处理的部门，其成员一部分为行业代表，另一部分为公众代表，成员由 CBOE 董事会主席提名推荐，报 SEC 审核通过，此后独立开展工作。BCC 在接到 DMR 的报告后决定是否需要进一步调查及对会员进行处罚，处罚的形式分为正式的（如处罚通知）和非正式的（如信息函、警示函、监管谈话等），BCC 的指控通知可被上诉至 SEC 甚至联邦法院。

期权监察办公室（OSRA）是由美国 12 家期权交易所共同提交的一份计划，并在 2006 年由 SEC 批准成立，用于促进市场监管效率，致力于防范内幕交易，常设机构位于 CBOE，由 CBOE 主要负责，其他交易所给予支持。OSRA 采用计算机系统自动识别出期权标的证券价格的可疑变化，并收集嫌疑客户名单，同时也会接收投资者的投诉，经过调查后将相关案件移交 SEC 处理。

总体而言，交易所自律监管的主要对象是会员和相关行业工作人员，对客户则没有直接监管权，但可以通过监控和调查发现客户的违法违规行为，并移交 SEC 处理。交易所的监控系统不能看到具体某个客户的信息，因此大户报告制度是交易所通过会员进行客户监管的最常规手段：如果单个客户及其关联客户在某一合约序列的单边持仓超过 200 手，则会员应以规定方式向交易所报告客户信息。交易所重点监控的客户违法违规行为包括持仓超限、盗码交易、欺骗交易、对倒行为、尾盘操纵等。

（三）非交易所自律监管机构

非交易所自律监管机构是美国股指期权市场监管体系的重要组成部分之一，这些机构通常不具有政府背景，没有司法管辖权和裁决权，通过制定行业标准、披露行业信息、从业人员注册、投资者教育和保护、仲裁纠纷等方式发挥监管作用，主要包括以下几家机构：

美国金融业监管局（FINRA）是美国最大的非政府证券业自律监管机构，主要职能有注册和教育从业者和参与人员。制定证券行业标准、协助执行相关法律法规、提供市场交易报告和相关行业设备等。FINRA 给从业人员及企业发放执照，制定行业行为准则，检测评定从业人员对于法律法规的执行度，有权对违犯法律法规的个人和企业处以罚款、暂停执照或吊销从业资格的处罚。其监管对象包括 5100 多家经纪公司和 60 余万名注册证券代表，核心目标是加强投资者保护和市场诚信建设。

全国期货业协会（NFA）具体执行期货行业监管任务，承担注册、审计、仲裁、教育四大职能。其监管范围包括：审核和监督会员符合 NFA 的财务要求；制定并执行保护客户利益的规则和标准；对与期货、期货期权相关的纠纷进行仲裁；审批会员资格等。目前，NFA 还开展了监管外包服务，为期货行业的其他机构提供监管服务。

美国期货业协会（FIA）是一个国际性的民间期货协会组织，拥有大量正式会员和联合会员，其中正式会员一般是期货经纪商，联合会员则包括交易所、银行、法律和会计事务所、经纪人、商品交易顾问、基金经理、信息和设备供应商等。其宗旨是与交易所合作，保护公众客户利益，消除信誉问题，并通过教育的方式推进市场参与者合作。FIA 每年均会举办法律和执行研讨会，讨论影响期货、期权行业的法律和监管框架问题。在常规出版物中，FIA 则持续披露期货、期权产品的最新交易数据和行业新动态，通过信息发布的方式达到维护投资者利益的目标。

2008 年金融危机后，美国政府对金融衍生品市场的监管进行了集中反思和综合治理，出台了《多德—弗兰克法案》调整金融衍生品的监管方式和理念，SEC 和 CFTC 等机构也在加紧制定法案的细则以落实相关内容。具体来看表现为四方面，一是设立相关机构组织，推行逆周期宏观审慎监管，成立负责识别系统性风险以及促进监管机构跨部门合作的金融服务监督理事会（FSOC）；二是加强市场监管，尤其是场外产品和对冲基金的监管；三是抓大放小，加强对系统重要性机构的风险管理；四是增加信息沟通和协调，加强国际监管合作。可以预见，美国股指期权市场的监管体系也会不断发展，与时俱进。

二、欧洲股指期权市场监管体系

欧洲股指期权市场最主要的交易所是德国欧洲期货交易所（Eurex），Eurex 的成立以及上市股指期权产品的日期相比 CBOE 均晚了 20 年左右，但借助全电子化的交易平台、扎实的软硬件基础、迎合市场普遍需求的产品开发以及不断的创新研究，Eurex 很快发展为全球最大的金融衍生产品市场之一，DJ Euro Stoxx 50 股指期权也一度成为全球第二大股指期权产品。欧洲股指期权市场遵循大陆法系的传统，以成文法律法规为市场监管的主要依据，在各个级别上设立单一的监管机构，负责不同层次的监管。Eurex 在地域上受德国政府管辖，具体分为三个层次：代表联邦政府的联邦金融监管局（BaFin）、州政府层面的交易所监管局（ESA）以及设立在交易所内的交易监督办公室（TSO）。

（一）联邦金融监管局（BaFin）

2002 年 4 月 22 日德国通过了金融机构合并法，统一了银行、证券和保险行业的监管部门，德国联邦金融监管局（BaFin）从 2002 年 5 月 1 日起成为证券及衍生产品市场的监管机构。BaFin 的任务主要是确保德国金融系统功能有效发挥、保持市场的稳定和完整统一。银行和保险业的监管总部设在波恩，证券的监管总部设在法兰克福。监管局的开支全部来自监管对象缴纳的费用和捐献，因而在财务上独立于联邦政府预算。

BaFin 对股指期权市场的监管主要体现在两个方面：一是 BaFin 对从事股指期权业务的所有机构设立统一的标准，无论是证券公司、银行还是保险公司，均需满足 BaFin 设定的包括资本充足率、偿付能力、风险控制水平等在内的一系列标准，方可获准进入股指期权市场。对于经审核有资格从事股指期权业务的机构，BaFin 统一颁给许可证。二是 BaFin 建立了功能强大的监控系统，通过监控市场数据以及分析监管对象按规定报送的交易数据等相关信息进行日常监管。BaFin 日常监管的重点是内幕交易、市场操纵行为以及机构为争抢个人投资者而实行的不正当竞争行为。

BaFin 的权力范围稍小于 SEC，不具有准立法权和准司法权，其执法手段主要包括对违规事项展开调查和取证、要求交易所和金融机构提供相关交易数据和报告、传唤和讯问当事人、要求金融机构和有关人员对金融工具的账面价值变化作出说明、召开听证会、作出 100 万欧元以下罚款和市场禁入等行政处罚决定等。对于涉嫌刑事犯罪的不正当市场行为，BaFin 需移交地方检察署追究其刑事责任。

（二）交易所监管局（ESA）

交易所监管局（ESA）是州一级的市场监管机构，由于 Eurex 位于德国黑森州，因此其所属的 ESA 为黑森州政府经济交通和城市区域发展部设立的下属机构。在 1995 年 1 月 1 日以前，交易所监管局仅行使对交易所的法律监督权。此后由于《交易所法》多次修改，扩大了州政府交易所监管局的职能，目前 ESA 不仅拥有对交易所的法律监督权，还有一定的交易监督权和市场监督权。

ESA 的主要职能包括以下几项：对交易所的设立和关闭进行审批；对交易所的规章制度进行审批；对交易所进行法律监督，保证交易所严格执行法律法规，消除不良事项；对交易所的交易、结算和其他业务活动进行监督；对交易所监督办公室的工作进行审查；对特许经纪人进行审批和监督；对依据《交易所法》设立的证券经营机构进行监督，等等。

和 BaFin 相似，ESA 对于其所辖范围内的违法违规事项同样拥有调查、取证、传唤和讯问的执法权，也可以要求交易所、市场机构及相关人员提供交易信息和资料。对于裁定违反《交易所法》或交易所业务规则的行为，ESA 有权对有关当事人发出指令，要求其立即停止违法违规行为、消除不良状况、阻止可能影响正常交易结算及监察的情况发生，也可做出一定限额内的行政罚款决定。

（三）交易监督办公室（TSO）

在欧洲股指期权市场监管体系中，Eurex 自身的监管处于一线位置。

按照德国法律规定，交易所交易监控部门具有双重身份，既是交易所理事会下属的独立机构，又是州政府交易所监管局的辅助部门。TSO 的员工是交易所的人员，工资也由交易所支付，但在法律上独立于交易所，监督办公室负责人的任免由交易所提名，报州政府交易所监管局批准。法律规定，交易所理事会和交易所领导机构仅在报州政府交易所监管局同意后，方可干预 TSO 负责人和监控人员的相关工作。TSO 在股指期权市场的主要职能包括：

1. 对股指期权交易和相关证券活动进行监控和分析，识别异常交易，特别是涉嫌市场操纵或内幕交易的行为；完整地记录和保存交易数据以备 BaFin 和 ESA 查阅。

2. 维护股指期权市场秩序，保证价格形成的合法性。对违反法律法规和交易所业务规则的行为以及其他影响正常交易结算秩序的行为，须及时向交易所监管局及联邦金融监管局报告。

3. 对于监察发现可能涉及违法的交易案例或投资者投诉的案例，TSO 应进行调查。可使用的方法包括数据收集、调查取证、向当事人索取相关资料、要求陈述案情等。Eurex 完善的电子监测系统是 TSO 的重要工具。

4. 在对内幕交易和市场操纵案件进行调查审理时，TSO 可以主动地向联邦金融监管局提供相关专业鉴定，或应联邦金融监管局的委托提供相关专业鉴定。

当 TSO 监察到违反《交易所法》或违反交易所业务规则的行为，并可能影响正常交易结算时，TSO 可以对有关方面发出紧急指令，以维护交易和相关业务活动正常进行。由于法律规定交易所不具有行政执法权，因此 TSO 作出的处罚属于行业自律领域的纪律处分。

总体上看，欧洲股指期权市场监管体系近年来的发展趋势是从严监管，对内幕交易和市场操纵的认定不需要实际获利的发生，而只需满足实质性要件。其次，新修订的法律法规扩大了各级监管机构的监管权限，给予了监管机构更广泛的调查取证权，放宽了行政处罚权力。最后，交易所交易监督办公室的作用在分级监管体系中越来越明显，强调了监管需贴合市场，发扬自律监管作用的理念。

三、韩国股指期权市场监管体系

韩国股指期权市场起步较晚，但发展速度极快，通过较小的合约规模设计、充分完善的投资者宣传、高效快速的网络交易系统等等，韩国交易所上市的 KOSPI 200 股指期权从 2001 年起便成为全球交易量最大的衍生品合约，成为新兴股指期权市场的代表。与欧美成熟市场不同，韩国股指期权监管体系的设计具有鲜明的自身特色，政府监管机构处于显著的主导地位，行业自律机构则从属于政府监管机构，发挥一定的职能。

（一）政府监管机构

1998 年 4 月之前，韩国整个金融市场的监管工作均由财经部负责，其中证券交易委员会（SEC）具体负责证券市场的监管。亚洲金融危机之后，韩国进行了金融改革，形成了证券、银行、保险和非银行金融机构等合并的、统一的监管体系。财经部转为宏观调控部门，负责制定与金融市场相关的重大政策，包括那些事关金融市场稳定大局的法规、政策，而不再过多涉及证券及衍生品市场的具体监管事务。

1998 年 4 月，金融监督委员会成立，委员会下设证券期货委员会（SFC），负责证券及衍生品市场的监管工作。2008 年 2 月，金融监督委员会与韩国财政局合并，组建了新的金融服务委员会（FSC），使政府能够更高效地、更统一地进行市场监管。目前 FSC 由包括主席、副主席在内的 9 名委员组成，负责重要金融问题的审议和决议、金融业的监督管理以及批准机构设立等具体事务。FSC 授权证券期货委员会（SFC）负责证券和衍生品市场的管理、监督事项，其主要职能之一是调查市场不当行为，包括内幕交易、市场操纵等等。

1999 年 1 月，银行监督委员会、证券监督委员会、保险监督委员会和信贷管理基金合并为金融监督院（FSS），它是 FSC 和证券期货委员会的执行机构。金融监督院负责对韩国金融机构的监督、管理和检查工作，其目标是确保金融市场的安全和稳定，保护投资者利益。

（二）自律监管机构

目前韩国股指期权市场的自律监管机构主要包括韩国交易所和韩国金融投资协会。韩国交易所（KRX）是韩国目前唯一的交易所，下设市场监督委员会，根据相关法律法规对股指期权市场进行监管，维护市场秩序，防范市场操纵和不公平交易，并解决投资者之间的纠纷。KRX 市场监管的主要手段包括：监控股指期权市场和相关证券市场交易数据，识别非正常交易；处理异常交易案件、监理交易所会员工作；自律调解股指期权交易相关的纠纷；对违法违规的机构投资者及其管理人员进行自律处罚，或提交检察机关展开刑事调查等等。

韩国金融投资协会在2009年2月由韩国证券交易商协会、韩国期货业协会以及韩国资产管理协会合并而成，是最主要的行业自律组织。韩国金融投资协会以维护市场公平性、保护投资者利益、推动市场稳定发展为根本目标，履行自律监管、市场管理、政策建议、从业人员培训、投资者教育等五大职能。韩国金融投资协会的监管措施包括：对于涉嫌不正当交易的，要求会员提供相关资料和交易报告；对违反法律法规的证券公司和从业人员处以自律罚款；取消违反法律法规的证券公司和从业人员的执业资格。

四、台湾股指期权市场监管体系

台湾期货交易所成立于1997年，2001年推出台指期权产品，同样是新兴股指期权市场的代表之一。台指期权在产品设计、交易结算机制、投资者教育和市场推广等方面充分借鉴了美国、韩国等成功期权市场发展的经验，一经推出即获得了很大的成功。台湾市场的基本情况和我国境内市场较为相似，经历过投资机构的大规模整合，市场从较为混乱逐渐变得有序，因此台湾的经验对于我国境内发展股指期权有重要的借鉴意义。

台湾股指期权市场的监管体系采用多层级设计，金融监督管理委员会代表政府负责整个金融市场的监管工作，其下设的证券期货局则是股指期权市场的直接监管者，下一层级则是包括证券投资人及期货交易人保护中心、台湾期货交易所、期货业商业同业公会等在内的多个自律监管机构。市场参与者包括期货公司、交易辅助人、期货交易人、期货执业人员等均接受这些机构的监管（见图10-4）。

（一）金融监督管理委员会与证券期货局

早期台湾金融业管理、监督、检查、处罚权力一直是多头马车状态，分属"财政部"、"中央银行"、"中央存款保险公司"等单位负责。2001年6月27日台湾地区立法院通过《金融控股公司法》后，正式宣告台湾的金融市场将朝金融控股公司的方向发展。为适应金融控股公司的快速发

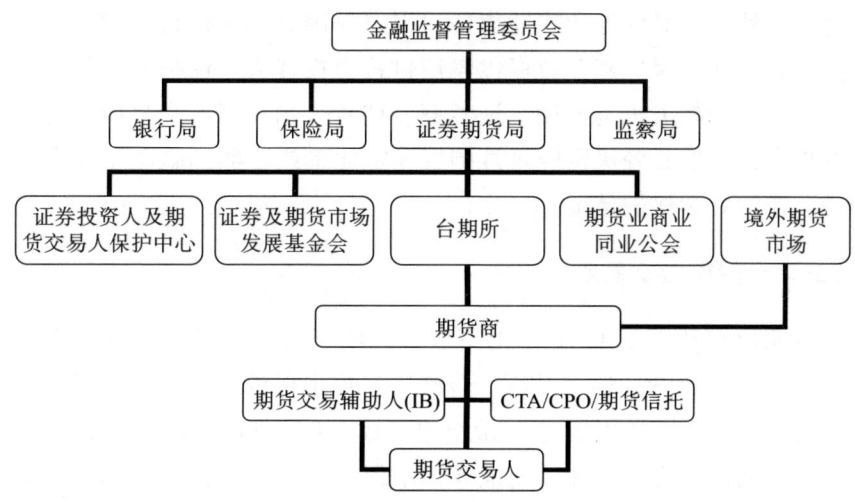

图 10 -4　台湾股指期权市场监管结构

展及金融商品日益多样化，2004 年 7 月台湾地区行政院成立了金融监督管理委员会（金管会），主管金融市场（包括银行、票券、证券、期货及金融衍生商品、保险及其清算系统等）及金融服务业（金融控股公司、金融重建基金、中央存款保险公司、银行业、证券业、期货业、保险业、电子金融交易业及其他金融服务业）的发展、监督、管理及检查业务，以达到金融监管一元化目标。在监管方面，由于不同产业涉及的专业知识与管理机制不同，所以金管会依然采取分业管理，下设银行局、证券期货局和保险局，各局所职的业务工作均与金管会成立前相同，分别监管银行业、证券业和保险业，股指期权业务也分属证券期货局管理。金管会还下设监察局，把原来散布在各金融管理单位的检查权力全部统一于金管会。所以金管会成为台湾金融监管检查的最高机关，对台湾的金融管理也改革成"分业管理，集中检查"。

（二）证券投资人及期货交易人保护中心

台湾证券投资人及期货交易人保护中心是依台湾《证券投资人及期货交易人保护法》设立的财团法人保护机构，其运行宗旨是为普通投资者提供法律援助和经济保护，切实维护投资者利益。保护中心的具体职能包括负责为投资人提供证券及期货相关法令的咨询及申诉服务，调解处理有价证券、期货、期权交易中的民事争议，为多数投资人提起团体诉讼或仲裁求偿等。另外，针对证券商或期货公司因财务困难无法偿付的问题，投资人保护中心设立了保护基金负责优先偿付善意投资人，保护基金的来源为证券和期货市场相关机构捐助。证券商、期货公司、证券交易所、期货交易所及柜台买卖中心等机构应每月调拨一定比率或金额的款项至投资人保护中心，作为后续保护基金。

（三）台湾期货交易所

台湾期货交易所于1997年由证券商、期货公司、银行等其他金融机构、周边机构（台湾证券交易所、台湾证券集中保管公司等）4类机构共202家股东共同出资20亿元新台币组建而成，4类机构各占25%的出资比例。之后台湾证券交易所和台湾证券集中保管公司等机构持有的股份陆续转移至期货公司。

董事会为台期所最高决策单位，下设纪律委员会、交易业务委员会和结算业务委员会等3个专门委员会。内部设有交易部、结算部、稽核部、资讯规划部、资讯作业部、企划部、管理部、内部稽核部等8个部门，部门内按照职能设置职能组。

台期所将日常监管分为事前监控、盘中即时监控、盘后监控三部分。其中，盘中即时监控包括盘中清算操作、盘中委托量操作与盘中部位监控操作等。一个交易日中，交易所会分三次以市场即时价格或特定价格（由交易所考虑当时市场行情变动状况决定）对结算会员未平仓头寸进行盘中损益试算，以了解交易时段中结算会员保证金账户权益数状况，如有结算会员保证金低于应有水准时，则发出盘中追缴通知，并视情况进行限制新增部位操作。

（四）期货业商业同业公会

台湾期货业商业同业公会由20多家专业期货公司会员互选产生代表，代表投票产生32名理事组成理事会，理事投票产生常务理事和理事长。同业公会的职能除了办理会员执照登记、场地设备勘察、从业人员教育培训等服务职能外，还承担了行业自律的职责，包括从业人员资格审查、会员核查、纠纷调解和教育训练等。期货公司必须加入同业公会并经检查后获得执照才能执业。同业公会还组织会员签署自律公约，并向每家会员收取200万新台币的自律保证金。从业人员的登记和发放执业登记证由同业公会完成，但职前训练和组织考试测验则由证券及期货发展基金会来承担。而所有从业人员每两年必须受训一次，参加同业公会组织的在职训练课程。此外，同业公会例行召开联席会议，了解行业的种种想法，并与监管层进行沟通。

第三节　股指期权风险案例分析

在股指期权市场上，每天都在发生着一些风险事件，其中绝大部分或因为牵涉的资金规模很小，或因为投资者和监管机构的及时处置，而未造成显著的影响，但有些事件则引发了市场剧烈波动，导致了投资者遭受严重损失。研究这些案例有助于监管机构有针对性地设计监管方案，切实维护市场的公平与稳定；投资者则可相应调整系统设置、交易模式等等以规避不必要的风险。本节收集了多个股指期权市场的真实风险案例，在每个案例中，我们首先描述事件概况，然后分析成因，最后给出当时的处理结果以及对风险管理的启示。

一、德意志银行（韩国）市场操纵事件

（一）事件概况

德意志银行（韩国）证券公司在 2010 年 11 月 11 日 14:19:50 至 14:49:59 期间，通过各类期权组合的方式，提前买入了超出正常套利范围的大量 KOSPI 200 看跌股指期权，随后在股票市场收盘前 10 分钟，连续发出 7 条大额卖出指令，抛出 KOSPI 200 指数中价值 2.4424 万亿韩元（约合 22 亿美元）的 199 只成分股。这些股票中包括他们在 2010 年通过指数套利交易以低于最新成交价 4.5% 至 10% 的价格买入的三星电子（KOSPI 200 指数的最大成分股，权重占 14% 以上）。在这些操纵性卖出指令影响下，KOSPI 200 指数在收盘前 10 分钟内从 254.62 点跌至 247.51 点，跌幅达 2.79%，同时 KOSPI 200 看跌期权的价格大幅飙升，执行价格为 252.50 的

看跌期权价格短时间内上涨了近500倍。德意志银行（韩国）证券公司通过现货市场和期权市场间的操作行为，非法牟利448.7亿韩元（约合4050万美元）。

德意志银行（韩国）证券公司的市场操纵行为导致市场价格突变，使部分其他投资者遭受严重损失，例如Wise资产管理公司运营的一家基金由于在到期日出售了大量的KOSPI 200看跌期权，遭受了898亿韩元的巨大损失，亏损超过了基金的净资产而无法赔付，最后由代理其下单的韩亚大投证券支付了760亿韩币的损失。对于这种严重违反证券法律，破坏市场秩序的操纵行为，韩国证券期货委员会（SFC）对德意志银行（韩国）证券公司处以重罚，除相关罚款外，还责令其从2011年4月起暂停在韩国市场的自营证券和衍生品交易业务6个月。

（二）事件成因

一方面，德意志银行（韩国）证券公司为谋取利益，利用资金优势，预先买入大量KOSPI 200成分股，并在股指期权到期日进行了非法的市场操纵行为，是该风险事件的主要原因；另一方面，KOSPI 200股指期权的规则设计也存在一定的瑕疵：KOSPI 200指数前十大权重股累计权重约为45.85%，较为集中，其中权重最大的三星电子约占14%，因此通过大量交易KOSPI 200指数权重股可以较为容易影响指数走势；同时，KOSPI 200股指期权以最后交易日标的指数的收盘价作为交割结算价，这一方法相比采用一段时间内平均价格作为交割结算价的设计更易受价格操纵行为的影响；此外，KOSPI 200股指期权未实行持仓限额制度，使市场操纵者有机会获得巨额收益，在一定程度上增加了市场操纵的动力。

（三）事件启示

此起风险事件提醒了交易所在设计股指期权产品时应更为慎重：首先，在选择期权标的指数时，应尽量优先考虑市场成交量高、流动性良好、权重分散化的指数，使投资者难以通过现货市场交易的方式有效控制指数；其次，采用一段时间内的平均价，尤其是算术平均价作为每日结算价格和交割结算价格，比采用收盘价作为结算价格可以更有效地防范市场操纵；最后，对股指期权合约采取适当的限仓额度，避免单一投资者在合约上持仓比例过高，产生控制期权合约价格的可能。此外，对于实际发生的市场操纵事件，视其严重程度、对其他投资者利益的损害、对市场秩序的破坏性等，给予严厉处罚，以起到有力的警示作用，必要情况下可提起法律诉讼。

二、印度市场欺诈客户事件

（一）事件概况

2009年至2010年期间，花旗银行印度一家支行的客户经理通过欺诈手段骗取51位客户高达30亿卢比（约6600万美金）的资产，在印度股指期权、期货市场进行投机交易，并将所有资产几乎损失殆尽。这位客户经理通过提供虚假的材料和银行证明，向客户保证高达18%的年化收益率，使得客户以为该银行经理通晓不为人知的交易策略，并且这些交易策略是获得银行及监管部门授权的。部分高端私人客户及一些机构客户由于对股指期权特性缺乏足够了解，以及希望短时间内获取暴利，故将大量资产交予其管理。该客户经理在取得这些资金以后，除了将一部分返回给其在银行的同谋以外，其余资金均划入其个人及家属名下，在印度股指期权及期货市场进行投机交易。随着市场行情的变化，几乎所有资金都损失殆尽。事发后，该客户经理及其同谋、家属均被纳入调查范围，并受到法律制裁。花旗银行对所有客户进行全额理赔，并解雇了与此事件有直接或间接关联的八名员工。

（二）事件成因

该起欺诈事件有四个主要原因：一是客户经理以代客理财的名义将客户资金转入同谋、自身及家属的账户挪为私用，严重违反了从业道德；二是银行对内部期权、期货从业员工的监管严重失职，产生了发生以上行为的可能；三是客户对金融市场尤其是股指期权产品的特性知之甚少，该客户经理所提供的虚假银行材料及所谓的保证高收益的交易策略蒙蔽了某些急于追求利益的客户；四是该客户经理私自交易股指期权、期货时，相应交易平台及监管部门缺乏对于在短时间内一个或几个相关账户出现不明大额资金参与交易的情况进行必要证实、调查的措施，造成了客户资金几乎全部丧失的严重后果。

（三）事件启示

此起事件表明，防范股指期权风险，首先要由期权从业人员自身做起。一方面，同业协会、交易所、投资机构等均应加强对从业人员素质，尤其是执业道德方面的培养；另一方面，各市场机构对其内部从业人员应严格管理，明确业务流程，不同岗位之间设立防火墙，避免出现一人包揽所有业务的情况，对于已发生的从业人员违法违规行为绝不姑息，予以严惩。此外，交易所需要重视投资者教育工作的重要性，让投资者了解股指期权同样需要满足风险与收益相匹配的金融产品基本特征，不存在免费的午餐，对于同时保证低风险和高收益的所谓代客理财业务应多加警惕，不能因急于求利而将资产置于巨大风险之中。

三、台期所市价指令风险事件

（一）事件概况

2011年5月，台湾股指期权市场一名客户看到当时执行价格为8100点的看跌期权市场价格在50元新台币左右，于是利用期货公司提供的自动拆单功能（把一个较大的委托指令分拆成多个较小的委托指令同时发至台期所交易系统），发出了"买进1000手执行价格为8100点的看跌期权"的市价单指令。当时该客户账户上有30万元新台币现金，期货公司的交易系统在收到客户的市价委托后，以上一成交价50元新台币作为前端控制参数，1000手的总价为5万元新台币，因此该委托通过了期货公司的前端控制并被发至台期所交易撮合系统中。事实上，由于该合约处于深度虚值状态，市场订单簿的广度和深度非常有限，该客户的大部分市价单委托没有在50元新台币附近成交，而是与挂在涨停板上的"钓鱼单"成交了。台指期权的涨停板设置依据是台湾股票指数前日收盘价的7%，约折合每手期权价格为3万元新台币，因此成交部分订单总共造成了约960万元新台币的损失。由于该客户账户中只有30万元新台币，期货公司遭遇了高额的违约风险。

（二）事件成因

该起由市价单造成的风险事件主要成因有两个：一是客户和期货公司

均缺乏对市价单潜在风险的足够认识。客户错误地认为市价单会按交易系统显示的实时市场价格成交，而不知道市价单有逐档与对手订单匹配直至全部成交完毕的特性；期货公司对市价单的风险也缺乏良好意识，并且未对客户起到足够的提醒义务。二是期货公司交易系统前端风控存在明显的缺失和漏洞，以前一成交价作为市价单的前端风控参数明显是不合适的，而不限制总下单量的风控方法也放大了风险程度。期货公司通过自动拆单功能规避台期所的单次下单量限制，是一味追求交易速度而忽视风险控制的做法。

（三）事件启示

股指期权市场由于其产品特点，流动性与期货、现货相比有较大差距，尤其对于一些流动性较差的合约，盲目使用市价单存在较大的风险。目前期货公司普遍加强了对市价单风险的控制，具体包括以下几种措施：限制市价单委托数量，防止风险不可控情形的发生；对期权买方市价单以涨停板价格作为权利金前端控制的参数，确保无违约风险；把市价单自动转变成价外若干档的限价单，避免成交价格无限制偏离；取消期权买方市价单功能，从根本上杜绝"钓鱼"现象。中金所股指期权产品在上市初期也拟暂不开放市价单指令。

四、台期所逆价差事件

（一）事件概况

台期所在股指期权发展初期采用传统的策略保证金模式，2005年6月之前，台期所原有的策略保证金政策规定：客户在卖出近月期权的同时若有买入等量的远月相同执行价格、相同方向期权，则无须缴纳保证金。该策略保证金设计的逻辑是相同执行价格、相同方向的近月和远月期权价格之间通常有严格相关性，且远月期权价格一般高于近月期权，因此买入远月期权可完全覆盖卖出近月期权的价格风险。该模式在海外成熟市场较为流行，但是台期所没有考虑到远月期权和近月期权之间可能出现的逆价差风险，即当现货市场进入较为密集的除权派息期时，股票现金分红将会导致市场预期远月股票指数低于近月股票指数，使得远月股指期权的价格低于近月股指期权的价格。随着股票现金分红的陆续实现，近月与远月股指期权的逆价差可能进一步扩大。

2005年6月，一对夫妇利用期权策略保证金设计中的该项漏洞，以及台期所较为宽松的个人投资者持仓限额，陆续在十余家期货公司以"买远月卖近月"的组合建立了大量头寸，由于逆价差现象的存在，当时这些组合中的远月期权价格低于近月期权。因此这对夫妇在获取大量权利金收入的同时不需要缴纳保证金。此后市场进入现金分红的密集时期，近月和远月股指期权的价差继续扩大，因此该组合不断遭受亏损。然而，由于这些组合不需要缴纳保证金，期货公司并没有对该部位进行每日盯市的风险控制，直到近月合约到期，策略组合转变成单边部位时期货公司才发现该客户的巨额亏损。当期货公司对该客户追缴保证金时发现客户已经将所有现金转走，最终多家期货公司承担了该客户3500多万元新台币的损失。

（二）事件成因

一方面，台期所的策略保证金制度存在设计缺陷，原先的制度规定：买入远月与卖出近月相同执行价格、相同方向的时间价差组合交易不必收取保证金。这种策略保证金设计的前提条件是远月期权的价格要高于相关近月期权的价格，而没有考虑现货市场大量分红造成逆价差的可能性。事实上，台湾股指期权市场某些合约上的逆价差一度达到权利金的15%以上，形成了显著的价差风险。另一方面，期货公司对价差组合不收保证金的方式过于自信，忽略了对持有大量头寸的客户进行经常的检查，导致错过了在事件发展初期消除逆价差风险的机会，加深了风险的严重程度。

（三）事件启示

从该起事件可以发现，交易所在设计保证金制度时必须遵循审慎和全面的原则，并且充分考虑到成熟市场的经验对当地市场的适用性；必须考虑到所有可能出现的市场情景，合理评估各类情景的风险，制定完善的基于风险的保证金制度，避免制度疏漏。台期所在风险事件后及时总结教训，修改了原有的股指期权策略保证金制度，规定"买远月卖近月"的时间价差组合策略必须收取一定比例的保证金，用来防范因现金股息所造成逆价差的风险。中金所股指期权保证金制度设计中同样充分考虑了逆价差风险，规定了对时间价差组合已发生的逆价差部分需全额征收保证金，剩余部分则征收一定比例的保证金以防逆价差扩大的风险。

五、台期所大客户违约事件

（一）事件概况

2011年8月，台湾股指期权市场爆发了严重的大户违约事件：台湾市场上著名的投资人，原统一证券总裁杜某利用家人的个人交易账户在台指期权市场上建立了4万多手的巨量头寸。杜某的操作策略为"卖出勒式期权组合"，即卖出一个看涨期权同时卖出一个执行价格更高的看跌期权的组合策略。这种组合策略当标的指数价格保持在两个期权的执行价格之间时可获得收益，但如果标的市场的价格出现大幅变化，策略的投资者可能面临较大损失。2011年8月5日，由于台湾股票市场受到外围市场剧烈波动的影响大幅下跌，台湾证券交易所指数当天下跌了464点。标的指数急剧下跌使杜某的账户出现了巨额亏损，两家期货公司于当天向杜某追缴保证金，杜某补缴部分保证金后其保证金比例维持在应缴保证金的25%以上，于是两家期货公司并没有对杜某的账户进行强行平仓。在接下来的交易日内（8月8日）台指再度大跌130点，杜某的亏损继续扩大。当期货公司再次追缴保证金时，杜某表示已经无法把保证金维持在应缴保证金的25%以上。于是，两期货公司在8月8日对杜某的期权头寸进行了强行平仓，平仓后杜某在两家期货公司的违约欠款分别为1.1亿元与1.3亿元新台币。

（二）事件成因

该起客户巨额违约事件的根本原因在于台湾期货公司对于一些重要客户采取了过于宽松的保证金追缴制度。一般情况下，台湾股指期权市场保证金制度要求期货公司在客户保证金低于维持保证金时立即向客户追缴保证金，如果客户无法补足保证金，则期货公司应进行强行平仓。但在实际操作中，期货公司对于一部分信用良好、交易规模大的重要客户并不严格实行这一规定，而只要求客户保证金比例维持在原始保证金水平的25%以上，期货公司通常就不对客户进行强行平仓。这种对重要客户以客户信用代替保证金的做法在市场出现大幅波动时导致了严重的违约风险。

(三)事件启示

该起风险事件再次证明了严格而有效的风控制度是股指期权市场发展的根本,市场参与者不应过度追求发展片面的利益而忽略基本的风险控制。在股指期权市场上,应严格执行保证金制度,在保证金出现不足时及时进行追缴,无法补足的坚决予以强行平仓处理,只有严格可靠的风险管理流程才能有效杜绝违约风险发生。中金所在股指期权产品发展过程中,把防范风险作为股指期权市场制度设计的重要目标,确保市场安全稳定。

后 记

金融衍生产品的创新最重要的目标是服务资本市场，为资本市场提供风险管理工具和提升市场效率。期权的功能与作用研究是股指期权产品研发工作的核心课题。《股指期权与资本市场》一书介绍了期权尤其是股指期权的历史与发展、功能与作用、运用与创新、风险管理与政策监管等各方面的国内外经验，并紧紧结合金融衍生品服务实体经济完善我国资本市场这一命题，汇集了中金所期权开发小组在这方面的研究成果。该书既是一本专题研究成果的汇总，也是中金所金融期货与期权丛书的延续。希望本书的出版，能够向市场普及期权产品的国内外经验，推动金融期货与期权研究的深化，充分发挥股指期权在资本市场中的各项功能，为股指期权的上市创造良好的社会环境和舆论氛围。

衷心感谢中国金融期货交易所董事长张慎峰及所领导胡政、鲁东升、戎志平、陈晗、惠湄、张晓刚和贺军的高度重视，使得该书的出版成为可能。中金所王琦、郑辉、张晨航等承担了大量的研究工作，付出了艰苦的努力，对本书的编写提出了重要指导与宝贵建议。特别感谢东吴证券、华西期货、申银万国期货、招商期货、厦门大学等市场与学术机构的大力支持。上述机构派出了优秀的研究人员参与我们的研究工作，倾注了大量的心血。全书共十章，参与执笔的同志有：刘炜亮、吕桦（第一章），张丽丽（第二章、第九章），张光磊、闻峰、陈彦辛、虞瑾蒨、高远辰（第三章），张志海（第四章），蒋澎、马雪滢（第五章），吕恺、姚莲莲（第六章），刘炜亮（第七、八章），倪蕴韬（第十章）等。黄炎龙、徐世伟、于诗蕾、成亦伟、曹昊雯等承担了本书的校对工作。感谢研发部负责人郑凌云与何鹏对本书出版的支持，感谢中国财经经济出版社对本书及时付梓作出的贡献。

中国金融期货交易所

期权开发小组

2016 年 6 月